Danielle Steel

La Gloire. Le Mythe. La Femme.

Danielle Steel
La Gloire. Le Mythe. La Femme.
par Nicole Hoyt

Conception de la couverture :
Impact Communication-Marketing

Composition et montage :
Publinnovation enr.

Correction d'épreuves :
Robert Dion et
S.M.B.i. inc.

Distribution exclusive :
Québec Livres
2185, Autoroute des Laurentides
Laval (Québec)
H7S 1Z6

Dépôt légal : 2e trimestre 1995

ISBN : 2-921378-59-0

Nicole Hoyt

Danielle Steel
La Gloire. Le Mythe. La Femme.

Traduit de l'américain par
Louise Chrétien et Alain Ouellette

LES PRESSES D'AMÉRIQUE

REMERCIEMENTS

Je souhaite exprimer toute ma gratitude à Danielle Steel, la romancière la plus réputée d'Amérique, pour son œuvre passionnante.

Je désire remercier Ashley et Bill de leur contribution inestimable, mes chères amies, Belinda et TM, ainsi que les merveilleux bibliothécaires de la *DeWitt Wallace Periodicals Room*, ceux de la *Central Research Library* de la bibliothèque publique de la ville de New York, de même que la *Elmer Holmes Bobst Library* de l'université de New York et la bibliothèque de l'Institut Gœthe.

Sans oublier, mon cher mari, Tom.

L'HISTOIRE VÉCUE DE LA ROMANCIÈRE LA PLUS POPULAIRE AU MONDE...

... est une histoire qui n'a d'égal que ses propres romans.

C'est plus fort qu'elle. Il y a une force en elle qui la pousse à travailler tous les soirs, tard, jusque dans la nuit.

Alors, quand on entend dire qu'elle achète des tas de choses, qu'elle adore choisir des cadeaux et qu'elle est folle des bijoux dont John la couvre, on a envie de l'applaudir. Il faut bien que quelqu'un l'encourage à profiter davantage de tout l'argent qu'elle a gagné au prix de tant d'efforts.

Mais, il ne faut pas oublier que pour Danielle, s'immerger dans un monde de rêve tous les neuf mois est peut-être plus agréable qu'un après-midi de somptueuses dépenses chez *Tiffany*.

A ma mère qui m'enseigna l'émerveillement,
et à mon père qui me donna le courage de le garder dans mon cœur.
Avec tout mon amour.

SOURCES

L'auteur remercie les éditeurs et les auteurs suivants qui ont autorisé la réimpression de certains passages des ouvrages suivants :

HarperCollins Publishers Inc. et Faber & Faber Limited, pour la réimpression d'un extrait de *Ariel* de Sylvia Plath, copyright ©1963 par Ted Hughes.

Paris Report, par Diana Vreeland, gracieuseté de *Vogue.* Copyright © 1963 (renouvelé en 1991) par The Condé Nast Publication Inc.

Charles Hamden Turner, pour la réimpression d'extraits de *Sane Asylum*, © 1976, San Francisco Book Company.

Cyra McFadden, pour la réimpression d'extraits de *Passions's Profitable Prose*, San Francisco Magazine, © 1983.

HarperCollins Publishers pour la réimpression d'extraits de *Supergirls: The Autobiography of an Outrageous Business,* par Claudia J. Jessup et Genie Chipps, édité par Betty Baer Krieger, ©1972, par Claudia J. Jessup, Genie Davis Chipps et Betty Baer Krieger.

The Velveteen Rabbitt, par Margery Williams, Douglas Doubleday & Co Inc.

Enfin, l'auteur adresse des remerciements très spéciaux à *Publishers Weekly,* pour l'utilisation des critiques des livres de Danielle Steel, ©1973-1994, Cahners Publishing Company, filiale de Reed Publishing USA.

J'ensevelirai les blessés, comme des chrysalides,
Je compterai et j'enterrerai les morts.
Que leurs âmes frémiront dans la rosée,
Baume de ma route,
Les chariots se balanceront comme des berceaux
Et moi, libérée de mon ancienne peau,
Des pansements fatigués, des ennuis, des visages décrépits
Je monterai vers toi du char noir de Léthé,
Pure comme un nouveau-né.

Tiré de «Getting There»
de Sylvia Plath, *Ariel*.
Poème choisi par Danielle Steel
pour l'épigraphe de son
premier grand roman,
Les promesses de la passion.

PROLOGUE

Ce soir, elle reçoit quatre-vingts personnes à un dîner dansant dans la salle de bal de sa nouvelle résidence. Pour nombre de ses amis, il s'agit d'une première visite au somptueux manoir Spreckels depuis sa redécoration.

Danielle accueille sereinement ses invités au bras d'un homme élancé et séduisant, nul autre que son mari, John Traina. Une élégante robe du soir de Christian Dior souligne sa délicate silhouette victorienne. Son sourire, sensuel et charmant, donne encore plus d'éclat à sa peau jeune et lisse et à ses yeux gris-verts. Son épaisse et soyeuse chevelure de jais relevée en chignon, met en valeur son noble profil aux pommettes saillantes. Des joyaux scintillants pendent à ses oreilles tels des feux qui illuminent tour à tour ses invités.

Tout comme l'aurait fait la romancière Edith Wharton avant elle, Danielle a voulu que sa carrière littéraire s'inscrive dans sa vie sociale et son vœu fut exaucé. Son mari John Traina, dans une tenue de soirée qui lui va à merveille, le teint bronzé mis en valeur par le blanc éclatant du col, caresse du regard son épouse à ses côtés. Ses cheveux noirs sont agrémentés de légères touches de gris et ses yeux pétillent en contemplant ses invités. Danielle et John ont beaucoup de raisons d'être fiers : ils jouissent d'un mariage harmonieux et durable, et ils partagent leur vie avec neuf enfants heureux et en santé.

John Traina sourit doucement pendant que ses invités s'extasient devant l'immense manoir ancien et s'étonnent des transformations conçues par Danielle.

Les limousines et les voitures s'avancent dans l'allée menant à la propriété. Toute la haute société de San Francisco en descend majestueusement et se dirige vers Danielle et John qui accueillent chaleureusement leurs hôtes et les conduisent à l'intérieur de leur résidence superbement rénovée. Le manoir, véritable chef-d'œuvre du patrimoine de la ville construit en 1913 par le magnat du sucre Adolph Spreckels, était jusqu'à récemment presque déserté et dépourvu de toute chaleur humaine.

Danielle a opéré un autre miracle puisqu'en effet le manoir s'ouvre désormais à la joie et aux activités de la vie familiale pour lesquelles il a été conçu.

Danielle avait eu le coup de foudre pour cette célèbre demeure de San Francisco. Elle a dû se battre pour l'obtenir et elle vient enfin d'en prendre possession. Cette soirée grandiose est la brillante apothéose de tout son travail, de tous ses espoirs et de tous ses rêves. L'homme de sa vie est à son bras, ses enfants, autour d'elle dans la maison de ses rêves. Tout cela, comme certains le disent, alors qu'elle semble à peine plus âgée que sa fille Beatrix, aujourd'hui dans la vingtaine.

Le *nec plus ultra* de la haute société de San Francisco parade dans toute sa gloire : robes des couturiers les plus en vogue, vestes de gala, joyaux de chez *Tiffany*, *Cartier* et *Gump's*, escarpins vernis et élégantes minaudières. Les voûtes des plus anciennes banques de San Francisco, la *Bank of America*, la *Wells Fargo*, la *Crocker*, ont dévoilé pour la soirée les bijoux de ces grandes familles, bijoux qui garnissent leurs coffres depuis les tout premiers jours de leur existence, il y a plus d'un siècle. A cette époque-là, ces banques n'étaient guère plus que des constructions rudimentaires où s'entassaient les pépites d'or qui devaient créer les fortunes d'aujourd'hui.

Le lourd portique de bronze, avec ses colonnes doubles et ses urnes sculptées, qui flanquait autrefois l'entrée principale et donnait au manoir Spreckels un aspect plus monumental que résidentiel, avait été démantelé dans les années trente par la première propriétaire, la formidable Alma Spreckels. Aujourd'hui, grâce au réaménagement judicieux de Danielle, le manoir Spreckels ressemble moins à un opéra et davantage à une maison familiale. Ses invités ont-ils percé le secret de Danielle ? Ont-ils deviné que cette fantastique salle de bal dans laquelle ils sont introduits a été obtenue grâce au réaménagement de deux chambres à coucher et d'une salle de bains ?

Le manoir vibre de chaleur et d'enthousiasme. Les couples élégamment vêtus s'arrêtent devant les places marquées à leurs noms et s'assoient. Aucune des dames présentes ne peut croire que Danielle ait pu, en six mois, transformer de fond en comble cette résidence de cinquante-cinq pièces. Herb Caen, le plus ancien chroniqueur de San Francisco, avait un jour remarqué la présence d'un gros conteneur en face du manoir. Avant qu'on ait pu en savoir plus long, le tour était joué.

San Francisco avait déjà été témoin de l'incroyable énergie de Danielle. Après son mariage avec John Traina, elle avait donné naissance à une fille, Samantha, à une autre, Victoria, et encore à une troisième, Vanessa, puis à un fils Max, et à une autre fille, Zara. Tout cela pendant qu'elle écrivait une série de best sellers. Mais que dire de ceci ? Prendre possession de ce haut-lieu de la vie mondaine de la région de la baie de San Francisco ? En plus de l'aménager et de l'habiter si rapidement et avec tant de splendeur ?

L'élégante Dodie Rosenkrans avait vécu dans cette même demeure en 1960 en tant qu'épouse de John Spreckels. Elle ne cache pas son admiration : «Ils ont fait de ce manoir une immense et belle maison», dit-elle à un reporter. «Dans sa forme actuelle, cette maison se rapproche presque parfaitement du concept pour lequel elle a été construite.»

Les femmes, vêtues princièrement, découvrent l'immense salle de bal, son haut plafond ouvragé, et se disent que Danielle aurait pu recevoir encore plus de convives pour le dîner et la soirée dansante. La très mondaine France Bowes murmure à qui veut l'entendre : «Merveilleusement exécuté, c'est magnifique.» La *French Connection* de la société de San Francisco — les de Limur et les de Guigne, ainsi que la propre fille de Danielle dont le patronyme est Lazard — est aussi impressionnée que le pourrait être le président Mitterand, un ami personnel de Danielle. Le président de la France avait déjà visité le manoir avant les transformations. Aujourd'hui, l'hospitalité de la résidence servira encore davantage la réputation internationale de la cité sur la baie.

Bien entendu, Gordon et Ann Getty, présents à cette soirée, possèdent aussi une maison merveilleuse. Mais comme l'a déjà dit le père de Gordon, J. Paul Getty, le *Midas* du pétrole : «L'argent n'est pas nécessairement relié au bonheur. Peut-être l'est-il davantage au malheur.» L'argent investi dans la nouvelle maison de Danielle dégage un parfum de bonheur. La ville de San Francisco et les grandes fortunes de la région ont toujours constitué des thèmes de prédilection dans les livres de Danielle. Maintenant, elle possède elle aussi son splendide manoir.

On cancane à la ronde que Danielle a travaillé jusqu'à la toute dernière minute avant le bal. Que sa touche personnelle se fait sentir de la cave au grenier de l'immense manoir : le magnifique plancher XVIIIe siècle en mosaïque de la salle à manger, le plafond ouvragé de la salle de bal, les nuages vaporeux flottant dans le bleu ciel des chambres des enfants en témoignent.

Les derniers invités prennent place et la rumeur polie de l'assemblée s'accentue et se ponctue d'exclamations. Sur chaque couvert se trouve une réplique du manoir, en chocolat *Schmidt*. Les invités qui ont donné consigne à leurs cuisiniers de réduire leurs dépenses depuis le début de la récession des années quatre-vingt-dix sont impressionnés par le hors-d'œuvre : des œufs regorgeant du caviar le plus riche et le plus noir, servis par des domestiques en livrée.

Des serveurs jeunes et stylés, réprimant avec peine des rires d'admiration, font joyeusement sauter le bouchon des meilleures bouteilles de champagne. La rumeur s'accentue encore à l'arrivée de la pièce montée, une chose ressemblant à un énorme gâteau de mariage... encore une réplique du manoir de Danielle.

«De *Dior* vêtue, elle est au CŒUR de la vie mondaine... du cercle intime des Ann Getty... elle est la fine fleur du tout San Francisco», murmure un San Franciscain qui tient une chronique des aristocrates de la région.

«Il y a ici des gens qui ont assez d'argent pour faire absolument tout ce qu'il désirent», se plaît à dire Vincent Friia, un prospère agent immobilier de la ville.

Le tout San Francisco danse ce soir sur un nouvel air, celui d'un roman de Danielle Steel qui a pris vie. Il s'est écoulé presque vingt ans depuis ses premiers jours incertains à San Francisco en tant que mère célibataire, forcée de travailler pour faire vivre sa petite famille ; elle habitait alors un petit appartement, mais malgré sa condition, refusait d'abandonner l'écriture.

CHAPITRE 1

TRAVERSÉES : 1947 - 1963

Une biographie publiée par Rogers & Cowan, la prestigieuse firme de relations publiques de Danielle, soutient que celle-ci «a grandi en Europe», qu'elle a reçu «une éducation en France» et qu'elle possède «de l'expérience en relations publiques et en publicité».

On ne peut blâmer les biographes de se méprendre sur la vie de Danielle Steel. Au fil des ans, beaucoup d'interviewers et d'éditeurs ont, après l'avoir rencontrée, pensé avoir découvert la vérité sur son passé, pour ultérieurement s'apercevoir que plusieurs informations ne cadraient pas tout à fait avec certaines de ses précédentes affirmations.

Certains auteurs ont écrit que son père descendait de la lignée des propriétaires de la célèbre brasserie Löwenbräu de Munich et que sa mère, d'origine portugaise, était la fille d'un diplomate. D'autres ont prétendu que son père était un aristocrate allemand vivant en Bavière dans un grand château fort entouré de douves. Et d'autres encore, qu'elle avait été éduquée dans un pensionnat huppé en Suisse et qu'elle avait déjà été à la tête d'une firme de relations publiques.

Rien de tout cela n'est tout à fait vrai. Pour des raisons qu'elle est la seule à connaître, Danielle Steel a choisi d'occulter et de romancer certains passages de sa vie. Peut-être voulait-elle protéger les sources d'inspiration de ses propres ouvrages, car en fait, la véritable existence de Danielle Steel est beaucoup plus spectaculaire et romantique que tout ce que l'on peut inventer.

Danielle-Fernande Dominique Schulein-Steel naquit dans un hôpital de Manhattan le 14 août 1947. Elle fut l'unique enfant de John Schulein-Steel et de Norma Da Camara Stone Reis Schulein-Steel.

À la fin des années quarante et au début des années cinquante, la vie dans le *Upper East Side* de Manhattan était ponctuée de féeriques promenades dans Central Park. Les pères passaient la journée au bureau et les mères restaient à la maison avec les enfants.

Les week-ends, on pouvait voir les parents heureux d'être ensemble, lancer des bateaux avec leurs enfants sur les étangs du parc. À Noël, les pères assemblaient des chemins de fer miniatures dans les chambres d'invités et les enfants criaient de plaisir en regardant les belles locomotives vrombir en roulant sur l'enchevêtrement des rails, des passages à niveaux et des viaducs, dans un tintamarre de cliquetis et de sifflements. On emmenait les jeunes filles chez *Best & Co* et autres grands magasins pour les habiller et on leur offrait peut-être ensuite un dessert à la crème Chantilly chez *Rumplemayer's*, pour les récompenser de leur bonne conduite.

Les voisins se saluaient devant les gratte-ciel de la Cinquième Avenue et s'arrêtaient pour bavarder un peu avant de continuer la promenade du petit chien des enfants. À cette époque, les portiers avec leurs livrées à boutons de laiton bien polis et leurs sifflets à taxi autour du cou, semblaient être le seul système de sécurité dont avaient besoin les familles.

Les gouvernantes, poussant de grands landaus anglais de couleur marine, se réunissaient dans l'ombre ajourée des grands arbres de Central Park. Les enfants y jouaient dans l'herbe et froissaient sur les balançoires leurs costumes proprets de petits princes.

*

Comme a déjà observé F. Scott Fitzgerald : «Permettez-moi de vous dire quelque chose à propos des gens très riches. Ils sont différents de vous et moi.» Ils éprouvent, entre autres, beaucoup de difficulté à jouer le rôle plus exigeant et moins prestigieux de simples parents ; leur vie sociale tourne en effet autour des boîtes de nuit, des salles de bal et des voyages outre-mer. Les entrevues et les biographies de Danielle dans les magazines, ont décrit ses parents de la façon suivante : «Mon père, John Steel, était un homme très sociable, un viveur notoire. Ma mère était une beauté internationale. Ensemble, ils étaient très spectaculaires.»

D'après l'image que Danielle donne d'eux, ses parents formaient un couple très mondain. Ils aimaient aller danser sur les airs à la mode au *St. Regis Roof*, rencontrer des amis au *Shemmy Billingsley's Stork Club* ou au *El Morocco*, s'arrêter au *Plaza* sous la neige, pour observer les jeunes débutantes au bras de leurs jeunes amoureux, en discourant sur la beauté de celle-ci ou sur les moeurs légères de celle-là.

Les riches sont souvent élevés par des nourrices, des gouvernantes, des cuisinières, tout l'univers de la domesticité. Ainsi, à moins d'avoir beaucoup de chance, ils ne jouissent pas de la chaleur, de l'amour et de la présence continue de leurs parents, sources de tant de joie et de tant de confiance.

De l'aveu même de Danielle, ses parents agissaient ainsi, conformément à leur vie haute en couleurs et à leurs habitudes mondaines.

Danielle aurait été élevée par des gouvernantes, des domestiques et des membres de sa famille : «Je suis devenue très attachée à la cuisinière», a-t-elle déjà confié dans ses premières entrevues. Elle a même confessé auparavant avoir été tellement négligée émotivement par ses parents, au point où ils avaient oublié son anniversaire. «Mon père était un homme enjoué et plein d'entrain. Il était très amusant, mais pas très paternel», se rappelle-t-elle.

Sa mère était la belle et élégante Norma Da Camara Stone Reis, la fille de Gil Da Camara Stone Reis, le directeur de la «Casa de Portugal» (maintenant le Bureau de tourisme du Portugal) de 1949 à 1953. Les déclarations de Danielle ont donné l'impression à ceux qui l'ont interviewée que Norma Stone était «la fille d'un diplomate de haut rang». Bill Toth, le troisième mari de Danielle, prétend qu'on lui a confié que Norma Stone était du même sang que le roi Juan Carlos d'Espagne. Mais, bien que Gil Da Camara Stone Reis ait détenu un passeport diplomatique, l'ambassade portugaise à Washington insiste sur le fait «qu'il n'était pas un diplomate de carrière».

*

Bien qu'un examen minutieux des journaux de New York ne révèle aucune mention de John Schulein-Steel ni de Norma Da Camara Stone Dos Reis, Danielle affirme qu'on parlait souvent de ses parents dans la presse.

À la maison, la vie de la petite Danielle a été perturbée par les disputes entre ses parents. Ces derniers, jadis éperdument amoureux l'un de l'autre, en étaient venus au fil des ans à s'opposer cruellement. Aujourd'hui, Danielle parle très peu de sa mère, même si elle figurait au nombre des personnes à qui elle dédia son premier livre, *Going Home*, en 1973. Les entrevues avec Danielle ont créé un mythe autour de son père. Celui-ci aurait été un *playboy* plein d'ardeur, un aimable noceur, amoureux des soirées éclatantes auxquelles on assiste en tenue de gala.

Bill Toth, un ex-mari de Danielle, a décrit John Schulein-Steel comme l'incarnation même du Berlin des années trente, un homme blond aux yeux bleus, de type aryen, d'environ 1 m 68 et de belle apparence.

Le père de Danielle parlait quatre ou cinq langues. C'était un véritable homme du monde, toujours selon Bill Toth. Il aimait se rendre dans les Adirondacks, au nord de l'État de New York et y louer une maison de campagne afin d'y accueillir des invités pour le week-end. S'il était séduit par une jeune femme, il lui choisissait un présent spectaculaire. Cela explique peut-être pourquoi Danielle aime tant choisir le cadeau parfait. À ses yeux, c'est l'expression ultime de l'amour.

Mais convient-il de croire à ce tableau familial tel qu'il est raconté par un ex-mari ? Nous parlerons, au cours des chapitres suivants, de la fascinante réalité historique de la famille Schuelein de Munich (John Schulein-Steel changea l'orthographe de son nom). Rappelons toutefois que la mère de Danielle aussi était un personnage coloré. «Je me souviens de ma mère, raconte Danielle, comme d'une femme belle et aguichante. Elle considérait comme normal que tous les convives d'un restaurant s'arrêtent de manger pour la regarder quand elle faisait son entrée. Cela ne m'arriverait jamais, à moi, à moins que je ne crie au feu. Mon père était un *playboy* international. C'était son occupation, et cela, même après son mariage. Mes parents ne sont pas restés ensemble longtemps. Ma mère était jeune et voulait être libre. Aussi, se sont-ils lorsque j'avais six ou sept ans.»

Quand leur mariage prit fin, ils divorcèrent «poliment», selon Danielle, et les mesures prises pour la garde de l'enfant furent civilisées : «Ils m'ont jouée à pile ou face et mon père a gagné.» Danielle demeura avec son père et sa mère alla vivre en Europe. «Je l'ai revue au cours des années qui ont suivi», se rappelle Danielle. «Je ne l'ai pas vue beaucoup, mais cela m'est arrivé à quelques reprises.»

Danielle décrit souvent des voyages romantiques en compagnie de son père. «Nous passions une partie de nos étés à Capri et une autre à Rome», se rappelle-t-elle. «Mon père donnait deux ou trois réceptions par semaine, des soirées merveilleuses et folles, avec toutes sortes de plats raffinés, des musiciens gitans, et des centaines d'invités, tout un groupe bigarré de joyeux fêtards internationaux.»

«C'était toujours des soirées très habillées. Le smoking en tout temps, même pour les soirées informelles. C'est ainsi que mon père voyait les choses. Les invités portaient des habits de soirée, des fracs, des hauts-de-forme et même des capes. Mon père était complètement fou, mais si merveilleux... Un homme d'une grande culture et un grand coureur de jupons qui avait un don inné de rassembleur. Bien entendu, avec toutes ces fêtes, je n'ai jamais mené une vraie vie d'enfant.»

Danielle, qui avait déjà été une petite fille seule perdue au milieu d'un mariage houleux, se retrouvait désormais quelques fois au cœur du silence oppressant de la maison de ses grand-parents allemands. Sa grand-mère était un véritable tyran.

Les enfants de couples divorcés ressemblaient peut-être aux autres en surface, à cette époque dans le *Upper East Side*. Ils vivaient dans les mêmes maisons, près du même parc, mais la trame des émotions de leur enfance résonnait de façon tout à fait différente. Ils ne voyaient pas la vie en rose comme les autres.

«J'étais très impressionné par son appartement sur la Cinquième Avenue», se rappelle un homme qui, petit garçon, lui rendait visite lorsqu'elle était enfant. «C'était très grand... un immense salon éclairé sur deux faces par de gigantesques fenêtres, un tapis moelleux ; le salon devait faire quinze ou vingt mètres de longueur. C'était si grand qu'on n'arrivait pas à choisir où s'asseoir. Il y avait de vieux tableaux dans des cadres dorés. Ce sont toutes des choses que j'associe à elle dans mon esprit.»

*

Le père de Danielle aimait-il aller avec elle au *Metropolitan Museum* situé non loin de leur appartement ? Emmenait-il l'impressionnable fillette devant les imposants tombeaux des rois égyptiens et le long des rangées d'armures cédées à des requins de la finance américains par de nobles anglais ruinés ? (Aujourd'hui, Danielle garde une vieille armure bosselée dans sa maison de campagne.) John Schulein-Steel lui faisait-il admirer les bibelots ayant appartenu à Madame de Pompadour et les délicates eaux-fortes allemandes du XVIIᵉ siècle ?

Peut-être, mais nous savons par Danielle que John Schulein-Steel préférait le voyage et l'exploration à la vie sédentaire de père : les chevauchées à travers les contrées sauvages de Mandchourie, les expéditions dans la forêt amazonienne.

Il était, comme Danielle l'admit plus tard, le mouton noir d'une famille laborieuse. Une déception, en quelque sorte. «Il était un grand sujet d'inquiétude pour les membres de sa famille», résuma un jour Danielle à un reporter.

Pendant que son père continuait à mener une vie exempte de responsabilités, Danielle devint une enfant tranquille et studieuse, une petite fille de huit ans beaucoup plus vieille que son âge, responsable et disciplinée. Elle était une excellente élève, fière de sa réussite. La vie l'avait fait mûrir avant le temps, elle qui, dans la maison de ses grand-parents, se sentait peut-être de trop, un fardeau de plus pour la maisonnée. La percevait-on parfois comme un surplus de travail, un surplus de lessive, une autre bouche à nourrir, une intruse au sein de cet austère foyer germanique ?

Danielle reçut de son père et de ses grands-parents, une éducation rigide, «à l'allemande». À huit ans, elle s'occupait du bon fonctionnement de la maison de son père, prenait ses rendez-vous, veillait à ce que tout soit bien fait. Elle ne se rendait pas compte que ce n'était pas là un travail de petite fille. *Le don de l'amour*, un des romans qu'elle écrivit plus tard, raconte l'histoire d'une enfant aux prises avec les mêmes préoccupations. Elle est la fille d'un célèbre auteur qui organise l'existence de son père et hérite de ses dettes après sa mort. Dans *La maison des jours heureux*, un autre de ses personnages vit la même situation.

Le père de Danielle était tout de même un homme bien organisé, capable d'accomplir en quinze minutes ce qu'une autre personne prend normalement une heure à faire. Danielle apprit beaucoup de lui. Mais eut-elle le temps d'être tout simplement une enfant ?

Danielle, enfant unique de parents eux aussi enfants uniques, souffrit beaucoup de la solitude : «J'ai grandi en solitaire», se rappelle-t-elle.

Son premier roman, *Going Home*, évoque la vie d'un personnage qui aurait pu être sa grand-mère, une femme terrible et redoutable, froide et parfois cruelle, qui possédait sur le bout des doigts l'art d'humilier et de rabrouer.

Enfant, Danielle vivait une vie d'adulte. On lui permettait parfois de prendre part aux réceptions données à la maison. Peut-on imaginer cette petite fille de huit ou neuf ans, entourée de belle argenterie, de grandes nappes blanches et de porcelaines fines, sous la lumière tamisée des chandelles, écoutant les conversations enflammées des exilés européens et des américains raffinés réunis autour de la table ? C'est ainsi que, malgré le désir de son père de la protéger, elle entendit toutes sortes de conversations politiques et vit naître de nombreuses passions illicites dans cette atmosphère internationale du Manhattan d'après-guerre.

«J'étais très timide. De plus, personne n'allait s'adresser à une fillette de huit ans. J'ai appris très jeune à me fondre dans le décor pour observer les gens, se rappelle-t-elle. En y pensant bien maintenant, c'est probablement ce qui a fait de moi un écrivain.»

En plus de tout ce dont elle était témoin, il y avait ses lectures. Elle lisait constamment. Il y avait les romans de Colette dans lesquels elle se retrouvait et dont l'écriture sensuelle et profonde la comblait d'aise.

Quand vint le temps pour Danielle d'aller à l'école primaire, on lui choisit une école à courte distance de marche de l'appartement de sa grand-mère sur la Cinquième Avenue. Le Lycée français de New York préparait les enfants à passer le baccalauréat en vue de leur inscription dans une université française. Les enfants y suivaient exactement le même programme que tous les enfants fréquentant l'école publique en France.

*

Un beau matin, Danielle emprunta donc la Cinquième Avenue, vêtue de son petit uniforme, pour se rendre en classe pour la première fois. Enfin, des enfants de son âge. Enfin, elle pourrait s'éloigner un peu de la vie d'adulte de son père si distant et de sa mère qu'elle ne voyait qu'en de rares occasions.

C'était merveilleux ! L'école devint comme un deuxième foyer pour elle, un havre amical et ordonné. Les enfants du lycée aimaient beaucoup Danielle, mais la perception qu'ils avaient d'elle ne cessa jamais d'être influencée par le fait qu'elle était une enfant unique provenant d'un foyer brisé.

Quand ils firent sa connaissance, ils furent séduits par ses bonnes manières, par son charme enfantin et par son apparence soignée. Danielle s'était sentie responsable de la bonne marche de la maison de son père dès l'âge de huit ans. Mais ses camarades de classe ne comprirent pas tout de suite qu'elle n'avait pas vécu une vie d'enfant, qu'elle avait dû affronter les réalités d'un foyer divisé. Rien de cela ne transparut quand ils la virent pour la première fois.

Parfois, ses compagnons la tourmentaient en la traitant de «sale boche», le sobriquet que les Parisiens donnaient aux Allemands qui avaient occupé leur ville et qui les avaient maltraités au cours de la Deuxième Guerre mondiale. Danielle ne comprenait pas pourquoi on l'affublait d'un tel nom. Bien sûr, elle était inscrite dans une école française sous le nom allemand de Schulein. Mais était-ce une justification suffisante ?

Danielle était fière de ses origines allemandes et des splendeurs passées de sa famille. Mais elle ne pouvait partager ni les souvenirs que sa grand-mère lui avait légués ni ce qu'elle avait découvert dans les livres sur l'Allemagne, sous peine de subir les railleries et les insultes de ses camarades de classe. À cette époque, dans la mentalité manichéenne de l'après-guerre, il n'existait tout simplement pas de bons Allemands. Plus tard, dans certains de ses romans comme *L'Anneau de Cassandra* ou *Joyaux*, Danielle décrirait sous un jour favorable de nombreux personnages allemands.

Le Lycée français de New York était reconnu par le ministère de l'Éducation nationale et par le ministère des Affaires étrangères de France. Il appartenait au réseau des nombreuses institutions scolaires françaises hors France. Les élèves qui y étaient admis formaient un groupe cosmopolite. Ils pouvaient être déplacés d'un lycée à l'autre à travers le monde sans que leur formation ne s'en trouve perturbée.

Le lycée était situé au numéro 3 de la 95e Rue. Il avait été fondé en 1935 par un aristocrate français, le comte Charles de Ferry de Fontnouvelle, avec l'appui de riches Américains, dans un manoir ayant appartenu à Armory S. Carhart, un grand financier new-yorkais. Ce manoir datait de 1919 (l'édifice était donc un peu moins ancien que le magnifique manoir que Danielle possède aujourd'hui à San Francisco) et avait été dessiné par le célèbre architecte Horace Trumpbauer, dans le style Beaux-Arts.

À la fin de la Deuxième Guerre mondiale, la ville de New York avait accueilli beaucoup d'immigrants, comme les Schulein, des réfugiés qui avaient fui l'Allemagne de Hitler, l'Europe de l'Est ravagée par la guerre, ou l'Union Soviétique de Staline. La ville était alors devenue la capitale du monde.

Ces exilés raffinés et instruits recréaient à Manhattan leur culture musicale, littéraire et artistique, ainsi que les salons qu'ils avaient connus en Europe. Beaucoup d'Européens, même d'origine autre que française, considéraient le français comme la langue de la diplomatie et des conversations civilisées. Il était donc normal pour eux que leur progéniture étudie en français.

Les enfants issus des nouveaux arrivés partageaient très souvent les préoccupations philosophiques de leurs parents. À cette époque, les intellectuels européens débattaient des questions existentielles posées par Camus, Sartre et de Beauvoir. L'écho des fameux débats menés dans les cafés de la Rive Gauche de Paris, après la libération, arrivait maintenant jusqu'au lycée. Les élèves, à l'instar de leurs parents, commençaient à se poser la question interdite : «Dieu existe-t-il ?»

Danielle Schulein-Steel, quant à elle, ne remettait pas en question l'existence de Dieu. Il était le Père dont elle avait tant besoin. Catholique convaincue, Danielle adorait Dieu. Au lycée, un prêtre de l'église catholique du quartier donnait les leçons de catéchisme.

Danielle reçut une éducation scolaire très conservatrice. En plus du catholicisme traditionnel de mise, le lycée dispensait un enseignement classique. La progression des matières suivait un ordre strict et bien défini. Les élèves faisaient l'objet d'une évaluation mensuelle sur une échelle graduée de 1 à 20. À la fin de chacun des trois trimestres, les parents recevaient le bulletin scolaire de leur enfant, contenant leurs résultats d'examens, leurs notes et leurs rangs scolaires.

Les enseignants étaient des professeurs français diplômés et le français était la langue parlée en classe. Danielle apprit ce que le lycée avait pour mission de lui enseigner : parler et lire couramment le français, bien prononcer et utiliser un vocabulaire, une orthographe et une grammaire irréprochables.

Par l'étude des classiques de la littérature française, le lycée mettait l'accent sur les difficultés et les particularités de la grammaire et de la syntaxe. Chaque année, les élèves devaient suivre, outre les cours de français, des cours d'anglais, de mathématiques, d'histoire, de géographie, de sciences et d'art. Le soir, ils devaient faire à la maison jusqu'à cinq heures de devoirs.

Même si le lycée se trouvait en plein centre de New York, le français était la langue parlée dans les classes et les corridors. Après l'école, bien entendu, les enfants passaient tout naturellement à la langue anglaise.

Chaque été, beaucoup d'élèves, pour la plupart fils et filles de diplomates français en poste à New York, retournaient en France ; leur passage étant défrayé par leur gouvernement. Ils s'embarquaient dans la plus grande joie sur des paquebots de luxe comme l'*Île-de-France* et le *France* et voyageaient princièrement, en première classe.

Danielle les voyait partir habillés de tricots bleu, blanc et rouge dans les traditionnels taxis jaunes de New York, vers l'activité fébrile des quais de la ville, où les gigantesques transatlantiques, bien amarrés, attendaient le grand départ. Elle imaginait déjà les mets exquis, les salles de réception immenses, l'ambiance feutrée des salles à dîner et des fumoirs, tout le luxe et le chic parisiens. Danielle devait plus tard évoquer le monde des grandes traversées dans son roman intitulé *Traversées*.

26

Les parents des élèves du lycée n'auraient daigné emprunter une ligne maritime américaine que si les paquebots français avaient affiché complet pour tout leur horaire d'été. Aux yeux des enfants, si les produits américains étaient bons, les produits français étaient excellents, le summum, la crème de la crème.

*

Déjà, à l'âge de onze ans, la solide éducation de Danielle avait formé son esprit à la discipline et à la rigueur de la logique. C'est peut-être cet apprentissage qui la sauva du désespoir de vivre sans sa mère, entre un père absent et une grand-mère sévère, voire tyrannique, car, rappelons-le, elle n'a jamais pu vivre pleinement sa vie d'enfant.

Les heures de concentration qu'elle consacrait à ses devoirs scolaires lui donnèrent l'entraînement nécessaire à sa future carrière. Le travail lui permettait de se réfugier dans le monde intemporel de l'imagination, là où le temps ne compte plus. C'était mieux qu'une drogue et peut-être mieux encore que l'amour de sa mère et de son père, qui lui fit toujours défaut. La fuite dans son monde intérieur devint sa drogue bien à elle, un exutoire qu'elle pouvait entièrement contrôler.

*

Ses camarades de classe ne se souviennent cependant pas de Danielle Steel comme d'un rat de bibliothèque. Tous s'accordent à dire qu'elle faisait preuve de beaucoup de sociabilité et de tact au sein de ce groupe très cultivé et friand de discussions. Tout le monde l'aimait.

Toutefois, Danielle traînait toujours derrière elle sa réputation d'enfant de parents divorcés, la première fillette de l'école à qui pareille chose arrivait. Cela s'accompagnait peut-être chez ses compagnons de classe de la peur inconsciente que le même sort arrive à leur propre famille. Des camarades de classe avouent avoir décelé une certaine tristesse chez Danielle, une tristesse qu'ils attribuèrent au divorce de ses parents.

Danielle Schulein-Steel était la première enfant à porter un nom double au lycée. Les Anglais de la haute société rallongeaient souvent ainsi leurs noms, mais Danielle n'était pas Anglaise. Pourquoi son père avait-il décidé de s'appeler «Steel» ? Pourquoi avait-il américanisé l'orthographe de son nom en laissant tomber le premier «e» de son nom de famille original qui s'écrivait «Schuelein» ? Et pourquoi malgré ce changement avait-il inscrit Danielle au lycée sous le nom de «Schuelein-Steel» ? Tout cela contribuait davantage à l'aura de mystère qui flottait autour de Danielle.

Les enfants de toutes les couches sociales, des plus humbles aux plus nantis, pouvaient fréquenter le lycée. Le ministère français de l'Éducation distribuait généreusement des bourses à ceux et celles qui en avaient besoin pour les aider à poursuivre des études universitaires en France. Le proviseur de l'époque, M. Brodin, maintenant à la retraite, affirme catégoriquement que Danielle ne bénéficiait pas d'une bourse et qu'elle provenait d'une famille aisée.

*

Les week-ends, les autres parents entassaient sans cérémonie leurs enfants dans une voiture pour les emmener dans les montagnes plus au nord, les Berkshires, Hampshires, Adirondaks et Hamptons. Pendant ce temps, on peut imaginer le père de Danielle en train de faire reluire ses chaussures pour aller à l'opéra, après avoir fait une halte à l'hôtel St. Regis, dans le décor fastueux de ce prestigieux édifice du début du siècle. Le lycée était un milieu raffiné et propice à l'étude. Alors que chez le père de Danielle la vie était tout à fait imprévisible, mais le tout se déroulait toujours avec beaucoup de classe.

Un de ses camarades de classe se souvient d'un événement significatif. À l'occasion de la fête donnée par ses parents pour son neuvième anniversaire, Danielle lui offrit un cadeau de son cru : un T-shirt griffé, une chemise polo de Lacoste. Pour leur part, les autres enfants donnaient des livres ou des jouets. Mais déjà Danielle connaissait les signes distinctifs si chers aux adultes, ceux qui soulignent les différences de classe. En choisissant une chemise polo de Lacoste doté d'un logo arborant un petit alligator vert, elle voulait gentiment initier son copain à l'importance de ces petits détails.

Bien que certaines familles dont les enfants fréquentaient le lycée étaient très riches, la propension naturelle des jeunes vers l'égalité bâtissait des ponts entre les classes sociales et les nationalités. Les uns enviaient les autres pour l'étendue de leurs connaissances, ou pour leur aisance à s'exprimer et pour leur imagination, mais rarement pour le nombre de visons qui pendaient dans les placards en cèdre de leur mère.

Les seuls enfants qui faisaient du grabuge au cours des années où Danielle fréquenta le lycée furent les désagréables frères Marx. Bien entendu, il ne s'agissait pas des célèbres frères Marx de Hollywood, mais plutôt des enfants du roi du jouet portant le même nom. «Chaque semaine, ils faisaient étalage de leurs nouveaux jouets», se rappelle un camarade de Danielle. «Non, la discrimination envers les frères Marx ne tenait pas à ce qu'ils étaient Américains, mais à tout cet étalage... Car au lycée, nous nous intéressions aux différences, à toutes les religions, à toutes les nationalités, incluant les Cambodgiens et les Vietnamiens.»

*

Par de belles journées d'hiver, la grand-mère de Danielle l'emmenait parfois le long de la Cinquième Avenue. Elles se rendaient ensemble jusqu'au royaume féerique des animaux en peluche de chez *F.A.O. Schwartz*. Puis, elles poursuivaient leur chemin dans la neige cristalline jusqu'au réputé Hôtel Plaza, où elles admiraient l'énorme sapin de Noël planté devant la façade.

28

Le *Plaza* semble avoir été l'un des endroits favoris de Danielle. Elle en parle souvent dans ses livres, entre autres, dans son tout premier, *Going Home*.

En certaines occasions spéciales, on emmenait les enfants du lycée prendre le thé au chic hôtel ; on y écoutait alors la musique des violons et des harpes, et les notes impressionnistes d'un piano, dans l'atmosphère chargée des plantes exotiques et l'élégance fin de siècle du décor. Les enfants écoutaient sagement ; le seul bruit qui troublait le silence étant le cliquetis des tasses déposées délicatement sur les soucoupes en porcelaine et le son étouffé des cubes de sucre qu'on échappait dans le liquide parfumé. Écouter et regarder. Cela différait de l'habituelle sortie en groupe après l'école au *delicatessen* de Park Avenue, où les écoliers jetaient leurs sacs d'école sur les banquettes et s'installaient en piaillant pour boire à l'américaine des cocas avec des pailles.

De six à dix ans, l'école primaire prit toutes les énergies de Danielle. Vint ensuite le temps pour elle de faire son entrée au niveau secondaire.

*

Elle y est entrée très jeune ; cela est tout à fait probable car elle a toujours été en avance sur son âge.

«Je m'en souviens comme d'une personne très ouverte, toujours souriante», se rappelle un compagnon de l'époque. «Toujours en train de rire», ajoute un autre camarade. «Elle assistait à toutes les fêtes et elle adorait danser», se rappelle encore un troisième.

Sur les photographies de cette période, Danielle apparaît comme une fillette très enjouée. La photo de sa classe de seconde la montre souriant directement à l'objectif. Elle se distingue car elle est la seule fille de la première rangée vêtue de blanc, alors que toutes les autres portent un corsage bleu marine. L'année précédente, on ne pouvait qu'entrevoir son visage sur la photo de groupe, l'élève devant elle la cachant à l'objectif de l'appareil. Avec les années, Danielle avait appris à se mettre davantage en valeur. Ses chevilles étaient pudiquement croisées sous sa chaise et ses cheveux, coupés en frange sur son front. Elle n'avait que quinze ans, ne l'oublions pas. Contrairement à toutes les autres jeunes filles sur la photo, elle croise fièrement les bras sur sa poitrine plutôt que de les laisser reposer délicatement sur les accoudoirs comme une jouvencelle. Déjà, elle dégage beaucoup de charme et de détermination.

Personne ne se rappelle l'avoir vue avec un petit ami en particulier, mais à cette époque, les jeunes sortaient surtout en groupe.

Danielle avait de nombreuses amies dans sa classe. Elles dépensaient ensemble leur surplus d'énergie dans la cour d'école et passaient de longues heures à converser au téléphone. Tour à tour, chacune donnait chez elle des fêtes où toutes se rendaient pour danser le twist sur le nouveau rythme de Chubby Checker, la danse alors populaire dans les discothèques de Times Square.

Elles n'allaient plus manger de pâtisseries avec leurs grands-mères chez *Rumplemayer's* à Central Park South. Elles étaient maintenant trop raffinées pour les énormes montagnes de crème Chantilly et de chocolat. Elles étaient devenues des jeunes filles tirées à quatre épingles ; en témoignaient leurs jupes et leurs blazers, leurs souliers vernis et leurs collants chauds. Et puis, il faut dire que les desserts à haute teneur en calories étaient hors de question pour ces adeptes du twist.

Le premier écrit publié de Danielle fut probablement le poème qui parut en français dans l'annuaire de son école en 1961, alors qu'elle avait treize ans. Il s'agit d'un éloge joyeux à son école :

Un endroit heureux
où les garçons s'ennuient et les filles se plaisent,
où les professeurs sont gentils et doux
comme nos mères.

Même alors, Danielle notait les différences entre les garçons et les filles. Et que dire de cette comparaison entre les professeurs et sa mère, une mère qui ne faisait alors pas partie de sa vie.

Même si l'enseignement était dispensé en français, les adolescents de son école se considéraient d'abord et avant tout comme des Américains. Néanmoins, il flottait autour de Danielle une aura presque palpable de distinction et de réserve. Ses camarades de classe se rappellent d'elle à cette époque comme d'une fille indépendante ayant une grande maîtrise d'elle-même et beaucoup de chic. Elle ressemblait moins à une Jayne Mansfield qu'à une Grace Kelly.

*

L'uniforme resta le même pendant toute la période où elle fréquenta le lycée : un blazer marine, un chemisier blanc et une jupe en laine grise. Pourtant, l'un des garçons se souvient de l'allure particulière de Danielle. Bien entendu, une Grace Kelly n'en a pas l'air moins divine parce qu'elle est vêtue d'un uniforme scolaire. Danielle avait un petit quelque chose de plus qui la rendait radieuse même dans une jupe grise pourtant sans attraits.

Danielle Schulein-Steel ne semble pas avoir eu à travailler très fort pour garder une silhouette svelte et souple. Elle avait la chance de posséder un métabolisme rapide lui permettant de ne pas prendre de poids ; ce qui, des années plus tard, devait également lui permettre de travailler douze, quatorze, seize et même vingt heures par jour.

Pendant l'hiver, toute la ribambelle d'adolescents du Lycée français se rendait avec des patins à glace à la patinoire Wollman dans le zoo des enfants de Central Park, près de la 65e Rue. Une des scènes d'un roman de Danielle, *Un parfait inconnu*, se déroule d'ailleurs autour de cette patinoire. (Une jeune fille à qui ses parents ne donnent pas assez d'argent pour aller à la patinoire beaucoup plus sûre du *Rockefeller Center* y est brutalement agressée.)

Tour à tour, les élèves de la classe de Danielle organisaient chez eux, çà et là dans le East Side, des fêtes où tous se rendaient danser sous l'œil vigilant des parents qui les chaperonnaient. Les classes ne comprenaient pas plus de douze élèves, les plus grandes en accueillant parfois quinze ou vingt, la limite. Les élèves y étaient en tout cas assez peu nombreux pour que tout le monde se connaisse. Lorsque Danielle quitta le lycée en 1963, il n'y avait plus qu'environ vingt-quatre élèves de sa promotion.

Quand le cuisinier de la famille avait son jour de congé, Danielle et ses amis accompagnaient parfois leurs parents au *Stark's*, un café huppé de Madison Avenue qui servait des cocktails.

Sans les parents, tout le monde préférait aller à *La Rive Gauche*, un bistro sombre et enfumé ; l'un de ces endroits qui accueille les jeunes étudiants voulant faire croire qu'ils ont l'âge de consommer de l'alcool. De temps en temps, un élève y allumait une Gauloise (Danielle fumait une marque américaine) et prenait dans les volutes parfumées des attitudes existentialistes comme on aurait pu en voir aux *Deux Magots* sur la «vraie» Rive Gauche.

*

L'école secondaire exigeait beaucoup plus de chacun des élèves. Tous les élèves du lycée suivaient le même programme d'études pendant les deux premières années et pouvaient prendre différentes options les années subséquentes. L'école secondaire prenait fin avec la classe de terminale, une année entièrement consacrée à la préparation des examens du baccalauréat dans le système français.

Les cours obligatoires comprenaient les mathématiques, le latin (ou le grec classique), le français, l'anglais, l'histoire américaine, l'histoire générale, la géographie, la physique, la chimie, la biologie, les arts, la musique et, bien entendu, l'éducation physique.

En classe de terminale, les élèves devaient commencer l'étude d'une troisième langue vivante. Ils choisissaient alors entre l'allemand, l'espagnol, l'italien ou le russe ; les très redoutées classes de latin et de grec classiques ne devenant plus que des cours facultatifs.

Après avoir terminé ses classes de troisième et de seconde, Danielle avait déjà obtenu l'équivalent d'un diplôme d'études secondaires. L'année de terminale équivaut, dans le système américain, à une première année d'université.

Danielle avait réussi à acquérir «un esprit cartésien logique et discipliné» et «une faculté d'analyse critique» qui constituaient les raisons d'être et la fierté du Lycée français de New York.

Il manquait cependant un aspect crucial à son éducation : le monde tumultueux et sauvage des émotions.

Chapitre 2

Kaléidoscope

«Ah, mais voyez-vous», explique l'ancien proviseur de Danielle, «maintenant un homme âgé, elle n'a pas terminé son baccalauréat.» Le proviseur du lycée fut tout ce qu'il y a de plus désolé de la voir partir avant la fin de son cours, parce qu'elle était une étudiante si exceptionnelle.

Danielle choisit de quitter le Lycée français avant sa dernière année. Elle avait déjà obtenu l'équivalent américain d'un diplôme d'études secondaires. Avait-elle réellement besoin d'un diplôme français, le baccalauréat, alors qu'elle rêvait de devenir... la prochaine Coco Chanel ?

Pendant ses études au lycée, elle avait découvert que le désir cher à son cœur était de devenir créatrice de mode. À coup sûr, elle deviendrait aussi célèbre, sinon plus, que la grande Coco Chanel, cette Française aussi fameuse pour ses créations vestimentaires que pour ses propos acerbes.

La rédactrice de mode Diana Vreeland s'exprima dans ces mots au sujet de la collection Chanel de 1963 : «Chanel n'a jamais été aussi réjouissante, aussi fascinante, aussi jeune. Chacun de ses tailleurs possède son mystère et son secret, ainsi que les détails qui évoquent la romance et l'aventure. Comme toujours, Coco Chanel croit d'abord en la femme, au tailleur qui répond le plus à ses besoins... La magie géométrique de Chanel se fait sentir dans chaque doublure, dans chaque étoffe, dans chaque essayage...» Aujourd'hui, seuls ses livres gardent un souvenir du rêve de Danielle, notamment son roman *Au nom du cœur* qui raconte l'histoire de la malheureuse Isabella, une ravissante créatrice de mode italienne.

En 1963, Danielle décida de s'inscrire à une école de dessin de mode, la *Parsons School of Design*, qui se situait sur l'élégante Sutton Place, pas très loin du centre new-yorkais de l'industrie du vêtement, à l'angle de la 42e et de Broadway.

Ainsi, en étudiant à *Parsons* elle se rendait admissible à un programme conjoint avec l'université de New York. Les cours de Parsons y étaient reconnus.

Ses études à Parsons, lui permettaient souvent de passer devant les imposants immeubles qui abritaient les salles d'exposition et les bureaux des plus grands couturiers de l'époque, les Norman Norell, Teal Traina, Pauline Trigère, qui avaient tous pignon sur rue dans le *Garment District* de New York.

Au cours de ce bel automne, elle eut aussi la chance d'assister entre deux cours à de nombreux défilés de mode. Les étudiants de Parsons se permettaient même de rater des cours, une chose impensable au sévère Lycée français, pour aller admirer les plus beaux défilés de l'univers de la mode à New York.

Danielle regardait avec fascination ces mannequins incroyablement grandes et minces glisser avec élégance le long des pistes en forme de T. Elle les voyait s'avancer en se déhanchant sous une pluie de flashes, au son feutré et poli des applaudissements des clients raffinés gantés de blanc, des importants acheteurs et des escortes de tout ce beau monde.

Jo Hughes, l'acheteuse de Bergdorf Goodman, jouait de tout son prestige pour trouver des places à ses riches clientes, ses «filles», dans la première rangée, le point de mire de tous les défilés de mode. Telle une générale à la tête de ses troupes, elle fendait la foule. Mais âgée seulement de seize ans, la jeune Danielle Schulein-Steel devait se contenter, avec ses amis, d'une entrée beaucoup plus modeste. Ensemble, ils consultaient d'abord les pages des journaux de mode pour découvrir à quel grand hôtel se tiendrait le prochain défilé. Ils se faufilaient à l'intérieur à l'insu du portier, puis se glissaient en douce dans la dernière rangée. Émerveillés, ils assistaient à cette féerie inondée de lumière... la mode ! Enfin ! Ils pouvaient voir de leurs propres yeux ce spectacle si merveilleux...

*

1964. Une pagaille sans précédent emportait New York. Une cohue en délire attendait les Beatles à leur arrivée à l'aéroport La Guardia. Leur musique y était pour beaucoup.

Mais, essentiellement, c'était le concept dans son ensemble, le *look*, qui produisait cet effet. Ils avaient les cheveux longs. Ils portaient des vêtements au goût du jour. Ils avaient tout ce que les jeunes Américains attendaient de l'industrie de la mode de leur pays.

Cette vague qui déferlait sur l'Amérique ouvrait un monde de possibilités à la jeune femme douée, motivée, disciplinée et créative qu'était Danielle. Une jeune femme, belle de surcroît... et qui plus est, parlait la langue de la mode : le français.

Danielle était la personne idéale pour profiter de ces circonstances exceptionnelles et pour devenir une vedette de cette industrie. Le bon moment, le bon endroit, le talent... Rien ne semblait pouvoir l'empêcher de devenir celle qui réinventerait le *look Mod* arrivé du *swinging London* ou le style *mini* de Courrèges qui envahissait New York depuis Paris.

Elle fut toutefois arrêtée net dans son élan.

Le mot «accablant» n'est pas trop fort pour décrire sa première année à Parsons. Éloignée de la sécurité et de la stabilité de sa classe et de ses amis du lycée, elle tomba malade.

Au cours de cette période, Danielle avait beaucoup de temps libre. Son nouvel horaire ne pouvait en rien se comparer aux journées surchargées du lycée et aux nombreux devoirs qu'elle apportait chaque soir à la maison. Certains étudiants du collège Parsons échouaient leur première année, tant leur nouveau milieu d'études différait de la rigueur des écoles d'où ils provenaient. Ils étaient si heureux d'en être sortis, qu'ils en oubliaient d'étudier.

Danielle ressentait un énorme besoin de liberté ; sécher ses cours au collège la grisait. Mais soudain, la liberté devint trop forte pour son organisme et elle s'effondra.

Danielle offrit différentes versions de cette année passée dans le monde de la haute couture. Mais il en ressort que les pressions subies à l'école et sa nouvelle vie trépidante au cœur de la folie new-yorkaise la conduisirent à un ulcère.

Danielle-Fernande Dominique Schulein-Steel était une catholique convaincue. Mais sa maladie l'incita à explorer une nouvelle religion, la Science chrétienne. Elle cherchait dans cette religion une façon de transcender les malheurs insurmontables qui s'abattaient sur elle, toutes les maladies qui la terrassaient. D'abord, elle fut atteinte d'un ulcère. Cette crise la renversa. Sa belle confiance en elle-même, sa jeune présence éclatante, son extraordinaire sens tout à fait français du style, tout cela vacilla pour finalement s'écrouler. Tout son entrain et son goût de vivre s'évanouirent.

C'est alors que Danielle décida de poursuivre ses études à l'université de New York.

Mais un autre mal devait cette fois lui couper complètement les ailes. Les femmes qui en ont souffert parlent d'une douleur indescriptible et de la peur de ne jamais pouvoir porter d'enfants. Danielle ressentit une douleur incroyable au côté droit.

Admise dans un hôpital des environs, elle subit une grave intervention chirurgicale au cours de laquelle on lui fit l'ablation d'un ovaire, un coup terrible pour une jeune fille de seize ans. L'opération pour retirer la tumeur réussit, mais peu après Danielle fut frappée d'une hépatite. Elle faillit en mourir.

Elle dut s'en remettre aux connaissances et à l'expérience de son chirurgien, mais elle pria aussi beaucoup le Dieu de son enfance qu'il lui permette de vivre, de se marier et de donner naissance à des enfants.

Danielle se releva lentement de ses maladies. Elle n'était plus qu'une ombre de moins de quarante-cinq kilos que les infirmières venaient envelopper dans les draps blancs de son lit d'hôpital. Peut-être feuilletait-elle avec indifférence les derniers numéros du *Harper's Bazaar*, du *Vogue* et du *Women's Wear Daily* que ses amis de Parsons lui laissaient quand ils lui rendaient visite. Ou peut-être lisait-elle dans un vieux numéro des *Collections de Paris*, les textes de Diana Vreeland, une Américaine vivant à Paris, auteur de chroniques qui enthousiasmaient tous les jeunes amateurs de mode en Amérique.

«La mode est l'entrain qui nous fait vivre, l'idée fixe de Paris», écrivait Diana Vreeland dans le *Vogue* de septembre 1963. «Depuis la concierge de la rue du Bac, jusqu'au portier qui nous reçoit à notre retour d'un lancement, depuis les vendeurs de fromage de chez Fauchon, jusqu'au chasseur livrant des bouquets de lys et de roses, Paris est en état d'alerte... suspendue à la gloire des ateliers de couture.» La prose de Vreeland emplissait Danielle d'images sensuelles de Paris, de sons, d'odeurs, de visions qui savaient inspirer son âme française et nourrir ses rêves.

«Jamais Paris n'a été plus verte et dorée, avec ses journées chaudes et ses soirées fraîches...», écrivait encore Diana Vreeland. «L'air pétillait, un parfum de succès flottait quand nous entrâmes chez St-Laurent... Il commença par nous amuser en faisant défiler une poignée de policiers et de gamines, un *West Side Story* de luxe, puis une parade d'héroïnes de science-fiction conduite par une reine de l'espace au faciès japonais, une créature gracieuse, une fleur de lys dans du chevreau noir... les jambes sanglées dans des cuissardes de crocodile aux reflets rutilants.»

Les boîtes de nuit et les discothèques qui foisonnaient dans le Manhattan de 1963 et de 1964 étaient inondées de scènes semblables. Danielle s'inspirait de toutes ces images, puisant son énergie dans les rues de New York.

«Les mannequins apparaissaient, poursuivait Diana Vreeland assise aux premières loges de la présentation de la collection, comme si elles revenaient d'un voyage sur Mars, vêtues de justaucorps et d'amples blouses à carreaux de laine, de suède et de vison, soulignées de chaînes dorées à la taille et sous le col ; des chaînes aussi autour des chapeaux de feutre et, s'y entremêlant, des fausses mèches d'épais cheveux noirs...»

Les magazines de mode qui présentent les célèbres clichés de Richard Avedon et de David Bailey ; l'incroyable beauté des top modèles sveltes et élancées ; les créations de Courrèges, St-Laurent et Dior... tout était si merveilleux. Mais elle dut mettre tout cela de côté.

Son énergie, qui la rendait autrefois solide comme le diamant, chancelait sous le poids de la maladie. Elle ne pouvait plus se concentrer suffisamment pour absorber l'explosion de toutes les tendances autour d'elle.

Quand elle avait regardé toutes ses revues de mode, les *Vogue* et les *Harper's Bazaar*, il ne lui restait plus qu'à lire un mince cahier de vingt-huit pages en papier journal encarté dans le *Women's Wear Daily*, qui relatait les potins du milieu... qui dînait avec qui, qui faisait ceci ou cela. C'est peut-être là que résidait sa vocation future : comme tête d'affiche des carnets mondains, parmi les célébrités, les modélistes et le tout New York.

*

S'il lui était impossible de conquérir Manhattan en tant que grande couturière, peut-être pourrait-elle l'explorer à titre d'élégante épouse d'un jeune homme riche. Elle ne créerait peut-être pas de vêtements, mais elle en porterait certainement de très beaux.

*

Les étudiants de Parsons, ces adeptes invétérés des défilés de mode, se plaisaient parfois, par de beaux après-midis, à marcher le long des rues prestigieuses de Manhattan. Leur itinéraire favori était sans aucun doute celui qui allait de chez *Henri Bendell*, sur la 57e Rue ouest, jusque chez *Bergdorf Goodman*, à l'angle de la 57e et de la Cinquième Avenue, en prenant bien soin de ne pas oublier de traverser la rue, afin de jeter un coup d'œil aux fantastiques vitrines de chez *Tiffany*, et de faire un petit saut du côté de chez *Harry Winston* pour y admirer les superbes joyaux.

Un peu plus loin, les marchandises de chez *Saks*, sur la Cinquième Avenue, courtisaient les jeunes stylistes et offraient une cure d'amincissement à leur portefeuille *Gucci*.

Tout au long du parcours, il y avait tant de restaurants français où l'on pouvait voir des femmes riches attablées à midi devant des mets délicats, tant de vieux hôtels où l'on pouvait s'arrêter pour le thé, sans oublier les haut-lieux de la cuisine française, comme *Le Pavillon* et *Le Lutèce* où les grands mandarins de la gastronomie rendaient hommage aux plus fins palais. Avec un peu de chance, il était possible d'entrevoir, à travers la devanture, la femme qui était alors au bras d'Aristote Onassis.

Mis à part les merveilleuses boutiques, les imposants magasins et les divins restaurants français, New York possédait maintenant son propre Boswell, son propre chroniqueur mondain, dans la personne de Truman Capote.

Elle ne le savait pas encore, mais Danielle Schulein-Steel devrait bientôt prendre place à côté de ce même Truman Capote et briller de ses propres feux.

«J'étais très fatiguée et désenchantée du monde confortable dans lequel j'avais grandi, se rappelle Danielle. J'en sentais l'hypocrisie.»

Impatiente de laisser ce monde derrière elle, elle fit ce qui semblait un brillant mariage.

En de nombreuses occasions, les entrevues accordées par Danielle Steel ont laissé aux reporters l'impression «qu'à l'âge de dix-huit ans, elle avait épousé un riche banquier français».

Cette union fut sans aucun doute «un mariage splendide» et même un mariage brillant, mais «le riche banquier français» provenait en réalité d'une famille franco-américaine dont les racines remontaient à la période de la ruée vers l'or en Californie.

Danielle avait rencontré Claude-Éric Lazard à l'âge de treize ans. Il était de onze ans son aîné. Elle l'épousa quatre ans plus tard. «Cela me semblait la meilleure chose à faire, se souvient-elle. Je n'étais pas enceinte, contrairement à ce que tout le monde espérait découvrir à la noce. Quand nous avons reçu les convives pour le mariage, je me rappelle entendre deux vieilles chipies murmurer : "J'ai hâte de la voir dans trois mois"».

Pour de nombreuses personnes cette raison était la seule qui puisse expliquer pourquoi une charmante et prometteuse future créatrice de mode de dix-sept ans voulait épouser un banquier conformiste et collet monté de plus de dix ans son aîné.

Quoi qu'il en soit, le mariage lui-même fut empreint de mystère. Alors que les noces des deux sœurs de Claude-Éric, à Paris, furent célébrées dans le plus grand faste, Danielle semble avoir convolé dans la plus stricte intimité. On ne connaît presque rien de la date, de l'endroit et des circonstances de ce mariage.

Pourquoi voulut-elle se marier ? Peut-être les motifs résident-ils dans l'histoire de la famille Lazard, une famille qui abonde en personnages et en situations dignes d'une romancière, une romancière comme Danielle Steel.

CHAPITRE 3

LA BELLE VIE

Elle voulait être riche... elle voulait rencontrer des gens qui ont de l'argent.

Un membre de l'ancienne belle-famille
de Danielle Steel

En devenant la femme de Claude-Éric Lazard, Danielle prenait époux dans une famille distinguée de San Francisco ayant de profondes racines en Californie, à New York et en France.

Le grand empire bancaire Lazard prit naissance après que les trois frères Lazard eurent quitté la région de la Sarre, en France, au milieu du dix-neuvième siècle, pour s'établir en Amérique comme marchands. D'abord à la Nouvelle-Orléans, puis, attirés par la ruée vers l'or, à San Francisco en Californie. Les frères Lazard se spécialisaient dans la mercerie et dans les tissus d'importation en provenance de France, de Suisse et d'Allemagne. Ils connurent beaucoup de succès.

Entre 1850 et 1860, la population de la Californie passa de moins de cent mille à près de quatre cent mille personnes. Une avalanche d'or pur envahit San Francisco avant d'aller rejoindre les marchés financiers internationaux. Les frères Lazard comprirent que leur avenir était dans les banques. Ils fondèrent donc une banque, la *Lazard Frères*. Dès 1856, ils en ouvraient une succursale à Paris, la *Lazard Frères et Cie*.

Les frères Lazard devinrent rapidement des membres à part entière de «la coterie californienne», un groupe sélect de familles comme les Newmark, Hellman, Weil et consorts, dont les membres voyageaient fréquemment entre la Californie et les stations thermales européennes les plus renommées. À l'instar des personnages de *La maison des jours heureux*, un roman de Danielle, ces familles vivaient avec la volonté de dompter un nouveau pays et de s'y établir en maîtres dans leurs manoirs.

Dans une lettre de 1884, une des filles de la famille Lazard décrit à son cousin leur style de vie : «Hier, Marco Hellman nageait en plein ravissement... il a reçu cent dollars de sa mère pour acheter un cheval, et de son père quatre terrains... des boutons de manchette en diamants...

un médaillon en or serti d'un immense diamant... une épingle à cravate en diamants et un dictionnaire avec un index...»

Au mariage de M. Stern et de Mlle Meyer, les Lazard offrirent aux nouveaux mariés «un service à thé en argent massif de dimension royale».

À cette époque, Christian Lazard, le grand-père de Claude-Éric, vivait encore à Paris, avec la branche française de sa famille qui avait abandonné le judaïsme pour se convertir au catholicisme. Ils avaient gardé des liens avec leur famille de San Francisco, et c'est dans cette ville que Claude Lazard épousa Esther Ehrman en 1932, un mariage que *The San Francisco Chronicle* qualifia «d'un des événements mondains les plus brillants de l'année». Quelques mois après la noce, la mariée fut présentée à la haute société de Paris par ses nouveaux beaux-parents, monsieur et madame Christian Lazard, dans leur propriété, le Château Couharde, à l'extérieur de Paris. Parmi les invités, se trouvait un ancien président de la France.

Esther Ehrman était la fille de Florence Hellman, dont le père dirigeait la *Wells Fargo*, et de Sydney Ehrman, un avocat de la *Heller, Powers & Ehrman*, une firme qui devait être associée de très près à la construction de systèmes d'alimentation en eau, à l'érection du *Golden Gate Bridge*, à l'aménagement des nouvelles villes à l'extérieur de la cité et à la croissance de San Francisco, après le grand tremblement de terre. Un des partenaires de la *Heller, Powers & Ehrman*, fonda Atherton près de Hillsborough et un autre, Carmel-by-the-Sea près de Monterrey, un endroit évoqué dans deux des romans de Danielle, *La fin de l'été* et *Traversées*.

Sydney Ehrman, le fils d'un épicier en gros, obtint un diplôme de l'université de la Californie à Berkeley et passa une année à l'université de Munich (la ville d'origine des Schuelein). Il devint l'un des directeurs de l'Opéra et de l'Orchestre symphonique de San Francisco et s'érigea en protecteur des arts. Le jeune Yehudi Menuhin (qui assista à la réception en l'honneur des nouveaux mariés au Château Couharde), figure au nombre des artistes qu'il appuya. Il fit l'acquisition d'une magnifique propriété au lac Tahoe qui était devenu une colonie de vacances pour les riches de San Francisco. Nichée dans les montagnes de la Sierra Nevada le long de la frontière entre la Californie et le Nevada, la maison Ehrman, le *Sugarpine*, symbolisait toute la richesse et l'élégance des riches qui venaient s'y détendre.

Lorsque Esther Ehrman, la fille de Sydney, épousa Claude Lazard dans le quartier Presidio Heights à San Francisco, deux grandes fortunes de la région s'unirent. Le jeune et riche Claude Lazard établit son domicile à New York, puis vécut à Paris jusqu'à ce que la montée du nazisme ne rende la ville dangereuse. Déjà à cette époque, la famille Lazard n'était plus associée à la société bancaire qui portait son nom.

En 1937, Claude Lazard, inquiet des plans de Hitler concernant l'expansion du Troisième Reich, avait envoyé Esther et ses quatre enfants, Sidney, Florence, Christiane et Claude-Éric, retrouver la famille Ehrman à San Francisco, pendant qu'il restait à Paris pour devenir officier dans l'Armée française. Lorsque les nazis envahirent la France, il joignit les rangs de la Résistance française et fut blessé. À l'été 1944, le lieutenant Lazard reposait dans un hôpital militaire de Naples, guérissant des blessures qu'il avait subies quand un obus avait explosé près de son abri.

Ces événements dramatiques devaient fournir à Danielle un excellent matériel pour bon nombre de ses romans, notamment pour *Traversées* et *Joyaux*.

Immédiatement après la guerre, Claude Lazard fut assigné au consulat français à New York, et toute la famille continua à partager son temps entre San Francisco, New York et Paris. Les enfants de Claude et d'Esther suivirent des voies différentes. Sydney se maria et il devint correspondant du réseau ABC à Rome au cours des années soixante. En 1959, Florence épousa Barnard Lasnier de Lavalette à l'église Ste-Clothilde de Paris, revêtue de la robe de dentelle que sa mère avait portée à son propre mariage en 1932. Il convient cependant de mentionner que cette robe avait été «retouchée» par la maison Dior. Cinq ans plus tard, sa sœur Christiane endossait la même robe pour épouser André-Paul Peyromaure de Bord à l'église Notre-Dame-des-Victoires à San Francisco. (Notons que ces arrières-petites-filles de marchands et de banquiers juifs furent éduquées aux couvents du Sacré-Cœur à San Francisco et à New York, et qu'elles firent des mariages catholiques.)

En prenant époux dans la famille Lazard, Danielle Schulein-Steel entrait dans une famille qui inspirerait éventuellement certains de ses meilleurs ouvrages.

Mais les circonstances qui l'amenèrent à se joindre à la famille Lazard se perdent maintenant dans la nuit des temps. Contrairement aux mariages des deux sœurs de Claude-Éric Lazard qui furent décrits en détails dans la presse, il n'existe aucun compte rendu public du mariage de la jeune Danielle Schulein-Steel âgée de dix-sept ans, à l'homme de vingt-huit ans qu'était Claude-Éric Lazard.

On sait qu'après leur union, les nouveaux mariés emménagèrent chez Claude-Éric, dans sa suite de l'hôtel Stanhope sur la Cinquième Avenue, en face du *Metropolitan Museum of Art*. Ils y menèrent une vie très retirée. Contrairement à Claude Lazard, dont les moindres faits et gestes défrayaient abondamment les carnets mondains, on ne trouve aucune mention du jeune couple dans les journaux de l'époque.

Peut-être les études de Danielle l'occupaient-elles trop ? Elle avait quitté Parsons pour poursuivre ses études à l'université de New York tout près de Washington Square, dans le cœur de Greenwich Village.

41

L'université de New York n'était pas un endroit où l'on pouvait admirer le faste de la haute couture, tel qu'il était brillamment décrit par Diana Vreeland dans *Vogue* : «...les boutons parés de verroterie des grands couturiers, les médaillons plats, les fausses pierres scintillantes de lumière serties dans d'énormes broches byzantines à la façon de l'impératrice Théodora... l'allure soirées de gala... légèrement médiéval, si ravissant, que même les membres de la presse échappèrent leurs crayons et se joignirent à la pluie des applaudissements».

Danielle ne pouvait pas porter les dernières créations de Paris dans l'autobus qui, sur Lexington Avenue, l'emmenait au centre-ville. Mais elle commença tout de même à cette époque à se coiffer «à la Vreeland» pour ses sorties : «Très subtil, très chic... les cheveux ramassés en un chignon très serré se relevant sur le sommet de la tête et une torsade en forme de huit tombant plus bas sur le cou...»

En 1979, un reporter interviewa Danielle et en retint l'impression que cette jeune mariée possédait déjà des domiciles à New York, Paris et San Francisco. Mais Danielle n'était pas satisfaite de sa vie.

Un de ses amis se rappelle qu'elle recherchait la sécurité, qu'elle voulait rencontrer des gens ayant assez d'argent pour la rassurer.

Des bribes de sa vie de jeune mariée apparaissent, tel des fragments de verre coloré dans un kaléidoscope dans ses premiers romans, *Going Home* et *Les promesses de la passion* : les repas somptueux, les magnifiques restaurants, la ville magique de New York.

Mais dans *La fin de l'été*, elle décrit aussi un personnage distant, plutôt collet monté et sans vitalité, un jeune mari franco-américain entouré de toute sa famille.

Bien sûr, sa vie comportait tout de même des compensations. Il y avait au Stanhope, un splendide restaurant au rez-de-chaussée, un service de conciergerie, un Telex, un portier aux pieds lestes, toujours prêt à héler un taxi. On donnait toujours l'impression de pouvoir plier bagage en un instant pour partir sans préavis.

Il y avait aussi la fortune des Lazard. Claude-Éric était manifestement enchanté par la beauté de sa jeune épouse. Selon les coutumes de la famille, il lui avait acheté une bague ornée d'un diamant parfait. Danielle adorait aller dans les magasins. Après son mariage avec Claude-Éric, la famille Lazard lui avait demandé de bien vouloir tout porter à leur compte. «C'est à ce moment-là que Danielle put commencer à collectionner les bijoux», déclara l'un de ses amis.

Danielle devint par la suite enceinte et le couple déménagea dans un appartement pouvant accueillir leur petite fille, Béatrix, et une bonne d'enfants. Mais déjà, le monde des Lazard était devenu trop ennuyeux et trop étouffant pour Danielle, qui commença à chercher de nouveaux défis.

CHAPITRE 4

CHER DADDY

Danielle appartenait à une famille cultivée, mais désargentée. Selon un ami, cette situation, ajoutée au divorce de ses parents, fut un objet d'inquiétude pour les Lazard.

Que dire du père de Danielle, un homme énigmatique qu'on a successivement décrit comme un «descendant des propriétaires de la brasserie Löwenbräu de Munich» et comme un «aristocrate allemand»? Ce personnage mystérieux, affectueusement inscrit à l'épigraphe de *La vagabonde* et évoqué dans d'innombrables entrevues, est un homme insaisissable.

Commençons par la famille Schuelein de la ville de Munich en Allemagne. Il y a plus de brasseries en Allemagne que dans le reste du monde, et la Bavière brasse et consomme plus de bière que toute autre région du pays. Sur les huit cent vingt-cinq brasseries bavaroises, deux appartenaient à Josef Schuelein, l'arrière-grand-père de Danielle.

Josef Schuelein naquit à Thalmassing en Franconie centrale, en 1884. Il épousa Ida Baer, née à Nordlingen, en Bavière. Le mariage eut lieu à Munich où Joseph Schuelein dirigeait les brasseries Union et Kindl. Leur premier fils, Julius, y naquit en 1881, bientôt suivi de cinq autres enfants. La famille prospéra et Josef Schuelein étendit ses activités à l'import-export, dans l'industrie de l'alimentation.

Julius Schuelein obtint un doctorat en droit, ce qui lui valut le titre de docteur, et il épousa Minni Laura Kahn. Leur fils, John, né en 1914, devait devenir le père de Danielle. Julius se joignit à l'entreprise d'import-export de son père, la Presco-Vegex, tandis que son jeune frère, Hermann, prenait la direction des brasseries Union et Kindl. Après la Première Guerre mondiale, ces brasseries fusionnèrent avec *Löwenbräu AG*. En 1919, Hermann devint directeur chez Löwenbräu. Entre 1921 et 1935, il occupa le poste de directeur général de Löwenbräu et fut l'un des directeurs de la Deutsche Bank.

Toutefois, il semble que Danielle Steel appartient à la branche la moins prestigieuse de la famille, celle de Julius Schuelein, plutôt qu'à celle de Hermann Schuelein.

Cela ne signifie pas pour autant que sa famille ait été moins remarquable. Les frères et sœurs de Julius et de Hermann étaient tout aussi illustres. Franziska Schuelein Heinemann, née en 1882, un an après Julius, ouvrit à New York une galerie d'art spécialisée dans les tableaux européens, qui connut beaucoup de succès. Une autre sœur, Elsa Schuelein Haas, née en 1886, épousa un chirurgien et émigra aux États-Unis, comme ses deux plus jeunes frères, Fritz, né lui aussi en 1886, et Kurt, en 1892, tous deux décédés à New York au début des années soixante.

Josef Schuelein devint tellement riche qu'il acheta une demeure dans les environs de Munich, une confortable maison de campagne qui n'avait rien du «château entouré de douves» que décrit parfois Danielle dans ses entrevues. Contrairement à l'un des cousins Lazard qui gardait des chevaux de course dans ses écuries, Herr Schuelein élevait des vaches. Mais, dans les albums de photos et à travers les anecdotes familiales, tout cela avait dû sembler terriblement romantique à la jeune Danielle et devait servir d'inspiration à ses romans.

La vie bourgeoise dont jouissait les Schuelein à Munich prit brutalement fin avec l'arrivée d'Adolf Hitler au pouvoir. Juifs assimilés, ils étaient considérés comme des indésirables. Avec la confiscation des entreprises et la prise en main par le gouvernement nazi d'importantes sociétés, comme la Löwenbräu, les Schuelein se rendirent compte que ce n'était qu'une question de temps avant qu'ils ne deviennent la cible des politiques d'extermination nazies.

Josef Schuelein, veuf depuis 1929, décida de rester à Munich où il mourut en 1938. Mais ses enfants résolurent tous de fuir l'Allemagne. Une déclaration sous serment signée par un ami américain d'Hermann les aida à entrer aux États-Unis l'année suivante.

Julius Schuelein implanta la société d'alimentation Presco-Vegex à New York. Mais, pour des raisons encore obscures, son fils John changea son nom. Peut-être fut-ce à cause des sentiments anti-allemands qui prévalaient dans son pays d'adoption. Il en modifia l'orthographe, laissant tomber le premier «e» et y ajouta «Steel», devenant ainsi John Schulein-Steel.

En ce qui concerne la réputation de coureur de jupons que lui prête Danielle, un membre de la famille Schuelein affirme que rien n'est plus éloigné du vrai John Schulein-Steel.

«Ce n'est vraiment pas gentil de décrire John Schulein-Steel comme un *playboy*», dit cette personne.

«Il ne travaillait pas beaucoup, c'est vrai, mais un *playboy* a habituellement beaucoup d'argent, ce qui n'était pas le cas... Il n'avait peut-être pas beaucoup de succès, mais il travaillait. Il travaillait pour son père dans l'entreprise Presco-Vegex. C'est exact.»

Bien que les prétentions aristocratiques de Danielle soient exagérées, elle a réellement eu une parente dont la vie aurait pu lui servir d'inspiration pour un roman. Il s'agit de sa cousine Annemarie Schuelein Utsch, la fille de son grand-oncle Hermann, qui était, elle, plus directement liée à l'empire Löwenbräu.

Mais la vie d'Annemarie ne se limita pas aux banques et aux brasseries. Née en 1915, elle suivit son père Hermann, son oncle Julius, et son cousin John, lorsqu'ils s'enfuirent d'Allemagne. En août 1935, elle atteignit Londres. L'année suivante, elle rejoignit ses parents aux États-Unis. La famille Hermann Schuelein avait loué un appartement sur la Cinquième Avenue, non loin des autres membres de la famille.

En 1941, l'impétueuse Annemarie fut engagée par le service de renseignements de guerre à Washington. En six ans, elle gravit tous les échelons, devenant tour à tour secrétaire, rédactrice, directrice, et elle en vint finalement à être responsable de la diffusion d'émissions en langue allemande dans les territoires occupés par les nazis. Bien qu'elle ne se soit jamais rendue derrière les lignes ennemies, comme l'héroïne du roman de Susan Isaac, *Shining Through*, elle était là en esprit, surtout à Munich.

En 1947, après la défaite allemande, Hermann Schuelein fut encore nommé à un poste de directeur des brasseries Löwenbräu. Il ne retourna cependant pas en Allemagne avant 1950 et finit pas abandonner son poste, prétextant qu'il n'avait pas assez de temps pour remplir convenablement sa charge.

Hermann Schuelein devint directeur de la brasserie Rheingold de New York. Parmi les nombreuses décorations qu'il reçut à la fin de sa vie, mentionnons une médaille de la *National Conference of Christians and Jews* (Conférence nationale des chrétiens et des juifs) et une Clé d'or de la ville de Munich.

En s'appropriant une partie de la biographie de Hermann Schuelein, Danielle Steel faisait déjà preuve des immenses talents de narratrice qui devaient lui valoir sa célébrité et sa fortune.

Mais il fallait d'abord que Danielle découvre que sa véritable voie était de raconter des histoires. Au milieu des années soixante, désenchantée du monde de la mode, mal à l'aise dans son rôle d'épouse riche et choyée, Danielle devait être consciente qu'il lui fallait absolument trouver un nouveau défi à relever. Par une coïncidence extraordinaire, la future superfemme trouva sa niche au sein d'une société novatrice appelée *Supergirls*.

CHAPITRE 5

UNE AUTRE VIE : *SUPERGIRLS*

Sa petite noblesse allemande, sa beauté portugaise et son éducation française avaient servi de tremplin à Danielle qui avait fait un mariage de rêve. Mais elle ne vécut pas heureuse jusqu'à la fin de ses jours comme dans un conte de fées. Au contraire, elle commença peu à peu à se rendre compte de certaines réalités de la vie. Elle était une jeune Américaine vivant dans le New York des années soixante. L'Amérique était aux prises avec un bouleversement complet qui n'épargnait personne, pas même les jeunes filles de bonnes familles, européennes de surcroît. Danielle sentait le besoin d'échapper, au moins en esprit, au mariage conservateur par lequel elle s'était liée. «J'ai tellement changé entre dix-sept ans et vingt-et-un ans», déclara-t-elle plus tard à un reporter.

*

Danielle a rarement accepté de parler de son premier mariage. Toutefois, lorsqu'elle l'a fait, elle a toujours montré beaucoup d'estime pour son premier mari. Elle reconnaît qu'il ne pouvait pas savoir à quel point la jeune fille qu'il avait épousée à dix-sept ans changerait une fois dans la vingtaine. «C'est un peu comme acheter un jeune chien, sans savoir exactement à quelle race il appartient, pour se retrouver plus tard avec une girafe», a-t-elle déjà déclaré à un journaliste. «Lorsque nous nous sommes rencontrés, je fréquentais encore l'école. J'étais très sage. Puis, je me suis mise à faire les quatre cents coups et le pauvre homme n'a rien pu faire autre que de tout accepter.»

Malgré l'opposition de son mari, Danielle commença à travailler vers l'âge de vingt-deux ans. Elle trouva un emploi dans une petite entreprise dynamique entièrement composée de femmes, appelée *Supergirls*.

Les Lazard n'étaient absolument pas des travailleurs. Leurs épouses, en particulier, n'avaient vraiment pas besoin de gagner leur vie. En fait, elles étaient censées ne PAS travailler.

La famille Lazard ne comprenait pas pourquoi une jeune femme refusait de rester à la maison et de mener la vie choyée d'une épouse Lazard. Mais, Danielle Schulein-Steel Lazard débordait d'énergie et ne pouvait se contenter d'une vie rangée à la maison, peu importe les avantages qu'elle pouvait en retirer.

Quand elle était enfant, il arrivait à Danielle de travailler à ses devoirs pendant huit heures. Le travail ne la rebutait pas. Au contraire, elle le recherchait.

Elle laissa sa fille à la maison avec la nounou et entreprit une nouvelle carrière au sein de la jeune entreprise *Supergirls*.

La société *Supergirls* reflétait bien la fin des années soixante. Deux jeunes New-Yorkaises, déçues de la piètre qualité des emplois qu'on leur offrait, décidèrent de défier les conventions et de faire preuve d'initiative en lançant leur propre entreprise.

Le concept était très simple : elles tireraient profit de leurs compétences et vendraient leur temps et leur énergie aux gens qui en avaient besoin.

Genie Chipps et Claudia Jessup s'étaient connues à l'école St-Anne de Charlottesville, en Virginie, où elles s'étaient liées d'amitié. Ce sont elles qui eurent l'idée de *Supergirls* un soir autour d'une table, en rassemblant des notions de droit, de comptabilité et de publicité glanées auprès de divers amis de cœur. L'ami d'un ami, qui travaillait à Manhattan pour un cabinet d'avocats prestigieux, leur donna gratuitement des conseils juridiques qui auraient pu leur coûter des milliers de dollars. D'un autre ami, employé dans une firme comptable ultra-conservatrice, elles suivirent un cours élémentaire sur la tenue de livres et la gestion comptable. Un beau brummel de la publicité leur offrit des leçons sur la façon de réunir tous ces éléments avec tout le flair et le panache voulus. Et du flair, elles n'en manquaient pas !

Aussitôt que les affaires démarrèrent, les deux jeunes femmes louèrent un bureau sur Madison Avenue, à l'angle de la 67e Rue, au cœur de la rue commerçante la plus huppée de Manhattan. Restreintes à un budget de démarrage dérisoire, elles n'embauchèrent que trois employées.

L'atmosphère effervescente et tumultueuse d'une entreprise naissante ne pouvait mieux convenir à une jeune mère comme Danielle Schulein-Steel Lazard, qui commençait à peine à se rendre compte de certaines des réalités du monde des adultes. La personnalité excessive et dynamique des deux jeunes propriétaires façonna la vision que se fit Danielle du monde du travail, un monde qui semblait ouvrir d'immenses possibilités aux femmes, tant dans les magazines, la mode, la télévision, que dans les arts, un monde que ses lectrices apprendraient plus tard à aimer.

*

Danielle fut d'abord embauchée comme remplaçante temporaire, «un petit bout de femme vêtue avec grand chic», déclarèrent ses patronnes, dans le livre qu'elles écrivirent sur le lancement de leur entreprise et le secret de son succès.

«Danielle s'était mariée dans l'une de ces familles françaises prestigieuses et fortunées», expliquèrent-t-elles avec quelque inexactitude, «qui préféraient que leur illustre nom ne soit pas associé à des appellations douteuses comme *Supergirls*.»

Au début, selon Genie et Claudia, Danielle jouait beaucoup avec ses noms.

Au téléphone, pour ses relations de travail, elle était «Danielle Steel». Pour ses amis, elle était «Danielle Lazard». Et, toujours selon l'ouvrage de ses patronnes, «il y avait des gens à qui elle faisait dire qu'elle avait quitté le pays» et à d'autres, qu'elle était «disparue à jamais».

Danielle était constamment au téléphone, comme il sied à une personne qui porte le titre de «directrice des relations publiques et vice-présidente du marketing». («Comme nous ne pouvions pas offrir des salaires très élevés, nous distribuions les titres grandioses comme du bonbon», expliquent Genie et Claudia.) Mais, lorsque Danielle, toujours au téléphone, se mettait à papoter en français avec ses amies, Genie et Claudia ne comprenaient pas un traître mot à ce qui leur paraissait une conversation délicieuse et pleine de tentations.

Son expérience du monde du travail métamorphosa l'étudiante qu'était Danielle lorsqu'elle avait épousé Claude-Éric Lazard ; une étudiante qui avait été horriblement malade, qui avait subi l'ablation d'un ovaire et qui avait souffert d'ulcère et d'hépatite.

Elle donnait peut-être à sa belle-famille l'impression de l'épouse docile, contente de combler tous les désirs de son mari, mais en réalité, elle apprenait à appartenir à cette nouvelle race de femmes indépendantes et libérées qui était en train de voir le jour.

Danielle était bien la dernière personne à avoir besoin de travailler. On dit qu'elle dépensait chaque semaine plus que son salaire en fleurs de toutes sortes et qu'elle payait probablement la nounou de sa fille plus qu'elle-même ne gagnait chez *Supergirls*. Mais elle faisait preuve d'un tel enthousiasme et se montrait tellement dévouée à la cause de l'entreprise que, lorsque Timmie Scott Mason, qu'elle remplaçait, réintégra ses fonctions, Genie et Claudia décidèrent de la garder.

*

La publication en 1962 de l'ouvrage de Betty Friedan, «La Mystique féminine», fut l'une des premières manifestations du mouvement de libération de la femme dans les années soixante. Dans cet ouvrage, Betty Friedan s'en prend aux revues comme *Good Housekeeping* et *Ladies' Home Journal* et les accuse d'encourager les femmes à rester à la maison, prisonnières de leurs détergents, de leur cire à plancher et de leurs feuilletons, plutôt que de leur conseiller de renoncer à leur Valium et d'oser s'aventurer dans le monde du travail.

Danielle suivait donc d'instinct les préceptes que défendait Betty Friedan.

Elle avait trouvé un emploi au sein d'une entreprise fondée et dirigée par des femmes libérées ; une entreprise qui avait un bureau sur Madison Avenue et deux nouveaux appareils téléphoniques à cinq lignes et un bouton de mise en attente. Il y avait aussi une IBM Selectric toute neuve, une superbe machine à écrire dernier cri munie d'une boule de caractères ultra-rapide, sans compter tout ce qu'on trouve normalement dans un bureau : des factures, des bordereaux de petite caisse, une rangée d'énormes classeurs, une calculatrice, des dispositifs pour appuyer le combiné sur l'épaule, un aiguisoir à crayons électrique et, bonheur suprême, un fichier Rolodex et une affranchisseuse Pitney Bowes flambant neuve.

Claudia et Genie n'élucidèrent jamais l'obsession de Danielle pour les machines à écrire. Lorsque cette dernière commença à travailler pour *Supergirls*, le bureau en possédait trois. Danielle changeait constamment de machine à écrire plusieurs fois par jour et toujours dans une atmosphère d'extrême urgence. Elle était totalement imprévisible. Elle s'approchait simplement de quelqu'un et demandait : «En as-tu encore pour longtemps à taper ? Il faut absolument que je fasse ceci au plus vite.» Et elle se plantait là , tapant du pied, soufflant dans le cou de sa victime, tandis qu'une autre machine à écrire était libre.

Cette histoire a cela de particulier, que les fidèles lectrices de Danielle Steel savent bien qu'elle a écrit tous ses romans sur sa vieille Olympia 1948 bien-aimée. Peut-être était-elle déjà à la recherche de la machine à écrire parfaite pour commencer sa carrière d'écrivain ?

Les *Supergirls* n'avaient pas de budget pour meubler luxueusement leur bureau. Au début, elles réunirent et rafistolèrent du vieux mobilier et trouvèrent une menuisière pour aménager leurs locaux. Mais aucune d'entre elles n'avait vraiment de bureau permanent ni même de téléphone personnel. Les employés posaient leurs affaires n'importe où, qui sur le bureau, qui sur le sofa, qui sur le plancher.

Un beau jour, une réunion générale fut fixée pour résoudre le problème de l'ameublement. Les participantes arrivèrent toutes à neuf heures, un petit sac en papier brun à la main. Toutes, à l'exception de Danielle, qui considérait que transporter de la nourriture manquait de chic. Pour elle, cela ne se faisait tout simplement pas. Ainsi, avant que la réunion ne puisse commencer, elle commanda son café du *Mayfair Coffee Shop* qui le lui livra aussitôt.

Comme l'expliquèrent Claudia et Genie, une fois passée la commande de Danielle, d'autres commandes s'y ajoutèrent et il fallut diviser la facture. Au milieu du froissement des sacs et du papier ciré, elles mirent de la confiture partout et les bureaux ne furent jamais assignés. (Plus tard, elles achetèrent simplement deux nouveaux bureaux.)

À sa façon, Danielle était sur la ligne de feu, travaillant au sein d'une entreprise entièrement composée de femmes et faisant elle-même l'expérience du monde du travail en se lançant sans hésiter dans la mêlée.

Son expérience n'avait peut-être rien pour la rassurer, mais elle lui forma le caractère. Et, bien sûr, Danielle n'eut jamais besoin de l'argent qu'elle gagnait.

Très tôt, les *Supergirls* apprirent de première main ce qu'était le harcèlement sexuel, avant même que ce terme ne soit inventé. Dès cette époque, Claudia et Genie évitaient adroitement les situations potentiellement dangereuses et suggéraient déjà aux femmes de s'y préparer.

*

Danielle fut la troisième employée embauchée chez *Supergirls*, après Patsy, l'assistante à la demi-journée, et Timmie Scott Mason, anciennement professeur d'éducation physique à la très huppée *Brearley School for Girls* (une école pour jeunes filles). (Timmie fut d'ailleurs au nombre des personnes que Danielle remercia plus tard dans la dédicace de son premier roman, *Going Home*.)

Ses patronnes confièrent bientôt à Danielle la tâche d'interviewer les candidates de leur agence de placement de pigistes appelée *Action Staff*. Cette agence embauchait sur une base temporaire des femmes dynamiques pour occuper des postes créatifs.

Pour chacune des candidates, Danielle devait remplir un formulaire afin de recueillir des renseignements sur leur scolarité, leur expérience, leurs références, leurs points forts et leurs connaissances des langues étrangères. «Nous nous rendîmes vite compte que personne ne trouvait grâce aux yeux de Danielle, de sorte que notre banque de candidates demeurait désespérément vide.»

*

La publicité entourant *Supergirls* avait été formidable dès le début. L'entreprise arrivait au bon endroit au bon moment. Le *baby boom* commençait à attirer l'attention des grandes entreprises qui faisaient des pieds et des mains pour rejoindre les jeunes et conquérir leur vaste marché.

Supergirls avait la chance d'être située à Manhattan, l'épicentre du monde des médias, au moment même où les jeunes et le mouvement de libération de la femme unissaient leurs forces. *Supergirls* sut capitaliser sur les deux fronts en adoptant un nom accrocheur, dont le préfixe «super» faisait très britannique. Les géants des médias, comme *Times* et *Newsweek*, cherchaient désespérément des sujets d'article sur cette nouvelle «jeunesse». Ils lâchèrent donc leur recherchistes dans Manhattan, lesquels eurent bientôt vent de l'existence de *Supergirls*.

Howard Smith mentionna *Supergirls* dans l'incontournable chronique mondaine, *Village Voice*.

Les nababs des médias populaires finirent par suivre le mouvement. Le magazine *Look* consacra un article de fond à *Supergirls*, ce qui leur valut des invitations à diverses émissions de télévision, notamment *The Joe Franklin Show, Girl Talk* et *Dick Cavett*.

On put les voir toutes les semaines à l'émission *Cleveland Armory* vêtues des créations très osées de Betsy Johnson. Elles participèrent deux fois à *The Mike Douglas Show*.

L'article du *Look* attira l'attention de la grande vedette de l'heure, Johnny Carson, l'hôte adulé du *Tonight Show*.

Avant leur apparition au *Tonight Show*, elles tremblaient de trac dans les coulisses. Dans la même pièce qu'elles, Mamma Cass, du groupe The Mamas and the Papas, attendait elle aussi son tour. Elles étaient terrifiées... mais après avoir passé l'épreuve du *Tonight Show*, leur succès fut instantané.

Supergirls se bâtit une réputation en acceptant les contrats les plus farfelus : elles trouvèrent l'homme qui mangeait des voitures dans une publicité d'Alka-Seltzer, qui fut d'ailleurs primée ; une richissime excentrique de la Nouvelle-Angleterre leur demanda de l'aider à épouser Frank Sinatra ; une employée de *Supergirls* nettoya aussi le jet du même Frank Sinatra pendant une grève, à l'aéroport de Washington, D.C.

*

Au début, Danielle se rendit utile grâce à sa connaissance des langues (anglais, français, allemand, italien, espagnol, etc.) pour promouvoir les services de *Supergirls* auprès des divers consulats de la ville. Le consul italien lui retourna grossièrement sa lettre, lui signalant de nombreuses fautes d'orthographe. Au lieu de répliquer d'un mot explosif, comme c'était la mode dans les années soixante, Danielle lui fit parvenir une lettre d'excuses.

Après la récession économique de 1969, *Supergirls* décida de redéfinir ses services. Ses points forts étant le marketing et les services promotionnels à l'intention des femmes, les propriétaires décidèrent de réaliser des «projets», au lieu de louer leurs services. C'est ainsi qu'elles devinrent consultantes en création auprès des grandes entreprises.

*

Qui était Danielle Steel à cette époque ? «Une femme débordant d'énergie qui donnait toujours l'impression d'être sur le point d'avoir l'idée la plus extraordinaire depuis l'invention de la roue.»

Elle accepta une réduction de salaire pour travailler à commission, représentant *Supergirls* auprès des grandes entreprises de Manhattan.

Après ses heures de travail, Danielle, la plus mondaine du groupe, gardait l'œil ouvert et réussissait à recruter des clients de choix lors des divers dîners auxquels elle assistait. Elle avait directement accès aux échelons supérieurs de l'échelle bureaucratique. Elle pouvait faire fi des vieux messieurs grincheux qui auraient pu lui barrer le chemin et qui n'auraient pas manqué de l'admonester sur «la manière dont les choses ont toujours été faites». Elle était lancée et elle brillait de tous ses feux sur la ville tout entière, la nuit comme le jour. Son nouveau titre : «Directrice du recrutement des nouveaux clients».

Dans une entrevue qu'elle accorda en 1985, Danielle avoua à un journaliste que *Supergirls* avait été une aventure très amusante. «Je faisais des relations publiques pour la firme elle-même. Nous organisions des réceptions pour de grandes entreprises, des campagnes de relations publiques orientées plus particulièrement vers les femmes et les jeunes. C'était les années soixante ; le début de l'émergence de la jeunesse et de la libération de la femme.»

Supergirls était une entreprise fondée sur la camaraderie, l'esprit d'équipe et l'estime de soi. L'enthousiasme des employées lui permit de surmonter les inévitables bisbilles. Par exemple, chacune devait à son tour nettoyer le bureau. «L'idée que Danielle se faisait du nettoyage du bureau consistait à sortir en courant et à revenir l'air faussement contrite en hurlant : "Mon Dieu, j'ai oublié. C'est mon jour." Puis, elle renversait un cendrier dans la corbeille à papiers avant de se précipiter dans l'escalier pour prendre un taxi, très satisfaite d'elle-même.»

*

Danielle avait réduit Mayfair, le café du rez-de-chaussée, à l'esclavage. Elle téléphonait cinq ou six fois par jour pour se faire monter diverses choses. «Un café et une brioche en arrivant le matin, quelque chose à grignoter vers 11 heures, le déjeuner à 13 heures, un goûter vers 15 heures et de la limonade à 17 heures. Puis, elle s'en allait, disent ses patronnes, laissant traîner à côté de son cendrier débordant de mégots, un morceau de sandwich et quelques fonds de café froid.»

Danielle était la seule personne du bureau qui pouvait téléphoner au Mayfair, ou qui avait le culot de le faire, pour demander qu'on lui livre un paquet de cigarettes ou une tasse de café. Dans son cas, on avait cessé d'exiger le montant minimum de un dollar pour une livraison, car on savait qu'elle en dépenserait cinq autres avant la fin de la journée.

Danielle devait donc affronter le vaste monde et vendre *Supergirls* aux grandes entreprises, en affichant la plus grande confiance en elle-même.

Les recherches de *Supergirls* démontrèrent que l'image féminine la plus admirée en 1969, celle avec laquelle les femmes s'identifiaient le plus, était la «femme de carrière ou la femme au foyer active à l'extérieur». Très rapidement, grâce au sérieux et à la compétence qu'elle acquit dans sa vie professionnelle, Danielle devint elle-même l'une de ces femmes admirées.

*

Comment acquit-elle cette estime de soi ?

Toute l'aventure de Danielle à l'angle de Madison Avenue et de la 67e Rue, lui permit de s'épanouir et de façonner sa personnalité publique. La future romancière se rendit compte qu'elle était une femme de valeur et de grand talent. Elle s'était aventurée dans la jungle de Manhattan où elle vendait le savoir-faire de *Supergirls* aux P.D.G. les plus en vue, par la seule force de sa détermination. Elle acceptait maintenant des responsabilités, elle prenait des décisions et elle était devenue une vraie professionnelle. Malgré les refus répétés, elle revenait à la charge auprès de nouvelles entreprises. Elle qui était encore presque une enfant, avait pourtant un bébé à la maison. Mais les leçons qu'elle avait apprises de son père John Schulein-Steel, son sens inné de l'organisation et son horloge interne, lui conférèrent très tôt une attitude adulte et professionnelle dans le monde du travail.

Elle apprit à façonner son image publique et son style personnel pour atteindre le but qu'elle s'était fixé. Elle s'habillait comme une jeune femme sophistiquée se devait de le faire dans le monde des affaires de Manhattan. Grâce à son mariage, elle avait suffisamment d'argent pour se payer les toilettes et les bijoux qu'une rédactrice de publicité dans la trentaine arrivait à peine à s'offrir. Elle avait des goûts luxueux et son apparence commençait à refléter son évolution intérieure. Madame Claude-Éric Lazard se rendit compte qu'il était possible de conserver sa féminité tout en travaillant, même en n'étant plus faible et dépendante. Elle était devenue une jeune femme d'une force de caractère peu commune.

«Cet apprentissage de l'indépendance fut pour Danielle comme une deuxième adolescence», expliquèrent ses patronnes. Elle se sentit à nouveau maladroite comme une fillette de quinze ans lors d'un premier rendez-vous. Cette fois, cependant, elle avait plus de vingt ans et elle s'adressait au P.D.G. d'une entreprise appartenant au groupe sélect des sociétés figurant sur la liste du *Fortune 500*. Il lui fallait affronter la terreur, se préparer jusque dans les moindres détails, agir comme si elle était absolument sûre d'elle et espérer en plus ne pas mourir de honte. Elle ne pouvait pas se permettre d'avoir le trac et, si malgré tout, cela se produisait, elle devait le cacher du mieux qu'elle le pouvait. Elle apprit à survivre et à devenir plus forte.

«Danielle répandit l'évangile de *Supergirls* dans les chapelles des grandes entreprises avec un zèle presque religieux», écrivit sa patronne Claudia. «En fait, à l'occasion, lorsque Genie et moi-même devions rencontrer un client en compagnie de Danielle, celle-ci prenait un air de chien battu et admettait que le client s'imaginait sans qu'elle sache pourquoi, que c'était *elle* la propriétaire. Nous ne devions pas, disait Danielle, être froissées s'il lui adressait toutes ses questions.»

*

Cette épreuve du feu, cette deuxième adolescence, sapèrent ses forces. À une certaine époque, Danielle, déjà très mince, perdit presque trois kilos. La pression devenait trop forte pour elle.

Mais, si son poids diminuait, son succès, lui, devenait sans cesse plus éclatant : John Mack Carter (autrefois directeur de ces deux bêtes noires des féministes qu'étaient le *Ladies Home Journal* et le *Good Housekeeping*) devint très tôt son mentor. «Dans le cadre de mon travail en relations publiques et en publicité, déclara-t-elle à un journaliste, j'avais fait un peu de rédaction et le directeur de *Good Housekeeping*, John Mack Carter (qui était alors à *Ladies Home Journal*), m'encouragea. Il était l'un de nos clients.»

*

Aux yeux de Danielle, son travail chez *Supergirls* avait plus de valeur qu'un diplôme de la *Harvard Business School*. Ses responsabilités lui enseignèrent à devenir une femme forte et lui ouvrirent les portes d'un monde magique. Elle apprit à écrire pour un magazine et à en faire l'édition. Un soir, lors d'un dîner mondain, elle rencontra Fred R. Smith qui était sur le point de devenir directeur du magazine *American Home*.

Au cours de l'été 1969, Hubbard H. Cobb, directeur du magazine *American Home*, avait été tellement impressionné par Danielle et la publicité qu'elle faisait de *Supergirls*, qu'il publia sa photo sur une pleine page. Celle-ci portait un pantalon à pattes d'éléphant parfaitement coupé, assorti d'une petite veste serrée à la taille, un foulard de soie autour du cou et des boutons de manchette en or. Elle était aussi svelte et ravissante qu'Audrey Hepburn dans *Petit déjeuner chez Tiffany*, cachée derrière une immense paire de lunettes de soleil du plus grand chic. Elle ne souriait pas, mais elle commençait à apprendre.

C'est le nouveau directeur du magazine *American Home*, Fred Smith, qui donna à Danielle sa première chance de mettre ses talents de rédactrice à l'épreuve en embauchant temporairement *Supergirls* pour remplacer l'ancien personnel de *American Home* pendant son renouvellement.

Fred Smith offrit à Danielle d'écrire le carnet mondain d'*American Home* sous un pseudonyme ; tâche qu'elle accomplit en glanant ici et là des renseignements au téléphone ou dans les dîners mondains qu'elle fréquentait. Par exemple, elle rapporta l'histoire d'une certaine «Mme Entwhistle Thrip». En voici le texte : «Doutant que les cambrioleurs ne s'attardent pour casser la croûte, Mme Entwhistle Thrip (dont le nom a été changé pour protéger ses diamants) cache ses bijoux dans les hamburgers qu'elle met au congélateur. Ah ! si *Tiffany & Co.* pouvait fusionner avec McDonald !»

*

American Home découvrit C. Ray Smith, l'homme qui pouvait faire exprimer à ses murs blancs le grondement de tonnerre des chutes du Niagara.

La chronique fit aussi état de l'enregistrement des bruits de la forêt tropicale d'Amérique du Sud par *Folkway Records*, une innovation pour l'époque.

Danielle dressa un portrait du Dʳ Roger Payne, professeur à l'université Rockefeller et membre de la *New York Zoological Society*, qui avait enregistré les sons émis par les baleines à bosse au large des Bermudes. Déjà à l'époque, il parlait de sauver ces grands mammifères marins.

C'est la chronique de Danielle qui fit découvrir la nouvelle vodka russe importée par la société Munson Shaw.

C'est encore sa chronique qui attira l'attention sur la cabine informatisée d'Astroflash, une innovation technologique faisant des prévisions astrologiques par ordinateur. Celle-ci avait été importée de Paris et installée à la *Grand Central Station* (gare centrale) de New York.

Danielle consacra aussi une chronique à la société du San Francisco de 1969. Une hôtesse de Hillsborough, Mme Owen Spann invita dix couples — smoking et robe du soir de rigueur — à une vente aux enchères gastronomique avec enchère minimale de vingt-cinq dollars.

Danielle raconta aussi l'histoire d'une certaine Mme Brandon Sweitzer qui, au lieu de jeter le bébé avec l'eau du bain, installait chaise haute et bébé dans la douche, y entrait elle-même et, une fois le repas terminé, lavait le tout à grande eau.

C'est aussi dans sa chronique que les New-Yorkais découvrirent les nouvelles chaussures à la mode chez les jeunes, les sabots à plate-forme, et qu'ils entendirent parler pour la première fois d'une très prometteuse nouvelle émission pour enfants, *Sesame Street*, qui devait être lancée en novembre 1969.

Elle était la *supergirl* derrière le carnet mondain anonyme, celle qui gardait l'œil ouvert et qui tendait l'oreille pendant les cocktails, les dîners, les week-ends à la campagne et même pendant son heure de déjeuner. Elle qui partageait l'angoisse des heures de tombée avec les rédacteurs et les éditeurs, se rapprocha du monde des magazines et elle fut conquise par ce métier. Pour elle, c'était aussi exaltant que de lire Colette lorsqu'elle était petite fille, une sensation électrisante dont elle vint à ne plus pouvoir se passer. Bientôt, tout commencerait à se mettre en place. Elle songeait à prendre quelques mois sabbatiques à San Francisco, lorsque John Mack Carter, alors président de Downe

56

Communications, société à laquelle appartenait le *American Home*, lui conseilla *fortement* d'écrire des romans. Elle-même vivait un véritable roman au milieu des bouleversements sociaux des années soixante. Branchée sur le *baby boom*, le mouvement de libération de la femme, l'université de New York, Parsons et le tout Manhattan des années soixante, la jeune romancière avait de plus une connaissance intime de la haute société, des banquiers français, et de l'Europe. Elle venait d'un foyer brisé et vivait avec un mari chauvin. En effet, elle avait tout, mais elle avait peur.

Elle avait peur de quitter son mari, d'être incapable de gagner assez d'argent, de ne pas trouver son créneau assez vite pour assurer son indépendance.

Chez *Supergirls*, la devise était à peu près la suivante : *Trouve ce que tu veux et arrange-toi pour l'obtenir*. Une devise qui plaisait à Danielle.

Par chance, Timmie Scott Mason, la collègue de Danielle chez *Supergirls*, était une grande voyageuse. Elle songeait à aller à San Francisco. Encouragée par John Mack Carter, Danielle décida de se joindre à elle et de tenter l'aventure de la Côte Ouest. Elle quitta donc New York avec sa fille Beatrix et écrivit son premier roman en quelques mois après son arrivée à San Francisco.

Elle ne le regretta jamais.

CHAPITRE 6

LA FIN DE L'ÉTÉ

On ne découvre pas de nouvelles contrées sans consentir à
perdre le rivage de vue pendant très longtemps.
                                                    André Gide

Quelle était la véritable raison du déménagement de Danielle à San Francisco ? Tout simplement qu'elle n'était plus amoureuse de son mari. Histoire classique de la femme qui quitte son mari en emmenant son enfant. Ils se querellent pour la garde de l'enfant, pour la pension alimentaire. Mais pourquoi ne pas avoir choisi Paris ?

Peut-être choisit-elle San Francisco parce que sa belle-famille Lazard était retournée vivre là-bas. Esther Lazard y était décédée en 1969.

Elle choisit probablement San Francisco parce qu'elle y avait de la famille et des relations, sans compter qu'elle était liée à la *Wells Fargo*, par Sidney Ehrman et ses enfants. L'épouse de Sidney venait de mourir, laissant une immense maison avec un kilomètre et demi de plage sur le lac Tahoe. Ainsi, Bede Lazard, sa fille, serait près de toute sa famille.

Évidemment, les Ehrman, la banque Wells Fargo et les Lazard appartenaient à la famille de son mari. Mais il semble que ceux-ci l'aient accueillie lorsqu'elle quitta Claude-Éric et se rendit à San Francisco. Un membre de la famille séjourna même chez Danielle à la fin des années soixante-dix lorsqu'elle put enfin acheter une maison à Russian Hill.

Danielle, qui avait déjà une foule de relations sociales très cosmopolites lorsqu'elle déménagea à San Francisco, commença à fréquenter la famille Lazard.

Bon nombre des habitants des quartiers fortunés de la ville vivaient toujours dans l'atmosphère conservatrice du San Francisco des années cinquante : grandes bourgeoises en gants blancs et petit bibi féminin, élégamment vêtues de tailleurs aux couleurs sobres (gris, marine ou beige) de chez *I. Magnin* ou *Ransahof*, ou lorsque l'air embaumait l'été, de robes légères aux délicats tons pastels.

Chaque jour, les hommes, avocats ou courtiers en valeurs mobilières, se rendaient travailler dans le chic district Montgomery.

Pour faire une sortie amusante, ils mangeaient chez *Earnies* ou au *Trader Vic's*, un restaurant à la mode connu pour ses spécialités hawaïennes et ses cocktails gigantesques, comme les *Mai Tai* et les *Singapour Sling*.

Quelques rues plus loin et pourtant à des années-lumière, dans un quartier appelé Haight-Ashbury, le mouvement hippie avait vu le jour et les journalistes y avaient déjà fait leur pèlerinage : Tom Wolfe, pour écrire *The Electric Kool-Aid Acid Test* sur le romancier Ken Kesey et sa bande, Joan Didion, pour son *Sloughing Towards Bethlehem*, de même que tous les Pierre, Jean, Jacques de magazines comme *Life, Look, Time* et *Newsweek*.

Tous envahissaient Haight-Ashbury et s'agglutinaient dans les quelques rues bien connues de San Francisco où le nouveau mouvement prenait forme.

C'est Joan Didion qui, la première, comprit la véritable portée de ce qui se passait à San Francisco. Ce n'était pas l'explosion de la jeunesse américaine en faveur de la liberté et de l'expression de soi. Haight-Ashbury représentait le début d'une réalité beaucoup plus terrifiante : les parents américains divorçaient et, dans la tourmente, ils oubliaient leurs enfants.

La famille nucléaire n'existait plus. Les hippies étaient les enfants perdus de Haight-Ashbury, un avant-goût des phénomènes qui devaient marquer l'Amérique tout entière au début des années quatre-vingt-dix : les drogués, les gangs, les criminels et les victimes d'abus.

Comme Danielle, c'étaient des enfants du divorce, mais ils ne possédaient ni son éducation ni son raffinement. Dans leur recherche d'une forme primitive de communauté, ils avaient créé à San Francisco, dans les années qui suivirent l'été de l'amour, une espèce de collectivité liée par l'amour libre, le *rock and roll* et les rituels de la drogue. Mais ils découvrirent que tout avait un prix.

Le *Fillmore Auditorium* de Bill Graham était la salle où se produisaient toutes les grandes vedettes de San Francisco : Janis Joplin, the Grateful Dead, Jefferson Airplane.

L'*acid rock* n'était pas une musique qu'on écoutait, mais plutôt un son dont on amplifiait les effets, en ingurgitant des substances chimiques comme de l'acide lysergique ou des petits comprimés d'*Owsley Blue*, sous les jeux de lumière époustouflants qui faisaient avec raison la renommée des techniciens de Graham.

Se faufilant entre le *rock and roll* et les drogués, les opposants à la guerre du Viêt-Nam s'étaient installés de l'autre côté de la baie, à l'université de Californie du campus de Berkeley. Le virus de la politique se répandait de plus en plus, à mesure que s'étendait la conscription à la fin des années soixante et au début des années soixante-dix. Le libéralisme se propageait maintenant dans le tout San Francisco et non seulement à Haight-Ashbury.

Le mouvement avait déjà causé la chute d'un président, Lyndon Johnson, et s'apprêtait à en faire destituer un deuxième, Richard Nixon. Mais ce fut l'entêtement borné de Nixon lui-même qui l'impliqua dans le Watergate et qui lui fit perdre la présidence.

C'était une époque agitée qui lançait des flammèches de créativité dans toutes les directions. Les vieilles règles étaient jetées aux oubliettes et les nouvelles restaient encore à inventer.

Danielle écrivait de la poésie depuis l'école primaire. Au début des années soixante-dix, elle commença à soumettre des poèmes aux magazines féminins et elle vendit son premier à *Cosmopolitan* en 1971.

«On ne me payait pas beaucoup, cinquante ou soixante-quinze dollars», dit-elle à un reporter, mais cette expérience lui procura un plaisir sans partage et l'assurance qu'elle pouvait vendre ce qu'elle écrivait.

Elle commença donc à écrire un roman, *Going Home*.

*

Le New York qu'elle connaissait, le New York du Lycée français, de Parsons et de l'université de New York, et d'un mariage éminemment conservateur, ressemblait au San Francisco des bourgeoises aux gants blancs.

Supergirls lui avait donné un avant-goût du pouvoir que les femmes allaient acquérir dans le monde du travail. Elle voulait réussir par elle-même, loin de Claude-Éric Lazard.

Elle voulait tout laisser derrière elle et voler de ses propres ailes dans le monde magique de San Francisco.

Lorsqu'elle arriva à San Francisco, elle recevait à peu près deux mille dollars par mois de pension alimentaire pour sa fille, se rappelle une amie de l'époque. Elle finit par trouver un appartement à l'angle de Pacific et Goff et s'acheta une vieille machine à écrire Olympia en métal. C'est ainsi qu'elle jeta les bases de sa nouvelle carrière.

L'appartement qu'elle loua n'avait rien de luxueux. Il ne comportait que deux ou trois chambres à coucher.

Son premier roman, *Going Home*, relate l'histoire d'une liaison qui tourne mal. Et on en vendit ! Publié en 1973, il ne rapporta pas une grosse somme, trois mille cinq cents dollars apparemment, mais Danielle avait enfin réalisé son rêve de devenir romancière. Pour la première fois, elle entrevoyait ce que l'avenir pourrait lui réserver, et recevait enfin la confirmation qu'elle possédait le talent nécessaire pour vivre de sa plume.

L'intrigue était très simple : «Gillian Forester, une jeune divorcée, quitte New York pour San Francisco avec sa fille de cinq ans. Elle tombe amoureuse de Chris, un beau cinéaste complètement irresponsable.

Lorsqu'elle devient enceinte, il la convainc de retourner sur la Côte Est. De retour chez elle, elle a une liaison avec Gordon, un homme aimant et responsable.»

On peut facilement imaginer le bonheur que ressentit Danielle lorsque *Going Home* fut publié en octobre. On le sent dans la longue liste de personnes qu'elle remercie (par ordre alphabétique) au début du livre, notamment John Mack Carter, son mentor de *Ladies Home Journal*, Sidney M. Ehrman, le très riche grand-père de son mari et une figure de proue de la haute société de San Francisco, Timmie Scott Mason, sa collègue de *Supergirls*, son père et son épouse japonaise, Kuniko Schulein-Steel, sa mère, Norma Stone, sa fille «Bede» et son agente, Phyllis Westberg.

Elle a dû beaucoup souffrir en lisant les critiques de *Going Home* dans *Publishers Weekly*, la bible de l'édition. «Malgré sa beauté, son raffinement et sa répartie, lança un critique, ni Gillian ni son histoire ne sont très intéressantes.»

Ce devait être la dernière fois qu'un critique se trompait ainsi sur les talents de narratrice de Danielle. Mais ce roman, toujours en librairie, comme tous ses ouvrages, est un exemple frappant d'un jeune talent d'écrivain déjà formé. Danielle Steel allie le sens de l'observation et de la description, surtout lorsqu'elle compare la vie à New York à celle de San Francisco, à l'art de jouer avec les émotions.

*

Danielle trouva un emploi "alimentaire" chez Grey Advertizing. Elle vivait avec sa fille dans l'un des deux appartements d'un joli duplex victorien agrémenté d'un petit jardin. Sa vie n'était guère différente de celle de Gillian, l'héroïne de *Going Home*. Toutefois, contrairement à Gillian, elle ne tomba pas enceinte.

Elle faisait des grillades avec les voisins dans le jardin, sa fille Beatrix contribuant du mieux qu'elle pouvait du haut de ses cinq ans.

Assez souvent, elle retournait à New York, sans doute pour rencontrer son éditeur.

Sa maison donnait une impression de richesse. Elle était confortable, agréablement meublée et des tableaux bien encadrés en ornaient les murs.

Mais était-ce de l'argent de famille ou vivait-elle de la pension alimentaire de sa fille ? Les gens qui la connaissaient à cette époque savaient qu'elle avait grandi à New York et la considéraient comme le type même de la WASP (*white-anglo-saxon-protestant*) avec ses chaussures de chez Gucci.

Pour les San-Franciscains qui ne la connaissaient pas trop, elle était catholique ou, parfois, scientiste chrétienne.

Sa mère, Norma Stone, vint lui rendre visite.

Comme tout locataire l'a déjà expérimenté, Danielle se querella amèrement avec un propriétaire toujours absent. Elle lui écrivit à Mendocino, où il résidait, une série de longues lettres pour le convaincre de fixer une date pour l'exécution de réparations d'urgence. Il semble que son propriétaire l'ait davantage mise en rogne que son mari.

*

Avait-elle du succès comme romancière ?

Pendant de nombreuses années, elle écrivit cinq autres romans qui furent tous refusés par ses éditeurs de New York.

Mais elle ne se laissa pas décourager et «continua à s'échiner sur sa vieille machine à écrire», se souvient une amie.

Elle ne parlait jamais de l'agence de publicité pour laquelle elle travaillait et n'apportait jamais de dossiers à la maison. Ses romans étaient sa seule raison d'être. Pendant le jour, elle se rendait à l'agence Grey Advertising où elle écrivait des textes publicitaires faisant l'éloge du jus de pamplemousse ou d'autres produits des divers clients qu'elle recrutait ici et là. Une fois terminée sa journée de travail, elle retournait à sa machine à écrire 1948, dans son bureau.

Danielle était prise d'incroyables bouffées d'énergie qui la gardaient enchaînée à son bureau jusqu'à trois ou quatre heures du matin et qui lui permettaient de se lever au petit jour et de partir travailler.

Une merveilleuse petite cheminée très romantique l'attendait dans sa maison victorienne... mais Danielle n'avait ni temps ni intérêt pour les histoires amoureuses. Elle était obsédée par sa machine à écrire et ses promesses d'un brillant avenir de romancière.

Sa fille savait s'amuser toute seule, mais elle pouvait aussi jouer avec les voisins. Danielle était une maman occupée qui savait concilier toutes sortes d'obligations.

*

Sortait-elle beaucoup ? Elle n'en avait pas vraiment le temps. Au lieu de courir les soirées mondaines, Danielle restait à la maison pour écrire. Personne ne se rappelle l'avoir vue en robe du soir ou même en robe cocktail. En 1972, la griffe préférée de Danielle était *Levi Strauss*, ses chemisiers étaient en coton plutôt qu'en soie, et ses chaussures, des *Weejuns*, plutôt que des *Gucci*. «Elle avait une allure sportive et décontractée», se souvient une copine. Elle continuait cependant à porter la bague au diamant d'une extraordinaire pureté que Claude-Éric lui avait offerte pour son mariage.

Elle révéla plus tard à son mari Bill Toth qu'elle s'était mariée à dix-sept ans pour échapper à son père, et qu'elle s'était retrouvée avec Claude-Éric, un autre homme dominateur. Elle était constamment terrifiée à l'idée que Claude-Éric lui enlève sa fille Beatrix. Il avait plus d'argent qu'elle et, à ses yeux, l'argent était synonyme de pouvoir.

Ainsi, à San Francisco, Danielle n'avait pas de temps à consacrer aux aventures romantiques. Le son du chariot et le cliquetis du clavier de sa machine à écrire démodée l'hypnotisaient. Danielle poursuivait le rêve californien, comme les frères Lazard, devenus chercheurs d'or. Mais pour Danielle-Fernande Schulein-Steel Lazard, l'or ne dormait pas dans les entrailles de la terre. Il se trouvait dans les bouleversements sociaux qui ébranlaient la Californie et qui s'étendraient bientôt au pays tout entier : les mariages brisés, les enfants maltraités, les jeunes alcooliques, les adolescentes enceintes, les homosexuels, les voleurs et les *junkies*. À la fin des années soixante-dix, Danielle avait personnellement fait l'expérience de toutes ces situations ou presque, mais les mères célibataires demeuraient son thème favori.

Ce sont ces mêmes mères célibataires qui deviendraient ses lectrices les plus fidèles. Elles se reconnaîtraient dans les histoires de ces femmes qui réussissaient à survivre et à trouver un prince charmant pour les épouser et les aider à élever leurs enfants.

Mais avant de trouver son prince charmant, Danielle devait vivre de nombreuses expériences. Danny Zugelder fut le premier homme dont elle tomba amoureuse lorsqu'elle arriva à San Francisco.

Danny participait à une expérience médicale de vingt-huit jours pour SKYLAB, un projet du programme spatial de la NASA. Danielle ne découvrit que plus tard qu'il vivait entre les murs du pénitencier fédéral de Lompoc. Mais il était trop tard : elle était follement et irrémédiablement amoureuse de lui.

CHAPITRE 7

LES PROMESSES DE LA PASSION

Les criminels m'ont toujours intéressée. Pour moi, lorsqu'un criminel est forcé de témoigner, on remarque plus que chez toute autre personne un trait éminemment humain : la capacité de rationaliser et de se leurrer soi-même. Un criminel possède ce talent dans sa forme la plus pure.
Rien n'est jamais de la faute du criminel. Pour un écrivain, c'est un sujet d'observation fascinant que de voir quelqu'un mentir et se mentir avec la même conviction. Bien sûr, le mensonge n'est pas réservé aux seuls criminels. En fait, c'est ce qui permet à chacun de nous de faire face à la vie tous les matins.

> Tiré d'une entrevue accordée à David Milch, chroniqueur de *NYPD Blue*, dans le *New York Times*, le 26 octobre 1993.

Les gens qui connaissent l'élégante Mme Danielle Steel Traina de Pacific Heights, ancienne épouse de Claude-Éric Lazard, sont étonnés d'apprendre que cette extraordinaire femme du monde a fait deux mariages dont elle ne parle jamais.

Mais, à l'instar des héroïnes de ses premiers romans, Kezia Saint Martin et Kaitlin Harper, elle a connu bien des hauts et des bas avant de parvenir enfin à la vie heureuse qu'elle mène aujourd'hui avec John Traina. Son passé tumultueux l'aide peut-être à donner de la couleur à ses ouvrages, mais ses personnages, comme tous les personnages de roman, sont un amalgame de plusieurs personnes et d'un très grand nombre d'observations.

Elle a toujours hésité à admettre qu'elle a été mariée deux fois pendant les années soixante-dix. Elle a déclaré à Nikke Finke du *Los Angeles Times* qu'elle «souffrait de la maladie d'Alzheimer» quand il lui posa une question sur son troisième mariage, lors d'une entrevue en 1988.

Son deuxième mari, Danny Zugelder, fut le prisonnier qui lui inspira les personnages fictifs de *Maintenant et pour toujours, Les promesses de la passion* et *Une saison de passion.*

Danny Zugelder est le beau voleur de banque qu'elle rencontra au début des années soixante-dix. Il naquit le 6 janvier 1950. Danielle était donc de deux ans et demi son aînée. Elle n'apprit son passé de criminel qu'après leur première rencontre. Lorsqu'ils se connurent, elle rendait probablement visite à une amie au Presidio, où Danny participait à des expériences de SKYLAB menées par la NASA auxquelles collaboraient volontairement des prisonniers.

Lorsque Danny obtint sa libération conditionnelle, il emménagea avec Danielle dans son petit duplex victorien de San Francisco.

Depuis le milieu des années soixante, Danielle partageait son temps entre New York et San Francisco. Elle fréquentait Sidney Ehrman, le chef du clan Lazard, la fille de Sidney, Esther Ehrman Lazard et son mari, les parents de Claude-Éric.

Danielle adorait San Francisco. Ses romans sont de véritables hommages à sa ville d'adoption. Elle en explore les moindres recoins, de la marina au Presidio, elle loue les charmes de la mer et des collines, du *Golden Gate* aux plages balayées par le vent de Marin County. Elle célèbre même les pittoresques petits restaurants du quartier chinois.

Elle laissa dans ses romans une foule d'indices sur la vie de Danny.

La dédicace de *Les promesses de la passion* cite un poème de Sylvia Plath, une ode noire évoquant un retour à la vie après un séjour aux enfers. À côté de ce poème, Danielle offre amoureusement ses remerciements à Danny pour avoir fait d'elle une femme aussi heureuse et aussi chanceuse. Chanceuse, parce que ce roman était le premier ouvrage qu'elle publiait depuis la parution de *Going Home*, trois ans auparavant.

Maintenant et pour toujours est aussi dédicacé à Danny. Dans cette dédicace, elle cite son propre poème, *Poem to Danny*, publié en 1974 dans le magazine *Cosmopolitan.*

Une saison de passion, son roman suivant, raconte aussi l'histoire d'un bel homme fort qui buvait, se battait et se retrouvait en prison.

Bientôt, *Leur promesse* devint un best seller. Danielle vendait tellement de livres que ses éditeurs fondèrent le *fan club* de Danielle Steel. Elle n'était pas encore connue, elle ne faisait toujours pas partie de la haute société de Pacific Heights, mais elle s'y préparait déjà.

Le formulaire d'adhésion à son *fan club*, imprimé au dos de ses premiers livres de poche, promettait :

- une photo autographiée de Danielle Steel ;
- des primeurs sur tous ses nouveaux romans ;
- de l'information inédite sur ses visites dans diverses villes.

Et tout cela, gratuitement !

Mais, à cette même époque, Danny Zugelder ne recevait pas de photo autographiée de Danielle Steel.

Il était derrière les barreaux, accusé de viol et de tentative de meurtre.

*

Si vous descendez le long de la côte californienne de San Francisco à Los Angeles et si vous tournez à gauche vers le désert sur l'autoroute 10, vous arriverez bientôt à Riverside, tout près du lieu de naissance de Danny Zugelder, là où il passa toute son adolescence.

Le centre-ville de Riverside garde encore des traces des investissements entrepris par Lyndon Johnson dans le cadre de son programme *Great Society* dans les années soixante. Lorsque Johnson déclara la guerre à la pauvreté, il accorda des fonds fédéraux aux cités déclinantes dont le centre-ville s'écroulait, pourvu que le parti démocrate y soit bien implanté. Qu'importait si ces injections de fonds ne donnaient pas de résultats à long terme. Tous ces travaux relevaient l'économie des villes et flattaient le sens civique.

Riverside représentait le type même de ville que le gouvernement fédéral affectionnait. Le palais de justice, le *Riverside County Courthouse*, orné de cupidons et de statues classiques, constituait la pierre d'assise sur laquelle reposait tout le projet d'aménagement urbain. Datant de 1900, il avait le charme naïf et optimiste d'un édifice néoclassique de style Beaux-Arts du début du vingtième siècle. À cette époque, tous les espoirs étaient permis et la petite ville du sud de la Californie respirait un esprit civique exalté.

On avait planté des palmiers dattiers importés du Moyen-Orient pour embellir ce nouveau pays de cocagne. Riverside était entourée de grands vergers d'orangers qui embaumaient l'air. La ville promettait aux nouveaux arrivants du Midwest, qui fuyaient le ciel gris de l'hiver, un avenir meilleur et des rues pavées d'or.

C'est le charme naïf et la vie facile qu'espérait y trouver le père de Danny, un travailleur agricole, lorsqu'il quitta son Midwest natal pour s'installer en Californie. Mais, quand il arriva en terre promise, le rêve commençait déjà à s'effriter.

En grandissant, Danny Zugelder voua son âme au diable. Un homme d'une rare violence se cachait sous l'apparence d'un gros ours attachant. Pour le FBI, l'ex-mari de Danielle Steel, ou plutôt de Danielle Lazard, à cette époque, était le numéro 6344-105-G.

Le père de Danny abandonna sa famille lorsque Danny n'avait que trois ou quatre ans... laissant sa mère, Joyce, originaire de l'Oregon, avec trois enfants sur les bras. Il y avait Sharon, de quatre ans l'aînée de Danny, et Sharlene, de trois ans son aînée. Danny fut-il l'enfant de trop, celui qui poussa son père à déserter sa famille ? Il est difficile de faire vivre cinq personnes et de satisfaire un goût prononcé pour l'alcool avec un salaire de travailleur agricole.

La mère de Danny se remaria avec Carl Zugelder dont Danny finit par utiliser le nom.

Comme sa mère le déclara aux autorités du Colorado : «Il a des problèmes émotionnels depuis qu'il est tout petit.»

La raison en est fort simple. Le nouveau mari de sa mère, un alcoolique à la main lourde, battait Danny à coups de poing. Du moins, c'est ce que ce dernier a affirmé dans ses déclarations en prison.

Danny commença à faire des fugues vers l'âge de sept ou huit ans, peut-être même à six ans.

Sa petite sœur naquit lorsque Danny avait sept ans. Heureusement, son beau-père ne battait jamais les filles. Mais, lorsque Danny se mit à grandir, ce fut l'enfer à la maison.

Danny commença à boire dès l'âge de treize ans. À douze ans, il dépassait déjà son beau-père d'une bonne tête. Ce dernier, habitué à battre Danny, dut faire face à sa résistance.

Selon ses déclarations, à treize ans, il avait déjà comparu dans les cours de Riverside sous cinquante chefs d'accusation allant du vol de voiture à l'effraction, en passant par le vol qualifié.

Il fut mis en liberté conditionnelle et ses parents l'envoyèrent pour neuf mois dans l'Est chez des membres de sa famille.

À seize ou dix-sept ans, il consommait de l'héroïne.

Il fut accusé de détournement de mineurs.

Selon ses déclarations, il fut marié entre 1968 et 1970, mais il s'agissait sans doute d'une union libre, si l'on se fie aux documents présentés en cour en 1970.

Sa mère écrivit qu'il était un enfant intelligent et très aimant... qu'il avait besoin d'aide. Mais c'était un homme brisé.

Pendant son adolescence, il gagna un peu d'argent en travaillant sur des chantiers de construction ou comme routier (cent quinze dollars par semaine, quatre cent soixante dollars par mois). Il fut renvoyé tellement de fois qu'il avait renoncé à inscrire sur les formulaires les noms de toutes les écoles secondaires qu'il avait fréquentées. «Il n'y a pas assez de lignes», déclara-t-il.

En 1969, Danielle Steel n'avait pas encore rencontré Daniel Zugelder. Mais c'est au cours de cette année que le garçon, dont la personnalité changeait quand il buvait, eut ses premiers démêlés avec la justice, faisant ses premiers pas dans une carrière criminelle qui devait plus tard lui valoir l'étiquette infamante de délinquant sexuel.

Toute son histoire débuta donc dans la petite ville typiquement américaine de Riverside qui, comme sa famille, commençait à s'effriter.

*

Un piéton solitaire à la recherche du passé de Danny Zugelder aperçoit, en traversant la place Riverside, un aigle en train de dévorer un moineau récemment capturé. Posant son regard froid sur l'intrus, l'aigle agrippe sa proie dans ses serres et s'envole derrière un escarpement près du palais de justice.

En diagonale à l'autre bout de la place, se trouve le monument municipal numéro 80, un ancien salon funéraire. Selon l'enseigne, la maison, de style espagnol, offre tous les services. Mais en fait, derrière ces installations se cache une facette plus moderne de l'art de l'embaumement. C'est le bureau du coroner de Riverside County.

On peut facilement imaginer un jeune homme malchanceux prisonnier d'un cauchemar bureaucratique comme celui qui est décrit dans *Le Procès* de Kafka.

Mais personne n'a jamais entendu parler des cinquante ou soixante arrestations de Danny.

En ce tranquille dimanche après-midi, le seul bruit qui trouble le silence sépulcral de Presley Plaza est le ronron du vieux système de réfrigération sur le toit du bureau du coroner, où on garde les cadavres au frais jusqu'au lundi matin, le début d'une autre semaine de travail.

La vieille prison a des cellules aux étages supérieurs et une entrée de garage qui plonge dans les entrailles de l'édifice.

C'est là que se trouvent les registres de la prison, des rangées et des rangées de dossiers dans des chemises beiges, empilés les uns sur les autres. Des tas de paperasse qui témoignent des tristes exploits de certains des citoyens les moins éminents du comté.

Mais c'est la cause 6985 en cour criminelle des États-Unis qui marqua le début de la perte de Danny Zugelder.

*

1970. Danny choisit une banque munie d'une caméra orientée précisément de façon à capter son image sur film.

Il tendit à la jeune caissière terrifiée, Miss Sue Lee, une note disant qu'il avait une bombe. Il la somma de lui remettre l'argent de la caisse, sinon il faisait sauter la banque de Mission Boulevard.

La jeune fille lui remit le contenu de la caisse, un maigre 608 $. Une pitance. Comme le destin joue parfois de drôles de tours, les retombées de ce vol furent le prix que paya Danny pour rencontrer Danielle. Mais même l'amour de Danielle ne pouvait le sauver.

Après avoir été identifié par quatre témoins d'après des photos, Danny admit sa culpabilité à L.L. Blanton, un agent spécial du FBI.

Les transcriptions de son procès devant un juge furent enfouies dans l'imposant édifice de forme pyramidale des Archives fédérales à Laguna Beach, où elles témoignent silencieusement des premières années d'incarcération de Danny.

Le 9 novembre 1970, le commissionnaire de la cour des États-Unis, District Central, État de Californie, prononça sa sentence et Danny fut escorté, pieds et poings liés, de la prison de Riverside County. à celle de Los Angeles County par un *marshal* adjoint des États-Unis.

Le centre-ville de Los Angeles est sûrement connu des téléspectateurs qui ont suivi les reprises en noir et blanc de la série *Dragnet*. Mais l'intérieur de la prison n'a rien en commun avec ce qu'ils ont vu à la télévision.

Danny était très pauvre et, lors de sa comparution en cour le 30 novembre, on lui assigna un avocat de l'assistance judiciaire.

On se rend rapidement compte des raisons de cette assignation en lisant le compte rendu de l'audience. De sa petite écriture où se bousculent les majuscules et les minuscules, il a rempli le questionnaire : oui, il travaille. Son salaire hebdomadaire brut est de cent quinze dollars et il n'a aucune autre source de revenus, aucune économie et aucun placement. De plus, il a une personne à charge, une conjointe de fait.

Malgré tout, la signature du prévenu «Dan Zugelder» révèle un certain optimisme et une grande intelligence.

Il ne se rendait peut-être pas encore compte du système cauchemardesque dans lequel il venait d'être admis, de la ronde interminable de paperasse et de bureaucratie qu'il aurait à subir. Mais, comme il le révéla plus tard, son père naturel avait déjà été incarcéré en Californie. On peut donc penser qu'il savait ce qui l'attendait.

L'avocat de l'assistance judiciaire assigné à son cas était Richard Kolostian. Celui-ci avait des bureaux dans l'un des édifices entourant le palais de justice et gagnait sa vie dans les cours criminelles du centre-ville de Los Angeles.

Donc, en moins de 30 jours, Danny s'était enivré, il avait cambriolé une banque, il s'était enivré à nouveau et avait pris de l'héroïne. Il avait dépensé le fruit de son vol, avait été arrêté, transféré à la prison de Los Angeles, et avait été confié à un avocat de l'assistance judiciaire qu'il n'avait pas choisi.

Personne n'avait offert de le faire libérer sous caution, ni de le faire représenter par un avocat de Riverside.

Il n'avait rien ni personne.

Selon les registres de la prison, Danny commença à souffrir de *delirium tremens*.

*

Le 17 décembre, le juge A. Andrew Hauk émit une requête demandant qu'un psychiatre nommé par la cour examine Danny Zugelder pour déterminer s'il était apte à subir son procès. Son avocat, Richard Kolostian, déclara au juge que l'accusé «pourrait être aliéné ou souffrir d'incapacité mentale...» Trois psychiatres rencontrèrent successivement Danny.

Le premier était le Dr Marcus Crahan, le deuxième, le Dr George Abe, et le troisième, le Dr Harold Deering.

Lorsqu'il fut cité à son procès, il y eut une confusion au sujet du nom de Danny. Était-ce Danny Eugene Joslin ou Danny Eugene Zugelder ? Selon des documents découverts plus tard, il semble que son vrai nom ait été Joslin. Mais, comme il avait été inscrit dans la première prison sous le nom de Zugelder, ce nom devait le suivre toute sa vie.

Il porterait donc désormais le nom de l'homme qui l'avait battu à coups de poing.

Selon le compte rendu de l'audience du 13 janvier, Alan H. Friedman était le représentant du ministère public des États-Unis pour le plaignant, les États-Unis d'Amérique. Le procès devait durer deux jours, six témoins devant être appelés à la barre par la poursuite relativement à une accusation de vol de banque, selon l'article 2113(a). Danny avait-il des témoins en sa faveur ? Il semble que non.

Mais il ne devait pas y avoir de procès devant jury. Les trois psychiatres affirmèrent que Danny était sain d'esprit. Il ne plaida donc pas l'aliénation mentale.

L'avocat convainquit Danny que sa sentence pourrait être moins lourde s'il faisait épargner temps et argent à la cour en enregistrant un plaidoyer de culpabilité.

La sentence possible pour un vol de six cent huit dollars était de vingt ans. Cinq jours plus tard, Danny changea son fusil d'épaule et plaida coupable.

Le juge A. Andrew Hauk reconnut Danny coupable.

Avant le prononcé de la sentence, le contrôleur judiciaire doit évaluer les chances de réhabilitation du prisonnier et faire rapport au juge.

Son dossier fut envoyé au contrôleur judiciaire le 18 janvier 1971, et la sentence fut reportée au 8 février 1971 à 14 h, soit environ trois semaines après le début de l'enquête.

Comme il n'avait que vingt-et-un ans, il fut traité comme un jeune contrevenant en vertu de la loi fédérale sur les jeunes contrevenants des États-Unis.

Contrairement à l'attitude intolérante qui prévaut aux États-Unis dans les années quatre-vingt-dix, certains citoyens estimaient qu'il fallait donner une deuxième chance aux jeunes en leur accordant ce que les conservateurs appelaient «un traitement de faveur». C'est ce qui fut offert à Danny.

Mais, dans les faits, il s'agissait d'une supercherie. Il n'y avait pas de réhabilitation.

Lorsqu'il fut remis aux bons soins de la division fédérale des jeunes contrevenants, et transféré de la prison de Los Angeles au complexe fédéral de traitement de Lompoc, c'est en enfer qu'on l'envoya.

La prison de Lompoc avait été construite pour servir de prison militaire à sécurité maximale. À l'écart, dans une région désolée et balayée par les vents, elle avait l'aspect rébarbatif de n'importe quelle prison, avec ses murs épais et ses miradors.

Lompoc était un véritable cauchemar, mais, heureusement pour Danny, la base aérienne Vandenberg avait été construite sur le même site désolé que la prison. Or, Vandenberg participait au programme spatial de la NASA et, en 1972, une rumeur commença à circuler dans la prison voulant que la base soit à la recherche de volontaires pour mener des expériences médicales.

Danny se porta volontaire, et c'est à titre de cobaye du programme spatial SKYLAB qu'il rencontra Danielle, probablement à l'hôpital Letterman du quartier du Presidio, à six pâtés de maison du domicile de Sidney Ehrman à San Francisco.

Danny était étendu sur le dos. Il devait rester ainsi en position couchée pendant 28 jours, afin de déterminer l'effet de l'apesanteur sur la densité osseuse et la raison pour laquelle les astronautes perdaient de grandes quantités de calcium lors de leurs séjours dans l'espace. Par hasard, Danielle s'y rendit pour visiter une amie.

Ce fut le coup de foudre.

Selon Danielle, elle apprit plus tard que Danny était en prison.

Elle revint bientôt lui rendre visite. Une fois l'expérience terminée, Danny retourna à Lompoc, dans la section à sécurité moyenne de l'institution.

Après un séjour dans la famille de son mari, à San Francisco, Danielle décida de quitter définitivement New York pour San Francisco. Elle poursuivit une relation téléphonique de quatre mois avec Danny avant de déménager.

En plus des familles Lazard et Ehrman, Danielle pouvait compter sur une de ses amies de *Supergirls*, Timmie Scott Mason, qui s'installait aussi à San Francisco.

Danielle loua le duplex et commença à vivre séparée de Claude-Éric Lazard, toujours officiellement son mari.

La route était très longue entre San Francisco et Lompoc, près de Santa Barbara, dans l'orbite de Los Angeles plutôt que dans celle de San Francisco, plus au nord.

Mais Danielle faisait le trajet presque tous les week-ends.

Elle avait énormément d'énergie, tous ses amis l'affirment.

La promesse de la passion, le roman pour lequel elle remercie Danny dans sa dédicace, est l'histoire d'une jeune femme riche dont les deux parents sont morts lorsqu'elle était enfant. Kezia Saint Martin fait ses premiers pas dans le monde en signant une chronique sous un pseudonyme. (Un peu comme le premier emploi de Danielle pour *Supergirls* alors qu'elle supervisait une chronique pour le magazine

American Home.) Le directeur du magazine l'envoie faire une entrevue d'un prisonnier modèle, Lucas Johns (tout comme son ami John Mack Carter, le directeur du magazine lui avait suggéré d'écrire des romans). Kezia rencontre Lucas Johns et ils tombent follement amoureux l'un de l'autre. Lucas Johns ressemble à s'y méprendre à Danny Zugelder.

*

«Danielle était minuscule, adorable, très sérieuse et très intense, mais elle avait aussi un merveilleux sens de l'humour», se rappelle son ancien voisin Dan Talbott. «Elle était très concentrée, très disciplinée. Son emploi du temps était très organisé... elle ne passait pas beaucoup de temps à ne rien faire.»

Etre amoureuse, à une époque où elle écrivait une série de cinq romans non publiés, pouvait sembler ne pas avoir d'impact à ce moment-là. Mais l'amour devait donner à son écriture l'élan et le feu qui lui manquaient.

Danny prétendit que Danielle apprit à maîtriser son art en lui écrivant des centaines de lettres d'amour, certaines longues de plusieurs pages.

*

Les lecteurs de Danielle préféreront peut-être sauter les pages qui suivent et qui traitent de Danny Zugelder. Ils préféreront peut-être louer la cassette vidéo du roman de Danielle Steel, *Maintenant et pour toujours*, une version romancée de ce que l'avenir réservait à Danielle et à Danny.

Cheryl Ladd, la magnifique blonde de l'émission *Charlie's Angels*, fit ses débuts au cinéma en 1983, dans une adaptation cinématographique du roman de Danielle Steel, *Maintenant et pour toujours*, publié en 1978. Par souci d'économie, les producteurs australiens changèrent le décor de San Francisco pour celui de Sydney. Le paysage est différent, les accents aussi, mais l'intrigue est demeurée la même.

C'est l'histoire d'un jeune couple riche, heureux et envié, et du choc qui met leur mariage en péril.

Le mari est un ancien agent de publicité qui écrit maintenant des romans. Sa femme Jessie exploite une boutique et subvient à leurs besoins. Elle adore son mari au point de ne pas vouloir d'enfant.

C'est alors que se produit une incroyable injustice. Son mari fictif, Ian Clark, est injustement accusé de viol.

Le juge choisit de croire la version de l'horrible séductrice, une cinglée et une menteuse, au lieu de celle du beau mari de Jessie Clark, et condamne ce dernier à la prison.

Elle fait tout ce qui est en son pouvoir pour arrêter les rouages de la justice, mais il est quand même condamné.

Quelques semaines plus tôt, la belle Jessie, l'héroïne du film, avait tout : une boutique de mode qui marchait bien, de merveilleux amis, un beau mari qui s'apprêtait à écrire un roman extraordinaire qui lui permettrait enfin de contribuer financièrement à leur vie.

Et voilà qu'on disait maintenant de son mari qu'il était «un homme entretenu». Son monde s'écroule lorsqu'elle voit les policiers emmener son époux menotté à son procès.

La belle Jessie commence à s'effondrer sans Ian pour la protéger. Elle a peur dans la maison la nuit.

Les détectives responsables de l'enquête la harcèlent. Ils vont même jusqu'à fouiller dans son linge sale à la recherche des sous-vêtements de son mari pour des analyses de sperme.

Jessie est convaincue que les policiers, que la femme qui accuse Ian de viol, que tous les témoins au procès et que même le jury... tous de la classe ouvrière... sont tout simplement jaloux d'elle et de son mari, de leur bonheur, de leur richesse et de leur beauté.

Finalement, Jessie s'évade dans l'alcool et dans la drogue.

Mais, comme le promet la bande annonce du film, «peu à peu, ils prennent conscience qu'une séparation forcée peut les rendre plus forts et que le véritable amour ne se révèle pas dans le bonheur mais dans l'adversité».

Leur mariage est sauf.

Nous vous aurons prévenus.

CHAPITRE 8

UNE SAISON DE PASSION : DANNY ET DANIELLE

Le problème est insurmontable... trois agressions d'une rare violence...

L'Honorable Donald B. Constine,
juge de la Cour supérieure de l'État de Californie,
pour la ville et le comté de
San Francisco, à San Francisco,
le vendredi 7 juin 1974
Objet : Danny Zugelder

Juin 1973. Quelques mois avant la parution du deuxième roman de Danielle, *Les promesses de la passion*, Danny Zugelder fut mis en liberté conditionnelle et emménagea avec elle à San Francisco.

Dorénavant, son adresse serait le 1907 Pacific... et il s'élèverait, tel un phoenix, des abysses du pénitencier fédéral jusqu'au sommet de San Francisco, pour s'abîmer comme Icare après s'être trop approché du soleil. Ce sont les séquelles d'une enfance malheureuse, l'illusion et la rationalisation qui devaient précipiter sa chute.

Danielle déménagea à San Francisco pour s'éloigner de sa famille et pour se séparer de son mari.

Maintenant que Danny Zugelder vivait avec elle, les amis de Danielle s'imaginèrent qu'elle avait trouvé un bel homme pour l'escorter dans ses sorties en ville, un homme «qui faisait dans les banques», comme l'affirmait ironiquement Danny à ses relations sociales.

Une bande de joyeux New-Yorkais venait leur rendre visite, comme Timmie Scott Mason.

Danielle se faisait aussi de nouveaux amis à San Francisco, dont Richard Hongisto, un shérif de San Francisco connu pour son libéralisme. Plus tard, il devint superviseur et, finalement, chef de la police de San Francisco.

Aujourd'hui, Danny Zugelder se trouve dans une nouvelle prison à sécurité maximale du Colorado. Dans une entrevue qu'il accorda dans le cadre de la préparation du présent ouvrage, le deuxième mari de Danielle déclare simplement que les amis de Danielle étaient tous des «faux jetons». Il se rappelle tout de même de bons moments passés avec Danielle, des sorties, des soirées, où il buvait excessivement.

«Dans quel domaine travaillez-vous ? lui demandait-on. Je répondais les valeurs mobilières, les obligations, etc. Les affaires, quoi ! La liste des invités était toujours parfaitement équilibrée. Il y avait un noir de service, un homosexuel, un prêtre, et moi, l'ex-prisonnier de Danielle.»

Danielle trouva un emploi à Danny, comme «agent de liaison» dans une firme d'architectes, la Whisler-Patri. C'était un bon endroit où une personne sans éducation pouvait apprendre les manières de la haute société en faisant le garçon de courses. Pour Danny, ce fut une occasion de voir comment les gens bien vivent et travaillent dans une grande ville.

Aujourd'hui, de sa prison, Danny déclare que Danielle a travaillé très fort et qu'elle mérite le succès et la fortune.

«Elle savait taper à la machine plus vite que n'importe qui d'autre», dit-il. Lorsqu'ils revenaient de leurs soirées en ville, Danielle s'enfermait une partie de la nuit pour écrire.

Un ami confirme ses habitudes de travail. Grâce à son inépuisable énergie, elle tapait sans relâche jusqu'à trois heures ou quatre heures du matin.

Quelques mois seulement après s'être installé à San Francisco, Danny commença à se sentir très désillusionné et très frustré de sa relation avec Danielle.

Danny se mit à percevoir les choses de la manière suivante : «Tu penses que cette fille est follement amoureuse de toi. Tu es mis en liberté conditionnelle, elle t'emmène chez elle, te présente à ses amis... et tu commences à te sentir comme un jouet.

«Pourquoi ? Parce qu'elle ne pense qu'au livre qu'elle est en train d'écrire, jamais à toi.»

Pour lui, le message était clair. Il devait apprendre à se tenir en société et à la déranger le moins possible.

Un criminel trouve toujours quelqu'un d'autre à blâmer. Danny commença à blâmer Danielle. C'était toujours sa faute à elle et non à lui!

*

Selon les souvenirs de Danny, Danielle lisait la Bible et ils ont même cherché une église ensemble. Elle avait été élevée dans la religion catholique, tout comme son mari Claude-Éric Lazard.

Pendant un certain temps, ils fréquentèrent même une église noire branchée, mais selon Zugelder, elle se convertit éventuellement à la Science chrétienne.

Le travail que lui avait trouvé Danielle à la firme d'architectes lui parut soudain minable. De plus, il ne comprenait pas pourquoi les gens étaient tellement GENTILS avec lui... il n'avait jamais rencontré des gens comme ceux-là. Il se mit à se méfier d'eux. Encore une fois, c'était leur faute et non la sienne.

Mais, en fin de compte, c'est l'alcoolisme qui eut raison de sa perte. Il ne savait pas qu'il était alcoolique et refusa de l'admettre jusqu'au milieu des années soixante-dix, écrivit Joyce Zugelder, sa mère. «Il devient une autre personne quand il boit, comme la plupart des alcooliques.»

Il devint très jaloux et très envieux de Danielle, un symptôme classique de la consommation excessive d'alcool.

«Elle n'a pas assez de temps pour moi, se plaignait-il à Dan Talbott à l'époque.

«Elle s'intéresse plus à son livre qu'à moi. Je ne suis qu'une bête de cirque pour elle.»

Pendant la nuit, il buvait et racontait au téléphone des histoires pathétiques à qui voulait l'entendre.

«Je ne sais pas s'il l'a déjà frappée, mais il était très très malheureux», dit Dan Talbott. L'une des amies de Danielle venait à la maison avec son mari. Celui-ci en profitait pour apporter son coffre à outils et faire toutes sortes de réparations. Lorsque Danny était en colère, il donnait de grands coups de poing dans les murs. En colère, un homme de presque deux mètres est effrayant, surtout pour un petit bout de femme qui fait 1,53 m et quarante-cinq kilos.

«Elle n'est pas une partenaire aimante et sensuelle... notre vie sexuelle n'est pas passionnée», se plaignait Danny à ses amis, lorsqu'il leur téléphonait dans ses délires alcooliques nocturnes. Encore une fois, ce n'était pas sa faute.

Elle ne l'a jamais mis dehors.

Mais Danny Zugelder était un homme qui ne pouvait pas être aidé, même avec tout l'argent du monde.

*

Le 29 novembre 1973, Danny rendait visite à des amis à Reno, au Nevada. Il avait quitté Danielle pour quelques jours, et il était toujours en liberté conditionnelle.

Une femme, une voiture, un stationnement.

Il agressa la femme dans sa voiture, lui vola son sac à main et s'enfuit.

Lorsqu'il rentra à l'appartement de Danielle, il tentait d'échapper à des accusations de voies de fait et de vol.

*

Puis, le 1er février 1974, le même homme surgit de l'ombre d'une entrée de Pacific Heights armé d'un gourdin et frappa une femme à plusieurs reprises.

A la Cour supérieure de San Francisco, il fut accusé de voies de fait sur Miss Y et de possession d'une arme prohibée. Il fut remis en liberté moyennant une caution de vingt-cinq mille dollars. Et ses agressions continuèrent.

Il offrit de reconduire une femme qui attendait à un arrêt d'autobus. Elle était employée de la CBS ou de la NBC. Il l'invita à monter dans une voiture qu'il avait empruntée à la firme d'architectes pour laquelle il travaillait.

(Il prétend aujourd'hui qu'il s'agissait d'une Jaguar 1964 que Danielle lui avait offerte. Leur voisin, Dan Talbott, affirme qu'il n'a jamais vu une telle voiture.)

Il reconduisit la femme chez elle et la viola. C'était la veille de la Saint-Valentin.

«Danielle nous appela dans un état d'agitation extrême, dit Dan Talbott. Elle nous supplia de venir immédiatement.

«Nous nous rendîmes chez elle et elle nous dit : "Je crois en Danny, qu'allons-nous faire ?" Je ne sais pas s'il resta en prison ou si elle réussit à l'en sortir... L'autre jour, j'ai retrouvé une lettre que j'avais envoyée à la cour pour lui...»

*

Danny fut cité à procès sous six chefs d'accusation.

Danielle Lazard, nom qu'elle porta jusqu'en 1974, était convaincue que Danny était innocent des accusations qui pesaient contre lui.

L'agression de Pacific Heights devrait être oubliée, Danny ne devait pas aller en prison.

Elle était passionnément convaincue de son innocence et convainquit ses amis que l'accusation de viol était un coup monté, que Danny avait été piégé et qu'il s'agissait d'une injustice.

Les lettres qui parvinrent au juge en faveur de Danny corroborèrent la déclaration de celui-ci, voulant que Danielle ne le traitait pas bien, qu'elle travaillait trop fort et que, si elle s'était comportée différemment, il n'aurait jamais commis les crimes dont on l'accusait.

Ces lettres illustrent bien l'esprit fascinant d'un criminel, d'un sociopathe à l'œuvre : ce n'est pas ma faute, maman, c'est TA FAUTE.

Danielle, candide et naïve, écrivit une lettre de cinq pages tentant de justifier les problèmes de Danny et pour exprimer la douleur qu'il éprouvait de ce qu'il avait fait endurer à ses jeunes victimes.

La version fictive du procès pour viol dans son roman *Maintenant et pour toujours* pourrait avoir été inspirée de ce que Danny raconta à Danielle.

Avec le recul des ans, Danielle et toutes les personnes concernées se rendent compte que ce procès n'était qu'un pas de plus dans l'inexorable descente aux enfers de Danny Zugelder, une tragédie qui s'amorça la première fois que son beau-père le battit à coups de poing sans que sa mère n'intervienne.

Des amis accompagnèrent Danielle et Danny pendant les cinq longues journées que dura la procès, accablés par l'horreur des témoignages et des pièces à conviction.

«Il faut admirer la volonté et la persévérance de Danielle qui, malgré les témoignages et le verdict, a non seulement toujours cru en cet homme et en son innocence, mais a aussi réussi à nous convaincre tous qu'il s'agissait d'une terrible erreur judiciaire, déclara Dan Talbott. Je n'ai pas assisté au procès tous les jours, car je travaillais. Mais je l'y ai rencontrée à quelques reprises. Lorsque le verdict fut rendu, ce fut une journée très noire pour Danielle.»

Danielle tenta de discréditer le rapport de libération conditionnelle, désireuse de convaincre le juge que d'incarcérer Danny à nouveau serait la pire chose à faire. Il fallait qu'il soit remis en liberté conditionnelle, même s'il avait commis un délit qui en entraînait la révocation. Il allait sûrement changer.

Comment leur amitié avait-elle été décrite dans les lettres adressées au juge ? Danny avait convaincu les amis de Danielle qu'une «partie de son problème découlait du fait qu'il était son ESCLAVE... les seuls moments où elle s'intéressait à lui étaient lorsqu'elle avait besoin de lui. Le reste du temps, seul son travail comptait. Elle n'était pas une femme aimante.»

Danielle tenta de convaincre le juge et l'agent de probation qu'*elle* pouvait changer et rendre Danny heureux. Tout ce dont il avait besoin était l'amour d'une femme et une réhabilitation.

*

Le procès ayant eu lieu devant jury, il fut reconnu coupable des six chefs d'accusation qui pesaient contre lui.

Le jour du prononcé de la sentence marqua la somme des efforts que fit Danielle pour empêcher Danny de retourner en prison.

Le juge Donald B. Constine commença la procédure en passant en revue les accusations contre Danny, répéta les verdicts de culpabilité du jury sous tous les chefs d'accusation et son propre plaidoyer de culpabilité pour l'agression de Pacific Heights.

Puis, il parla du contrôleur judiciaire, Tom Quinlan, qui, tout comme lui, avait été la cible de l'intense campagne de Danielle pour changer le cours du procès.

Le juge déclara avoir lu le rapport de Tom Quinlan et les nombreuses pièces versées au dossier, la déclaration de neuf pages présentée par l'accusé, ainsi que les rapports des trois psychiatres de la défense qui examinèrent le prévenu.

Il déclara en outre avoir lu les lettres soumises en faveur de l'accusé par des amis et des employeurs, ainsi que la déclaration de M. Keith Matthews, directeur de Walden House, un centre de réadaptation de San Francisco, sans compter la lettre d'explication de Mme Danielle Lazard, la fiancée de l'accusé.

Le juge s'étonna qu'une agente fédérale de libération conditionnelle, du joli nom de Joy Valentine, soit disposée à recommander la remise en liberté conditionnelle de Danny, maintenant qu'il résidait à Walden House. Joy Valentine n'accuserait pas Danny d'avoir contrevenu aux termes de sa mise en liberté conditionnelle pour son vol de banque et elle ne croyait pas qu'il devrait être incarcéré pour les agressions qu'il avait commises. Elle jugeait préférable qu'il reste à Walden House.

Puis, le juge parla de Danielle qu'il identifia comme «la fiancée de l'accusé». Selon un rapport, Danielle écrivit la lettre suivante au contrôleur judiciaire dans l'espoir que Danny puisse rester à Walden House : «Tout m'appartenait, ma maison, mes amis, mon travail, écrivit-elle. J'ai continué à m'attendre à ce qu'il se conforme et fasse tous les ajustements... Nos tentatives d'harmoniser deux styles de vie totalement différents ont été très maladroites et très douloureuses pour chacun de nous.»

Danny avait réussi à convaincre Danielle que tout était sa faute à elle et non à lui... que tout cela s'était passé sans qu'il s'en rende compte, qu'il avait bu... que ce devait être sa faute à elle.

L'avocat de la défense, Me Tom Gee, sortit alors sa carte maîtresse. Danielle avait retenu les services de trois psychiatres. Après avoir rencontré Danny, ils déclarèrent qu'il pouvait être réhabilité et qu'il allait changer. En conséquence, comme le service de mise en libération conditionnelle n'avait pas les moyens de se payer un psychiatre, Danny devrait être incarcéré pour une évaluation psychiatrique en vertu de l'article 1203.03 du Code pénal. Ainsi, les autorités de la prison de Vacaville pourraient juger des progrès de Danny et déterminer «si M. Zugelder représente une menace pour la société.»

Me Gee appela ensuite M. Keith Matthews à la barre. M. Matthews était le directeur de Walden House, un centre de réhabilitation bien connu de San Francisco. Celui-ci affirma qu'il était enchanté de Danny et très satisfait de ses progrès.

Ensuite, l'accusé, du haut de ses deux mètres, s'adressa à la cour. Son avocat tenta un dernier effort pour faire libérer son client en alléguant que la cour n'avait pas tenu compte des rapports des psychiatres engagés par Danielle, et en insistant que le cas de Danny relevait de l'article 1203.03. Comme on peut s'en rendre compte, l'avocat voulait faire du cas de Danny une «circonstance extraordinaire», en raison des lettres déposées en sa faveur, de l'appui de ses amis et du rapport positif des psychiatres privés... La stratégie de Danielle semblait enfin commencer à porter fruit.

L'avocat du ministère public demanda au juge une sentence exemplaire, en insistant sur la gravité des crimes.

Dans sa plaidoirie, Me Gee tenta une dernière fois d'attendrir le juge et de le convaincre qu'il serait inutilement sévère d'incarcérer Danny en vertu de tout autre article du Code que l'article 1203.03. Il s'éleva contre la requête de sentences consécutives réclamées par le procureur du ministère public, car cela équivaudrait à le condamner à perpétuité et à tuer dans l'œuf les efforts de réhabilitation de Danny.

Une telle sentence ferait de Danny un désespéré, «lui qui montrait de réelles possibilités de réhabilitation». Si Danny devait être condamné à la réclusion, son avocat demandait que ses sentences soit purgées simultanément.

C'est ainsi que prirent fin les jours, les semaines et les mois probablement les plus difficiles de la vie de Danielle.

Le juge refusa la mise en libération conditionnelle et condamna Danny à la prison.

Toutefois, ne voulant pas écarter toute possibilité de réhabilitation, le juge ordonna que le rapport de probation, les copies des évaluations psychiatriques, ainsi que les lettres et les recommandations en faveur de Danny soient versés au dossier de la prison. Il permit que Danny purge simultanément ses peines.

Le drame fut consommé lorsque le juge remit Danny entre les mains du shérif.

En octobre 1974, peu de temps après le procès de Danny pour viol, Danielle publia un poème dans *Good Housekeeping*, «Tomorrow's Child», où il était question de «notre précieux petit enfant à naître».

Danielle Steel, la romancière, était encore complètement inconnue du public. Ce n'est que cinq ans plus tard que le magazine *People* consacra un article à la désormais célèbre auteure de best sellers. À cette époque, elle était toujours un auteur en devenir. Mais l'intensité avec laquelle elle avait vécu et sa volonté absolue de survivre alimentèrent son écriture et lui conférèrent la texture et la force d'émotion qui assurèrent le succès de ses romans.

CHAPITRE 9

MAINTENANT ET POUR TOUJOURS

...Danny s'adaptait très facilement... avec de l'aide et des conseils.

Un ami de prison de Danny Zugelder

Dans l'autobus de la police, en traversant le beau parc du Presidio pour se rendre à la prison de San Quentin, de l'autre côté du fameux et majestueux *Golden Gate Bridge*, Dan Zugelder pensait sûrement aux jours de bonheur passés avec Danielle. Des jours maintenant révolus.

Sydney Ehrman aurait-il pu apercevoir ce véhicule en savourant sa vue préférée du haut de son manoir perché dans le Presidio Heights ?

Aurait-il compris la passion de Danielle Lazard pour ce prisonnier, alors qu'elle était encore l'épouse de son petit-fils Claude-Éric Lazard ? Peut-être. Dans son livre *Traversées*, un vieil oncle encourage Lianne à suivre son cœur et à fréquenter un beau et jeune officier américain pendant que son mari plus âgé, l'ancien ambassadeur de France, sert dans la Résistance, à Paris, au cours de la Deuxième Guerre mondiale.

Le 13 juin 1974, Dan Zugelder arriva à la prison de San Quentin. On le photographia, on prit ses empreintes digitales, on le fouilla et on le poussa dans sa cellule.

Il était maintenant derrière les barreaux. Loin des femmes.

Dan était un détenu modèle.

Le pénitencier de San Quentin est niché dans un creux de la baie de San Francisco, tout près du pont qui relie le Marin County à l'East Bay. Depuis la fermeture d'Alcatraz, San Quentin s'enorgueillit d'être la prison la plus redoutable de Californie.

À San Quentin, un bon nombre de prisonniers n'aimait pas les violeurs, même si ces derniers faisaient l'objet de lettres élogieuses de la part de leurs agents de probation.

Personne ne peut témoigner des actes sauvages qui furent probablement posés à l'endroit de Danny par ses codétenus, en représailles de la brutalité dont il avait fait preuve dans les rues de San Francisco.

Mais, bien entendu, Danny n'était pas un enfant de chœur et il avait déjà fait de la prison à Lompoc. Il connaissait la musique.

Il s'entraînait beaucoup en prison. Il marchait dans sa cellule, et travaillait ses muscles. Certains jours, il marchait à l'intérieur de son cubicule jusqu'à quinze kilomètres.

Il faisait habituellement deux cents tractions par jour. Il pouvait se protéger.

Selon les dossiers officiels retransmis plus tard au Colorado, Danny fut incarcéré à San Quentin de juin 1974 à mars 1975. Il y travailla comme conseiller et comme commis.

Quand il se remit à faire des siennes plus tard, on put lire ce qui suit dans son dossier : «...Dan prétend être un détenu professionnel, bien que son dossier indique qu'on l'ait vu, dans certaines situations, prendre un rôle aimant et doux...» L'agent de probation continue : «Dan déclare toutefois qu'il est une personne très physique à la fois quand il aime et quand il hait, ce qui lui cause des difficultés chaque fois qu'il boit.»

Lorsqu'il vivait avec Danielle en 1974, Dan Zugelder consommait beaucoup d'alcool. Selon son dossier, il présentait des symptômes de l'état de manque, mais il ne faisait pas de crises de *delirium tremens* quand on l'éloigna d'elle pour l'envoyer au centre de désintoxication de Walden House.

Quand Danny fut transféré à la prison de Vacaville, la même qui abritait le prophète du LSD, le Dr Timothy Leary de Harvard, il n'était pas désintoxiqué.

Le transfert à Vacaville sauva la relation entre Danny et Danielle, en éliminant la terrible angoisse que Danielle éprouvait à traverser le *Golden Gate Bridge* pour aller voir son amant dans le Marin County. Visiter San Quentin équivalait à traverser le Styx et à trouver un des cercles de l'Enfer de Dante.

En comparaison, aller à Vacaville ressemblait à une promenade à Stanford pour le week-end.

Bruce S., qui y vit Danny, décrit cet endroit comme un prototype modèle pour tout le système carcéral californien.

«Idyllique au possible, dit-il, autant de programmes qu'on veut, comme l'aménagement paysager, l'horticulture...»

Mais la réhabilitation dans tout cela ? Au lieu d'être intégré à un programme comme celui des Alcooliques anonymes pour l'inciter à renoncer à l'alcool pour le reste de sa vie, au lieu d'être inscrit dans un programme pour les agresseurs sexuels violents, et profiter d'un suivi à sa libération afin qu'il ne récidive plus jamais... on offrit à Danny la thérapie gestaltiste.

Danny fut aussi exposé à l'analyse transactionnelle, une autre thérapie populaire à l'époque dans les cercles californiens.

Le Dr Timothy Leary était aussi un pensionnaire de Vacaville. Grâce à Leary, selon Bruce S., le département de psychologie construisit un laboratoire vidéo où l'on filmait les séances psychiatriques pour pouvoir les faire rejouer aux prisonniers.

C'est à Vacaville que, sous l'influence des réformistes de gauche qui y enseignaient, naquit la cellule combattante de l'Armée symbionaise de libération qui devait former le noyau du groupe qui kidnappa Patricia Hearst.

Pendant que Danielle pleurait la mise sous les verrous de Danny, les journaux mentionnaient le nom de Vacaville dans les comptes rendus de l'affaire Hearst.

Un petit bébé minuscule et sans défense qui grandit dans une maison désertée par son père, un petit garçon charmant de quatre ans battu régulièrement à poings nus par son beau-père... Il y a dans le psychisme des nœuds profondément enfouis que même l'amour de la meilleure des femmes et des réunions à vie avec les AA ne peuvent défaire. Il est dangereux de penser autrement, comme Danielle devrait bientôt le découvrir. Le vice du violeur est une tare inextricablement enchevêtrée dans le développement de la personnalité infantile, adolescente et adulte.

Le violeur reproduit les actes de violence qu'il a subis dans son enfance. Mais cette fois, c'est lui qui décide. Il objective sa victime... la femme qu'il bat et viole sauvagement n'est simplement qu'un objet dans son esprit, une vieille caisse en bois ou une poupée gonflable avec les trous aux bons endroits. Il est profondément incapable d'empathie pour une personne qui souffre et qui est terrifiée. Ce n'est pas un être humain qu'il frappe, c'est SON OBJET. Il lui arrive souvent de dire plus tard qu'il ne comprend pas pourquoi la victime a pris cela si personnellement.

Le violeur revit les scènes de son enfance. Lorsque Danny violait et agressait ses victimes, il endossait le rôle de son père en train de le battre. C'est lui qui détenait le contrôle. Et il ignorait leurs plaintes de la même façon que son beau-père avait fait la sourde oreille aux siennes.

«C'est de l'inadaptation sociale, avance un thérapeute. Les violeurs sont des escrocs de grand talent. Le défi pour le clinicien est de savoir quand il a trouvé un filon. Souvent, en thérapie, ils possèdent tout le jargon, toute la facilité verbale, mais... on peut difficilement les traiter, car ils sont imperméables au traitement.»

C'est une tragédie. La réhabilitation des parents violents doit commencer lorsque les enfants sont très jeunes, de petits enfants comme Danny l'a déjà été. Pour arrêter la violence envers les enfants, il faut enrayer la violence dans la génération précédente, briser le cycle. Il faut intervenir tôt. Un enfant qui a été victime de violence est plus susceptible de devenir lui-même un batteur ou un violeur en grandissant. Un enfant qui n'a pas été battu a plus de chance de devenir un père aimant.

On peut féliciter Danielle, elle qui a atteint une position enviable et influente dans la société, de donner de son temps comme bénévole au Comité de prévention contre la violence faite aux enfants.

Au cours des mois qui suivirent, Danielle essaya de son mieux de comprendre ce qui s'était passé en Danny. Elle le croyait totalement innocent, malgré le procès et le verdict de culpabilité. Mais que penser des voies de fait sur la femme dans l'aire de stationnement et de l'agression de Pacific Heights ? Ne craignait-elle pas qu'il s'en prenne à l'une de ses amies dans l'ombre d'un porche ?

Elle avait demandé à ses relations d'écrire des lettres en faveur de Danny et celles-ci l'avaient obligée. Cela n'avait toutefois pas suffi à empêcher son incarcération. Ils s'écrivaient souvent, maintenant qu'il était à Vacaville, et se demandaient encore si Danielle était responsable du fait qu'il avait reconduit cette fille chez elle et qu'il «avait peut-être été trop rude avec elle.»

*

En octobre 1974, Claude-Éric Lazard et Danielle Steel divorcèrent. Certains prétendent que ce sont les démarches entreprises par Danielle en cour pour défendre Zugelder qui convainquirent son mari de divorcer. Claude-Éric Lazard préfère ne parler ni de son mariage ni de son divorce.

La rumeur court dans les cercles mondains que c'est précisément à cause de cette défense publique et passionnée que Claude-Éric Lazard fut en mesure de régler rapidement l'affaire en remettant une somme d'argent à Danielle. «Ce fut un sujet de dispute entre eux», se rappelle quelqu'un dans le secret. «En échange de sa renonciation à la pension alimentaire, Danielle reçut un gros chèque...»

Elle était alors libre d'épouser son prisonnier.

Quatre ans plus tard, Danielle Lazard achetait une maison sur la rue Green dans le quartier Russian Hill.

*

Peut-être fut-ce la brièveté de leur liaison qui fit paraître Danny si éblouissant aux yeux de Danielle. Le 13 septembre 1975, Danielle Lazard épousa Danny Zugelder à la prison de Vacaville.

Sur leur certificat de mariage, émis dans le comté de Solano, Danny est identifié comme un résident «d'une institution médicale de Californie» à Vacaville, le nom officiel de la prison. Il indiqua que le dernier emploi qu'il avait occupé était expéditeur pour le compte d'une firme d'architectes (l'emploi que Danielle lui avait obtenu) et qu'il avait étudié jusqu'en douzième année. (Il obtint son diplôme d'équivalence du secondaire en prison, selon son dossier de la prison du Colorado.)

Son beau-père, Carl Zugelder, était natif du Kansas, sa mère, Joyce Brown, d'Oregon.

Danielle-Fernande Dominique Lazard, domiciliée au 2710 Baker à San Francisco, indiqua «écrivain pigiste» comme occupation. Elle déclara qu'elle avait 15 ans de scolarité. Elle inscrivit son nom de fille comme «Schulein-Steel».

L'endroit de naissance de son père, l'Allemagne, celui de sa mère, le Massachussets.

Furent témoins du mariage : J. Stephen Peek, du 1245 Fairfield à Reno au Nevada, pour le marié et ; Joan Patricia Tuttle, du 331 Madrone Road à Larkspur en Californie, pour la mariée. (Joan Patricia Tuttle devait figurer sur la liste des personnes que Danielle remercia en 1978, au début de son roman *Maintenant et pour toujours* qui décrit l'histoire d'un homme innocent injustement accusé et condamné pour viol.)

Le révérend Dale Brown, un prêtre baptiste, officia la cérémonie au cours de laquelle ils prononcèrent leurs vœux, le 13 septembre 1975.

Ce fut une cérémonie simple. Danielle portait une robe blanche avec des manches transparentes et un col montant qui lui donnait l'air d'une mariée de l'époque victorienne. Elle portait un simple bouquet de magnifiques fleurs des champs. Ses cheveux dénoués tombaient sur ses épaules sous le joli chapeau d'été à bords larges qu'elle portait avec la grâce des aristocrates qui fréquentent les champs de courses à Longchamps. Les prisonniers n'avaient pas souvent en leurs murs une apparition d'une telle fraîcheur.

Danny resplendit de joie et Danielle rit joyeusement sur les photos de mariage prises par la sœur de Danny, Donna Monroe (et vendues plus tard par cette dernière quand Danielle devint riche et célèbre).

«Danielle me fut d'un grand soutien», déclara plus tard Danny à un reporter. «Je devais avoir une audience pour ma libération conditionnelle en 1976 et elle était sûre qu'ils me laisseraient partir tout de suite.»

Comme épouse, elle pouvait en théorie passer des week-ends conjugaux avec Danny, dans les installations prévues à cette fin à Vacaville.

Pour un mariage de prison, il dura assez longtemps. On peut voir dans le geste de Danielle, une attendrissante tentative de la part de cette jeune fille innocente de réunir deux mondes complètement opposés.

Pourquoi cet étrange couple prit-il finalement la décision de se marier ? Danielle croyait toujours Danny innocent. Mais, on ne peut faire que des suppositions, car jamais Danielle ne parla des raisons qui la motivèrent. Au fond, ce mariage facilitait sans doute sa vie à San Francisco. Si elle avait été une jeune et jolie femme célibataire, ses amis l'auraient pressée de sortir et de rencontrer un homme bien. Mariée, elle pouvait maintenant rester seule à la maison et travailler à ses romans à toute heure du jour et de la nuit pour lancer sa carrière. Il n'y avait pas d'homme pour la déranger sans cesse et ses amis ne pouvaient plus la pousser à agir contre son gré. En épousant Danny, Danielle se donnait peut-être la tranquillité et le temps dont elle avait besoin pour maîtriser son art.

Un peu plus d'un an plus tard, en janvier 1977, le deuxième roman de Danielle, *Les promesses de la passion*, fut finalement publié.

Le *Publishers Weekly* en fit une critique le 22 novembre 1976 :

Kezia Saint Martin n'est pas la pauvre petite fille riche que l'on rencontre habituellement, car Kezia écrit. Non seulement écrit-elle des chroniques mondaines, mais elle fait aussi du journalisme sérieux et socialement engagé. Lorsqu'elle interroge Lucas Johns, un prisonnier modèle dangereusement beau, l'inévitable se produit. Kezia perd tout contrôle et toute envie des soirées mondaines. Elle suit Lucas partout, abandonne sa propre carrière et lorsque Lucas est jeté en prison sur des accusations montées de toutes pièces, elle s'effondre et se met à boire. Mais les jeunes filles de bonne famille retombent toujours sur leurs deux pieds. Avant longtemps, elle reprend du poil de la bête et on la voit dans les endroits chics. De plus, elle a des vues sur le meilleur ami de Lucas. Noblesse oblige, comme on dit sur Park Avenue.

Ce n'était pas une critique dithyrambique, mais Danielle Steel pouvait toujours se vanter d'avoir fait l'objet d'une critique. Encore une fois, le critique avait décrit un livre qui ressemblait beaucoup à la vie de Danielle.

En 1978, elle publia *Maintenant et pour toujours*, aussi dédié à Danny. En 1979, ce fut *Une saison de passion*.

Danielle, cette fille unique élevée par son père et mariée trop tôt à un faux prince charmant, avait-elle jamais pu vivre cette période fleur bleue de l'adolescence où l'on s'entiche du premier venu ? Avait-elle jamais développé le sens de ce qui est réel et de ce qui ne l'est pas, dans les relations amoureuses entre garçons et filles ?

Pendant que le reste de ses collègues de *Supergirls* sortaient avec des garçons de leur âge, Danielle avait fui son père pour aller vivre comme une adulte avec un homme plus vieux qu'elle.

Pendant que les autres filles de *Supergirls* étaient entourées d'une horde de jeunes cavaliers, Danielle avait une petite fille sous la garde d'une gouvernante.

Pendant que les autres filles de dix-huit ou dix-neuf ans se demandaient que porter pour les parties de football entre Harvard et Yale, Danielle voyageait entre les imposantes demeures familiales des Lazard et des Ehrman, à Paris, à New York et à San Francisco.

Peut-être Danielle n'avait-elle tout simplement pas suffisamment l'expérience de sortir avec les garçons, de s'éprendre, d'oublier et de recommencer. Lorsqu'elle tomba amoureuse de Danny Zugelder, peut-être n'était-elle pas en mesure de distinguer la réalité du mensonge dans les sentiments intenses qu'ils ressentaient. Elle pouvait enseigner à Danny la valeur des choses matérielles, le sens des signes de prestige et les symboles de statut social que représentent les souliers Gucci et Bruno Magli, les tricots de cachemire trois-fils et les vestes Cardin... tout comme elle l'avait fait avec son petit camarade de neuf ans en lui offrant la chemise polo de Lacoste.

Même si elle avait déjà donné naissance à une fille, cela ne signifiait pas pour autant qu'elle avait alors atteint la maturité émotive. Entravait-elle le développement de son émotivité en s'isolant année après année dans un système clos, en se repliant derrière l'idée que les hommes forts sont là pour protéger les femmes ?

Chaque nuit, assise dans son bureau, Danielle tapait les flots de mots qui se déversaient hors d'elle.

Trois de ses romans furent construits autour de personnages ressemblant remarquablement à Danny. Des personnages transformés par son imagination fébrile, excitée par le romantisme de sa vie, par son énergie délirante... Tristan et Iseult, Roméo et Juliette. En réalité, Danny s'était enivré, il s'était peut-être drogué, il avait sauvagement battu une femme et avait été reconnu coupable de viol par un jury.

Toutefois, à lire les passions déchaînées, les désirs ardents exprimés dans ses livres, on aurait pu croire qu'il s'agissait de deux adolescents séparés par des parents trop sévères. Ses écrits devenaient un moyen de communiquer à chaque minute avec son amoureux. Telle était la puissance, l'intensité romantique qu'elle mettait dans ses romans.

Ses livres ressemblaient à des offrandes d'amour à son amant.

En écrivant si vite, elle espérait, comme elle le révéla plus tard en entrevue, que ses lectrices sentiraient l'urgence de ses émotions.

L'amoureux absent revêtait un habit encore plus idéal. Il remplaçait avantageusement la créature tridimensionnelle, l'homme exigeant et toujours présent, mais aussi l'enfant turbulent, le géant violent et courroucé que devenait parfois le vrai Danny Zugelder.

Danielle se battait pour survivre avec la volonté d'une mère célibataire, résolue à se débrouiller avec le seul revenu d'une carrière littéraire naissante. Au fond, il lui en coûtait moins cher émotivement d'écrire à son amoureux que de vivre avec lui. Le cœur risque moins de blessures quand on reste debout toutes les nuits à caresser l'amour de ses rêves, une vieille machine à écrire Olympia des années quarante. Le cœur se rend compte que ce qu'il désire vraiment est de découvrir le trésor de ce qu'il aime faire... écrire.

Ce travail incessant donna naissance à un autre roman qui fut publié dans la foulée de *Les promesses de la passion*. Danielle rendait encore visite à son mari la plupart des week-ends à la prison de Vacaville, lorsque *Maintenant et pour toujours* fit l'objet d'une critique dans le *Publishers Weekly*, le 9 janvier 1978 :

Le mariage poussé à la limite de ce qu'il peut endurer. Voilà le thème de cet émouvant roman. Jessica et Ian Clarke, un couple de San Francisco, ont tout ce qu'ils peuvent désirer dans la vie : l'amour, la beauté, l'argent, un avenir prometteur. Elle dirige une boutique, il est écrivain. Leur monde sans tache s'effondre lorsque Ian est accusé de viol. Le couple subit le lent processus de la justice, jusqu'à ce que tombe un verdict de culpabilité. Leur séparation met leur amour à l'épreuve, mais elle se révèle au bout du compte une expérience grandissante. Dans la lignée de Helen Van Slyke, Steel, l'auteur de Les promesses de la passion*, écrit avec sincérité sur un sujet difficile : comment faire face à l'injustice et en sortir grandi.*

Beaucoup de personnes sont étonnées devant l'horaire de travail de Danielle, devant le nombre d'heures qu'elle consacre à l'écriture. D'aucun prétendront qu'elle prenait des drogues, surtout qu'elle écrivait à San Francisco en plein milieu des années soixante-dix... les hippies, Haight-Ashbury, les bars rock et consorts.

Mais l'écriture peut être une drogue en soi. Une drogue propre et nette qui n'entraîne pas d'accoutumance et qui ne vous laisse pas avec la gueule de bois le jour suivant. L'artiste en vous va se loger dans l'hémisphère droit de votre cerveau et vous flottez dans une méditation intemporelle et éternelle.

Quelle drogue fantastique et nouvelle, l'écriture représenta pour Danielle à l'aube des années quatre-vingts. On peut entrer dans la peau d'une héroïne romantique, et par la seule volonté de sa persévérance, pour peu que l'organisme tienne le coup, qu'on n'ait pas trop besoin de sommeil, qu'on ait le sens de l'organisation, de l'auto-discipline et un peu de talent. On peut devenir une femme très riche qui a fini par jouer dans la vie réelle les rôles qu'elle avait créés.

*

Danny continuait à prétendre que c'était la fille qui l'avait racolé, mais qu'il avait peut-être été un peu trop agressif envers elle.

«Il était... un gros nounours adorable.» C'était du moins l'opinion d'un ami qui allait le visiter à Vacaville.

«La dernière fois que j'ai vu Danielle, se rappelle Bruce S., j'ai dû m'y reprendre par deux fois pour bien voir... elle était habillée comme les *Weather Underground*, de façon si originale... je n'étais pas habitué de la voir dans ce genre de tenue. Elle était magnifique, une aura semblait flotter autour d'elle...

«Ensemble, Danielle et Danny dégageaient beaucoup d'énergie.

«Les détenus ne voyaient pas les personnes qui les visitaient de l'autre côté d'un grillage, continue Bruce S. Les femmes pouvaient s'asseoir sur les genoux de leur petit ami si elles le désiraient. Mais Danielle était toujours très grande dame.

«La plupart des mariages se terminent rapidement... Après la première année, 60% des couples divorcent. En prison, les gars font face à la mort jour après jour... on ne sait jamais d'un jour à l'autre. Et puis, on peut finir par avoir des idées à la Charles Manson à force de vivre dans un milieu comme celui-là .

«En le voyant, on n'aurait jamais cru que Danny ait pu commettre un crime, continue Bruce S. Les choses n'ont jamais été faciles pour lui à San Francisco. En dedans (en prison), c'était la mort à tous les instants ou presque... Avec Danielle, c'était de ne jamais savoir sur quel pied danser.»

Bruce S. prétend que Danielle avait trouvé à Danny un emploi dans une firme d'architectes afin que leur relation soit plus acceptable aux yeux de son entourage : «Tout d'un coup, il y avait ce détenu dans le décor.»

«Mais Danny s'adaptait très facilement... avec de l'aide et des conseils.»

L'ancien détenu de la prison de Vacaville, Bruce S., compare Danielle à ce qu'écrit Norman Mailer au sujet de Jack Abbott dans *In the Belly of the Beast* : «Jack Abbott, qui a fini par poignarder quelqu'un.»

Après des mois et des mois de voyage à la prison de Vacaville, les visites s'espacèrent, puis cessèrent complètement. Danielle avait trouvé un autre homme, Bill Toth.

Le fait de quitter Danny contrastait complètement avec la fin de son roman *Maintenant et pour toujours*. Son livre racontant l'histoire d'un homme innocent emprisonné pour viol avait reçu une bonne critique. Comme le disait l'auteur de cette critique parue dans le *Publishers Weekly*, le verdict avait mis leur amour à l'épreuve, mais au bout du compte il s'était révélé une expérience grandissante. Danny semble avoir été dévasté par la requête en divorce de Danielle.

Dan Zugelder ne pouvait pas contester le divorce. Il tenta de se suicider.

CHAPITRE 10

AU NOM DU CŒUR

Vous, personnes compréhensives au grand cœur... ne donnez pas encore votre sympathie à tous ces ex-drogués, O.K. ? Parce qu'ils ne sont pas encore tous guéris. Ils souffrent encore des effets du travail social et de la cure psychiatrique, ce qui veut dire qu'ils veulent se servir de vous socialement, sexuellement, financièrement, ou de toute autre façon.

John Maher, Directeur de Delancey Street, s'adressant à des visiteurs du projet, 1974.

Danny Zugelder tenta de se suicider à la prison de Vacaville, quand Danielle lui annonça qu'elle voulait divorcer.

Après l'appui public que Danielle avait accordé à Zugelder au cours de son procès de l'été de 1974, le divorce entre Claude-Éric Lazard et elle s'était concrétisé en octobre 1974.

Claude-Éric et Danielle furent donc mariés pendant près de dix ans. Selon une personne proche de l'entourage de la famille Lazard, Danielle reçut un très gros chèque au lieu d'une pension alimentaire.

Peut-être obtint-elle de cette façon l'argent nécessaire à l'acquisition de sa maison sur la rue Green, car en 1977, ses écrits ne lui rapportaient pas assez d'argent pour se permettre une pareille dépense.

Quand elle emménagea dans sa propre demeure de plus d'un demi-million de dollars sur la rue Green, elle tomba amoureuse de son déménageur.

Il s'appelait Bill Toth et il participait au programme de Delancey Street, un centre de réhabilitation pour drogués endurcis et ex-prisonniers. L'entreprise de déménagement appartenait à Delancey Street.

Bill Toth devait bientôt devenir son troisième mari.

Danielle, qui, selon le témoignage de ses amis, «se débrouillait pour joindre les deux bouts», quand elle vivait dans l'appartement loué, voyait maintenant ces jours difficiles prendre fin.

Le jour suivant son divorce d'avec Danny Zugelder en 1978, elle épousa Bill Toth. Elle donna naissance à leur enfant environ deux semaines plus tard.

Et elle continua à écrire. «Elle était toujours plus intéressée à sa carrière. C'est ce qui a détruit Danny», déclara un des amis de Zugelder.

*

Toth était un enfant unique, tout comme Danielle.

Son père, Nicholas Toth, était un vendeur d'assurance-vie et sa mère restait au foyer pour prendre soin de la maison située au numéro 1 de la rue Diaz. Bill avait été élevé à San Francisco, où il avait étudié dans diverses écoles catholiques avant de s'inscrire à l'Université de Santa Clara.

Mais, en 1967, il abandonna tous ses cours à Santa Clara et commença à s'adonner aux drogues : le LSD, le haschisch, l'héroïne.

En 1971, il était devenu un véritable *junkie*. Il se mit à voler pour financer sa dépendance à l'héroïne. Après une série d'arrestations, il eut la chance d'être admis au programme de Delancey Street, en 1975.

«Notre recrutement est aussi sélectif que celui de Berkeley, Stanford et Harvard», affirme Mimi Silbert, qui créa ce programme avec le regretté John Maher. Parmi les drogués et les criminels endurcis, seuls étaient choisis ceux qu'on croyait pouvoir sauver.

*

Lorsque Danielle emménagea dans sa nouvelle maison de la rue Green dans Russian Hill — quartier qu'Armistead Maupin avait rendu célèbre dans son livre *Tales of the City* —, elle se découvrit une nouvelle mission humanitaire située beaucoup plus près de chez elle que la prison de Vacaville. Delancey Street, ou plus particulièrement un de ses résidents, attira son attention.

Le centre de réhabilitation, essentiellement un centre de désintoxication pour les criminels drogués ou alcooliques, avait ses quartiers généraux à Pacific Heights, en plein milieu du quartier le plus chic de San Francisco, dans le vieux manoir Mein, auparavant le consulat de Russie. Par temps clair, la vue embrassait toute la baie de San Francisco, du *Golden Gate* jusqu'à l'aéroport d'Oakland situé de l'autre côté du *Bay Bridge*.

Delancey Street accueillait des ex-détenus qui avaient désespérément besoin d'une structure et d'une famille pour briser le cercle vicieux qui les faisait passer de la libération conditionnelle à la remise en prison via la drogue et le vol.

John Maher, le responsable de Delancey Street était un véritable génie de la rue, un orateur hors pair à l'accent du Bronx. Mimi Silbert, son assistante bardée de diplômes, avait travaillé en prison comme psychologue et avait formé des policiers et des agents de probation. Dès

94

le milieu des années soixante-dix, elle avait su faire sa place dans la direction de Delancey Street.

Morley Safer, du réseau CBS, fit un reportage sur ce centre peu conventionnel pour le compte de l'émission *60 Minutes*. «John Maher a une position bien à lui, disait Safer. Elle se situe entre les approches qui ménagent trop les criminels et celles qui favorisent trop les techniques pénales démodées. C'est l'approche qui permet aux criminels de se guérir entre eux.»

Maher, lui-même un ex-drogué, croyait, comme il l'expliqua à Safer, que les victimes sociales sont en général des personnes dangereuses au caractère difficile, parce qu'elles sont tordues. Elles doivent se détortiller pour redevenir des être humains plutôt que des animaux...

«Au Centre, nous sommes pris entre les cinglés de l'extrême-droite et les radicaux chics compatissants qui veulent nous embrasser le derrière, jusqu'à ce que nous devenions schizo. Beaucoup de gens parmi nous comprennent cela... et ils doivent aussi comprendre qu'ils sont responsables des gestes qu'ils posent.»

*

Delancey Street entretenait des liens très étroits avec les politiciens locaux. Le shérif, Richard Hongisto, un ami de Danielle alors qu'elle vivait avec Danny Zugelder, et le maire Moscone, étaient des proches du Centre.

Le juge qui avait présidé le procès de Danny Zugelder le félicita, de même qu'un autre centre de vocation similaire, le *Walden House*, pour l'excellent travail qu'ils accomplissaient auprès des ex-détenus en liberté conditionnelle.

Une des raisons pour lesquelles Delancey Street pesait autant dans la balance politique, tenait au fait que la maison possédait une collection de véhicules motorisés. Il y avait là un autobus à impériale découvert, avec des balustrades en laiton poli, une voiture de sport de marque MG, une glorieuse ancienne Bentley 1935, une caravane motorisée, des camions pour l'entreprise de déménagement et quelques autres véhicules encore. Les résidants de Delancey Street étaient organisés pour faire sortir le vote en paradant dans l'autobus ou même sur la banquette arrière de la Bentley. Leurs organisations politiques bénévoles démocrate et républicaine pouvaient compter sur plus de deux cents agents électoraux prêts à envahir les rues pour faire la promotion de leurs candidats.

Leurs relations politiques atteignirent même les plus hautes sphères en la personne de Jimmy Carter qui allait bientôt devenir président des États-Unis. En 1974, une photo encadrée de John Maher en compagnie de Jimmy Carter était suspendue dans le hall du manoir de la rue Mein. Il y avait aussi d'autres photos de Maher en compagnie de Ron Dellums du comité politique noir, du gouverneur Docking du Kansas, et du Dr Karl Menninger.

Delancey Street contribua à la formation du syndicat des prisonniers, destiné à donner une voix au mouvement des réformes carcérales à l'intérieur des prisons. Le manoir Mein constituait un véritable centre de référence sur la réforme carcérale. Malgré tout le bavardage attribuant à Danny Zugelder «des activités dans le domaine de la réforme carcérale», rien de concret ne semble prouver qu'il ait participé à cette réforme.

Les dirigeants de Delancey Street avaient un flair politique remarquable. De plus, l'organisme sut rester indépendant de tout financement gouvernemental, échappant ainsi à la bureaucratie et à la lourdeur administrative de l'État.

En 1993, John Maher n'étant plus de ce monde, le président Clinton fit appel à son ancienne assistante, Mimi Silbert, pour le conseiller sur la question de la réhabilitation des drogués criminels, un problème qui s'est aggravé de façon très alarmante depuis les débuts de Delancey, plus de vingt ans auparavant.

Après avoir refusé toute aide gouvernementale pendant vingt-trois ans, Mimi Silbert fut approchée par Lee Brown, l'homme de confiance de Bill Clinton sur les questions concernant la drogue, qui lui demanda son aide pour créer des programmes sur le modèle de Delancey Street. Après vingt-trois ans, la méthode Delancey, qui favorise un milieu familial pour rebâtir l'existence réduite à néant de drogués et d'alcooliques, est encore la meilleure qu'on puisse trouver. Au lieu de laisser les ex-détenus démunis dans la rue, Delancey continue à enseigner la responsabilité et la confiance.

*

Lorsque Bill Toth déménagea les meubles de Danielle en 1977, Delancey Street était bien implanté dans le tissu social de Pacific Heights. Beaucoup de «radicaux chics» encourageaient l'organisation, mais les plus conservateurs de ce quartier huppé ne l'aimaient guère.

«Il y a un petit groupe de personnes qui cherche à nous expulser, expliqua John Maher, un petit groupe composé de récents descendants de voleurs de chevaux et de grosses légumes qui se prétendent l'équivalent pour San Francisco de la dynastie des Habsbourg.»

Mais dans ce riche quartier, il y avait aussi le phénomène du «radicalisme chic». Tous les jeunes issus des familles aisées l'appuyaient.

Le «radicalisme chic» irritait le responsable de Delancey Street quand il s'agissait de femmes sortant avec les hommes qu'il tentait de remettre sur le droit chemin avec son programme.

Voyons ce que dit un animateur de Delancey à une femme qui sortait avec un ancien drogué récidiviste (Danielle vivait la même situation), au cours d'un des groupes de rencontre du Centre, ce que l'on appelait le «Jeu». Le Jeu était ouvert aux visiteurs deux fois par semaine. Jo, une divorcée d'environ trente ans (à peu près l'âge de Danielle à l'époque), est l'amie d'un résident de Delancey qui a fait cinq ans de prison à San Quentin pour vol à main armée.

Jo se plaint de son ami de cœur. L'autre jour, ils devaient se rencontrer à cinq heures de l'après-midi. Elle appelle, et ce dernier lui répond qu'il se met en route. À dix-neuf heures, il n'est toujours pas là. À vingt heures, elle appelle de nouveau, puis se décide à prendre la navette de Delancey qui se rend de l'autre côté du pont, à Sausalito, où se trouve l'ensemble résidentiel du Projet. Elle arrive et trouve son petit ami dans son appartement, où il avait tout simplement décidé d'aller se coucher.

Bernardo, le petit ami de Jo, perd son calme quand celle-ci lui reproche sa conduite envers elle. Il frappe du poing sur la table, ce qui envoie voler dans les airs un cendrier, puis une tasse à café. Les débris sont éparpillés partout. «D'accord ! crie-t-il. Terminé. Fini entre nous. Oublie toute la relation !» C'est le drame.

L'animateur du Jeu explique à Jo qu'il est acceptable que Bernardo régresse, que ce n'est qu'un Jeu. Bernardo était toujours comme cela, explique-t-il, il y a à peine dix-huit mois. Ensuite, il demande à brûle-pourpoint à Jo pourquoi elle sort avec quelqu'un qui fait partie du programme de Delancey Street.

«... je me demande si vous n'êtes pas en train de jouer à vouloir sauver un grand malade. Vous avez déjà connu un divorce, vous venez tout juste d'avoir trente ans. Votre fille, même si elle n'a pas besoin d'un père, a certainement besoin d'une mère qui n'angoisse pas tout le temps. Pourquoi perdez-vous peut-être les plus belles années de votre vie à courir après un perdant ? Vous les filles, pardon, les femmes éduquées, vous parlez toujours avec admiration de la «conscience des prisonniers». Êtes-vous certaines qu'il ne s'agit pas plutôt des couilles des prisonniers ? Y a-t-il quelque chose qui vous excite dans les machos qui avaient l'habitude de pointer des revolvers dans la figure des gens ?»

Jo, embarrassée, rit et répond qu'elle n'est vraiment pas d'accord avec cela. La réalité, c'est qu'il peut être «gentil, tendre et d'agréable compagnie la plupart du temps. Puis, soudainement, comme ce soir, il change complètement».

Une autre visiteuse qui sort aussi avec un participant au programme prend alors la parole : «Ils s'aident d'abord entre eux, puis ils s'exercent sur nous pour voir s'ils sont prêts à partir dans le vaste monde.»

Un des participants du programme élève alors le ton : «Je pense que nous sommes trop doux avec cette femme, dit-il. Tout cela pue le martyre à plein nez, Jo. Comment pouvez-vous attendre pendant des heures après ce type mal foutu ? La prochaine fois, donnez-lui quinze minutes ou faites-le attendre vous-même. Vous ne connaissez pas encore la mentalité du *junkie* ? Nous voulons toujours tout pour rien ! L'aiguille dans le bras, c'est parce que nous voulons vivre toutes les sensations sans prendre de risques émotionnels !»

Les plaintes de Jo à l'égard de Bernardo ressemblent à celles qui sont formulées par de nombreux personnages des livres écrits par Danielle au cours de cette période... Des hommes qui changent soudainement, qui rendent leur femme folle d'inquiétude et d'angoisse. Des hommes en qui on ne peut pas avoir confiance. Et plus tard, des hommes qui prennent des drogues, des hommes qui ont peur. Des hommes qui menacent les femmes de les frapper.

*

Delancey Street avait ses règles. Emménager avec une femme équivalait à les outrepasser. Bill Toth, qui se considère lui-même comme «un ex-escroc de la classe moyenne», n'a pas encore pu reprendre pied dans la société normale. Depuis que Danielle et lui se sont laissés sur une querelle, il entre et il sort de prison, il cesse de prendre de l'alcool et de l'héroïne, puis il recommence.

Danielle avait appelé Delancey Street dans le but d'avoir une soumission pour son déménagement. Toth la lui avait donnée avec plaisir. Elle semblait intéressée. Il y avait des vibrations entre eux, «une attraction mutuelle» selon les termes de Bill.

«Je l'ai déménagée du 2710 de la rue Baker, où elle habitait, au 1025 Green.» C'était dans Russian Hill entre Leavenworth et Jones.

Ils sortirent quelques fois ensemble, puis au bout de quelques mois, Danielle tomba enceinte.

Ensuite, selon Bill, Delancey lui enleva son travail et le transféra à un poste beaucoup moins avantageux.

Bill vivait dans les appartements avec piscine que Delancey Street possédait pour ses résidents à Sausalito, de l'autre côté du *Golden Gate Bridge*. Des autobus faisaient la navette entre les appartements et le Centre.

Lorsque Delancey lui enleva son poste de responsable de l'entreprise de déménagement, il quitta le Centre pour emménager avec Danielle.

L'ancien curé de sa paroisse dirigeait le *Boy's Home for the Catholic Social Services* de la rue Eddy, un organisme de la ville de San Francisco destiné à venir en aide aux garçons de sept à dix-sept ans abandonnés, battus ou victimes de mauvais traitements. Le prêtre embaucha Bill comme conseiller et surveillant. C'est pourquoi, au cours des années soixante-dix, Danielle déclara dans une entrevue au magazine *People*, qu'elle «était mariée à Bill Toth, un conseiller en matière d'alcool et de drogues».

«Ce n'était pas mal, affirme Bill au sujet de son travail au *Boy's Home*, c'était un emploi.

«Nous vivions ensemble et elle était enceinte de huit mois, continue Bill. Avant que nous puissions nous marier, elle devait divorcer d'avec lui (Danny Zugelder). Il n'a probablement pas contesté. Qu'est ce qu'il pouvait faire ?

«Elle était tout près d'accoucher et nous attendions toujours le divorce. Elle l'a finalement obtenu et nous avons pu nous marier deux semaines seulement avant la naissance du bébé», poursuit Bill. Le bébé, un garçon, fut nommé Nicholas en l'honneur du père de Toth.

«Quand nous avons commencé à sortir ensemble, se rappelle Bill, nos amis étaient des personnes ordinaires. Puis, les choses ont commencé à marcher en grand pour elle.» Le premier livre que Danielle écrivit pendant sa vie commune avec Toth (la version écrite ou imprimée du film *Leur promesse*) enregistra des ventes exceptionnelles.

«On lui offre dix mille dollars pour écrire un livre de promotion sur un film (*Leur promesse*), continue Bill. Si le livre vend plus d'un million de copies, elle reçoit un autre dix mille dollars. Elle me demande si elle doit le faire.

«Le film fut un fiasco, poursuit encore Bill, mais le livre se vendit à plus de trois millions d'exemplaires. À partir de ce moment-là, Dell commença à lui faire des courbettes.

«Danielle n'est pas très forte sur la loyauté, se rappelle Bill. Phyllis Westberg était son agente à l'époque.» (L'agent actuel de Danielle est Mort Janklow.)

«À cette époque, nous avions des amis ailleurs que dans la haute société de San Francisco... des gens ordinaires... pour la plupart ses amis. Un pilote d'une ligne aérienne privée, une femme noire reporter à la télévision, des amis de l'école privée de Beatrix.

«Sa fille Beatrix était une petite fille vraiment gentille et Danielle était une bonne mère.

«On la voit en entrevue à la télévision, une femme merveilleuse qui en plus s'occupe de neuf enfants. En réalité, tout ça, c'est de la frime. Elle a des bonnes, des nounous, etc. Elle avait ce BESOIN. C'est moi qui restais debout toute la nuit avec le bébé. Quand il commençait à pleurer, elle me faisait signe de m'en occuper.»

*

Pendant que Danielle allait rendre visite à Sydney Ehrman et à la famille Lazard au cours des années soixante, Bill Toth était un hippie. «La meilleure vue que Danielle ait eu du Haight-Ashbury, dit-il, c'est à travers la vitre d'une limousine.»

Bill connut ses premières véritables sensations fortes en faisant du *surf* à Pacifica, une plage de la péninsule, et à un autre endroit au nord de Bolinas. Il était fier de posséder un des tout premiers modèles de planche de *surf* de petite dimension sur le marché en Californie du Nord. Il s'agissait des nouvelles planches courtes, moulées en forme de "V" sur la surface inférieure, qui étaient fabriquées par l'Australien Bob McTavish. Bill était fort et vigoureux et il chevauchait les vagues avec la plus grande aisance.

Les surfeurs formaient une société à part dans les années soixante. Il vivaient une vie de hippie, avant même que le mot «hippie» ne fût connu. Ils pouvaient aller dans une ville sur le bord de la mer, y louer un garage pour environ vingt dollars par mois et s'installer. L'ameublement ne leur coûtait pas tellement plus cher. Ils «trouvaient» des meubles ici et là dans la rue, ou parfois dans la maison de quelqu'un d'autre.

Si on avait besoin d'argent, on pouvait toujours en quêter. La vie de surfeur était sans aucun doute plus plaisante que la vie à la maison avec les parents. Les chansons mélodieuses des *Beach Boys* contribuèrent à populariser la vie de surfeur partout aux États-Unis. Mais lorsque ces chansons arrivèrent enfin aux oreilles des jeunes du Kansas, les vrais surfeurs étaient devenus des durs qui ne juraient plus que par la musique de Mick Jagger et des Rolling Stones. Leurs drogues aussi étaient devenues plus dures.

Bill, comme bon nombre de surfeurs et de hippies avant lui, eut maille à partir avec les autorités à cause de la drogue et de l'alcool. Il commença par se faire pincer par la police pour possession de drogue et, par la suite, il fit de la prison de façon répétitive.

Lorsque Bill arriva finalement à Delancey Street, il devint rapidement une vedette. L'entreprise de déménagement constituait la principale source de revenu du programme. Tout le monde dans la grande famille du Centre respectait le type qui dirigeait l'entreprise de déménagement, parce que c'était lui qui subvenait à leurs besoins et qui leur fournissait un toit.

*

Bill et Danielle partirent ensemble à New York rencontrer la famille Schulein. Toth décrivit le père de Danielle comme étant «petit, 1,68 m peut-être» et lui trouva le genre typiquement allemand.

Selon Bill, la grand-mère de Danielle aurait investi très tôt dans la *Standard Brands* et en aurait récolté de gros dividendes. Elle aurait payé deux dollars l'action et n'aurait eu qu'à regarder les cours monter et monter par la suite. L'histoire que Bill raconte, qui est peut-être fausse, veut que le père de Danielle ait négligé de payer ses impôts et que le gouvernement l'ait poursuivi pour une grosse somme. Il aurait emprunté cet argent à sa mère et, au lieu de rembourser le gouvernement, il l'aurait entièrement dépensé. Puis, il l'aurait emprunté de nouveau.

Ensuite, quand la grand-mère de Danielle mourut, son père, qui était aussi enfant unique, aurait hérité de toute la fortune de celle-ci. Toujours selon Bill, John aurait alors tout vendu, absolument tout ; toutes les choses provenant de Munich : les meubles, les tableaux et tout ce qui avait appartenu à cette grande famille de brasseurs.

On ne sait pas si ces événements eurent réellement lieu ou si ce ne sont que des éléments des intrigues que Danielle inventait et auxquels Bill crut. Mais son roman, *Le don de l'amour*, reprend plusieurs des thèmes que Danielle s'est plu à raconter sur son enfance avec son père. Un critique littéraire du *Publishers Weekly* le résuma dans les termes suivants :

> *Les quatre mariages de Bettina Daniel ressemblent tous à des tentatives désespérées de combler un vide après le décès de son père, un homme exigeant qui avait connu d'immenses succès et qui la laisse seule, à dix-neuf ans, pour remettre sur pied les finances en ruine de la famille.*
>
> *Le meilleur ami de son père, qui a trois fois son âge, devient son premier époux et endosse le rôle compréhensif et réfléchi du père qu'elle n'a jamais vraiment eu.*
>
> *Mais leur différence d'âge donne lieu à trop de problèmes. Elle fait ensuite un mauvais mariage avec un acteur britannique opportuniste, qu'elle remplace ensuite par un médecin rigide et sans cœur. Avec le même résultat.*
>
> *Bettina change sans effort de style de vie, mais elle trouve enfin sa voie lorsque sa première pièce de théâtre est montée avec succès sur Broadway.*
>
> *C'est le thème classique de la pauvre petite fille riche qui a accès à tout : vêtements de haute couture, restaurants chics de New York, lofts dans Soho, etc. C'est le monde des femmes à la maison de Mill Valley, et de la gloire sur Broadway. C'est une belle histoire pour ceux qui veulent donner libre cours à leur imagination et qui ne se sentiront pas frustrés que Steel n'entre jamais à l'intérieur de la jolie petite tête de Bettina.*

Le père de Danielle avait seulement 64 ans lorsque le *New York Times* annonça son décès. John Schulein-Steel, «mari de Kuniko, père de Danielle, grand-père de Beatrix et de Nicholas», mourut en 1978. Le service eut lieu le 19 mai chez Frank E. Campbell, coin Madison Avenue et 81e, près de son appartement de la Cinquième Avenue. Heureusement, Danielle et son mari, Bill Toth, avaient pu le voir peu avant sa mort.

John Schulein-Steel avait fait son testament le 22 mars 1976 devant trois témoins. Il y exprimait le désir qu'il n'y ait pas de service religieux en son honneur sur les lieux de son enterrement, au cimetière Woodlawn dans le Bronx. Sa femme et son avocat servirent d'exécuteurs testamentaires. Pour ce qui est de l'héritage, Kuniko Schulein-Steel reçut les trois-quarts de ses biens et Danielle, le quart.

John Schulein-Steel demandait également par testament, sans cependant l'exiger, que Danielle permette à la famille de Kuniko de choisir tous les objets d'art japonais de sa succession.

Ses restes reposent sous la même pierre tombale que ceux de ses parents, sur laquelle on peut lire les noms et les dates de naissance et de décès des membres de la famille : Julius, 24-12-1881 / 20-4-1959, Minni Laura 16-8-1893 / 27-11-1970, John H. Schulein-Steel 26-1-1917 / 17-5-1978.

Durant son mariage avec Bill Toth et au cours de la période de profond chagrin qu'elle vécut après la mort de son père, Danielle s'enferma dans son cabinet de travail et produisit des romans. L'écriture devint sa façon d'échapper à son affliction et à son angoisse d'avoir à soutenir sa famille avec les honoraires d'une romancière pigiste.

Pendant son mariage à Bill Toth, de mai 1978 à mars 1981, Danielle publia sept ouvrages : *Leur promesse* (1978), *La fin de l'été* (1980), *Au nom du cœur* (1980), *Le don de l'amour* (1980), *L'anneau de Cassandra* (1980), *Love Poems* (1981) et *Un parfait inconnu* (1981). Parmi ces titres, on trouve son premier roman vendu à plus d'un million d'exemplaires dès le premier tirage, *Au nom du cœur*, son premier recueil de poésie, *Love Poems*, et son premier livre en grand format, *L'anneau de Cassandra* — dédié à Bill Toth —, qui fut aussi son premier roman historique.

Bill Toth affirme que Danielle était beaucoup plus «décontractée» à cette époque.

Danielle et Bill recevaient souvent à dîner dans la nouvelle maison sur la rue Green. Ils étaient entourés d'amis qu'ils aimaient beaucoup. «D'après moi, c'est à cette période qu'elle a commencé à changer. La haute société de San Francisco devenait de plus en plus importante pour elle.

«Je suis attiré par les femmes qui ont du caractère. Avec Danielle, j'étais donc tout à fait servi. Elle pouvait mener la barque sans problème. Mais, une fois de temps en temps, je disais NON. Et ça la rendait folle !

«Elle doit toujours avoir le contrôle, porter la culotte. C'est elle qui doit toujours tout diriger, continue Bill.

«Moi, ça me convenait. Je suis paresseux. Je ne me sentais pas menacé dans ma masculinité.»

Une critique de *Love Poems* parut dans le *Publishers Weekly* en décembre 1980 :

Écrits à la première personne, les poèmes sont émotifs et souvent dramatiques.

Les premiers expriment le ravissement de l'amour naissant, l'enchantement de la quête d'un amoureux ou de son apparition.

Suivent des poèmes parlant d'amours refroidies, de princes changés en crapauds, de cœurs brisés par l'amour perdu.

Les derniers poèmes du livre de Steel sont de nature plus joyeuse. Ils parlent du véritable amour enfin trouvé et du bonheur de donner naissance à un enfant. Ils portent des titres comme Clair de lune au soleil, Pleurs d'arcs-en-ciel *et* Du champagne dans mes souliers. *Ce sont de beaux petits bouts de poèmes, parfois un peu trop sucrés. Ils sauront sans contredit plaire aux amateurs de Steel.*

*

«Quand Danielle a commencé à avoir du succès, les "romans d'amour" sont devenus des "fictions romantiques contemporaines" dans sa bouche, raconte Bill. Elle harcelait sans cesse ses éditeurs pour qu'ils lui publient un livre en grand format, un signe ultime de réussite.

«Quand l'argent a commencé à entrer à flots, les VAMPIRES sont sortis de l'ombre pour lui dire ce qu'elle voulait entendre, pour lui lécher le cul et pour lui gonfler l'ego.

«Nous avions une bonne. Elle vivait avec nous sur la rue Green, dans sa chambre au sous-sol. Il y avait trois chambres à coucher et une salle de bain en haut, et en bas une grande cuisine, une salle à manger et un salon.

«Je lui ai fait un petit bureau dans le coin de la chambre. Je l'ai dessiné et d'autres gars l'ont construit.

«Quand elle écrivait, c'était comme si elle entrait en hibernation pour trois semaines. Je lui apportais ses repas. Je la traînais en dehors de son bureau pour qu'elle vienne se coucher. Elle finissait son travail en trois semaines.»

Mais les problèmes d'alcool et de drogue de Bill refaisaient surface de temps à autre. «Il n'y a pas plus sobre qu'elle, affirme Bill. Elle ne boit pas. Elle ne prend aucune drogue. Mais moi, je me suis remis à prendre de la drogue.»

CHAPITRE 11

BILL TOTH ET DANIELLE STEEL : LEUR PROMESSE

C'est une histoire qui va comme ça...

L'éditrice de *Delacorte Books*, Carole Baron, demanda un jour à son auteur à succès, Danielle Steel, ce qu'elle aimerait pour son anniversaire. «Un panneau d'affichage», aurait répondu Danielle. Un panneau d'affichage sur Sunset Boulevard, convient-il cependant de préciser, juste en face de chez Spago. Toujours selon l'histoire, Spago était le restaurant préféré de Jackie Collins — à cette époque une autre grande étoile du superagent Mort Janklow —, et de sa sœur, Joan Collins, alors vedette du populaire feuilleton *Dynasty*. Le panneau fut érigé rapidement. On y voyait une très belle photographie de Danielle Steel, avec l'inscription *L'Amérique lit Danielle Steel*, le tout placé EN PLEIN SOUS LEUR NEZ. Tous les producteurs, les directeurs, les vedettes des médias pouvaient le voir lorsqu'ils dînaient chez Spago. Danielle Steel avait fait du chemin.

*

Imaginons la scène suivante...

Nous sommes à la fin des années soixante-dix. Le 747 en provenance de San Francisco approche de sa destination. Le train d'atterrissage sort, l'avion s'aligne sur la piste. Danielle s'agrippe à l'épaule de Bill. Ce n'est pas seulement par crainte de l'avion qu'elle se cramponne à son mari. Une extrême excitation la saisit à l'idée de son retour fracassant à Manhattan, cette reluisante Bagdad-sur-Hudson. New York, la ville qui l'a vue naître et grandir, là où elle a fait ses études, où elle a vécu son premier mariage, donné naissance à son premier enfant, et trouvé son premier emploi.

*

C'est la version écrite qu'elle tira du film *Leur promesse* qui, en 1978, donna à Danielle assez de notoriété pour prétendre à un panneau d'affichage à Hollywood. *Leur promesse* devint la porte d'entrée de Danielle dans le monde des gros sous et des grosses affaires, le monde de l'édition et de la promotion à New York. Et Bill Toth, son mari, était l'homme qui lui donnait le bras.

*

Imaginons encore une scène comme celle-ci...

Danielle et Bill Toth atterrissent ensemble à New York. Danielle est coiffée d'une toque de vison, imaginons... ou est-elle plutôt enveloppée d'une écharpe de zibeline ? Elle porte un pantalon de gabardine, un riche tricot en cachemire, ses *Gucci* préférés peut-être, un sac Hermès vert pomme et de vrais bijoux.

Bill, en garçon terre à terre et pas compliqué, porte ses mocassins favoris un peu usés, un vieux ceinturon brun en cuir orné d'une boucle de laiton, une paire de jeans, une chemise de cow-boy et un joli blazer Pierre Cardin que Danielle lui a acheté pour ajouter un peu de classe à sa garde-robe. (Cardin était le préféré des personnages masculins de Danielle à cette époque.) L'hôtesse de l'air fronce peut-être un peu les sourcils avant qu'il ne se décide à éteindre la dernière cigarette de Danielle, tout en agitant négligemment les glaçons fondants dans le verre qu'il tient à la main. «Ne t'en fais pas, mon lapin, dit-il pour rassurer Danielle en même temps que lui-même, tout va marcher comme sur des roulettes, nous allons être au sol dans quelques minutes.»

*

À travers le hublot, la silhouette majestueuse de Manhattan fait sentir sa présence : l'*Empire State Building*, le miroitement de Broadway, le *World Trade Center* et *Uptown*, la masse noire de Central Park.

Toute l'apparence de Danielle cadre merveilleusement avec l'idée qu'on se fait d'une romancière à succès. Mais elle n'a même pas encore produit un seul best seller !

Danielle avait le don de se distinguer par sa tenue vestimentaire. Personne ne portait de chapeau à la fin des années soixante-dix. Personne, sauf Danielle Steel.

Danielle n'aurait pas pu se rendre à New York aussi confortablement si elle n'avait pas suivi à San Francisco un cours pour vaincre sa peur de l'avion. Après le cours, «les diplômés» vérifiaient leurs «acquis» en prenant un avion reliant San Francisco à Los Angeles. Danielle triompha et déborda de joie lorsqu'on lui remit son «certificat de vol».

Dorénavant, elle ne pouvait plus invoquer sa peur de l'avion pour justifier son hésitation à faire la promotion de ses livres.

Danielle approchait du cœur de Manhattan sur la banquette arrière d'une silencieuse limousine noire mise à sa disposition par sa maison d'édition. Elle était en route vers le très sélect hôtel Carlyle, où John F. Kennedy gardait jadis une suite en permanence. Danielle n'était pas une débutante. Elle avait déjà publié deux livres de poche originaux, *Going*

106

Home en 1973, et *Les promesses de la passion* en 1976. Mais maintenant elle revenait finalement à New York en mission officielle de promotion, une véritable débauche de publicité pour sa version de *Leur promesse*.

*

Leur promesse n'était pas un roman ordinaire, un des nombreux livres de poche originaux à être publiés, puis rapidement oubliés. En fait, *Leur promesse* n'était pas ce qu'il convient d'appeler un roman. Officiellement, il s'agissait d'une œuvre hybride que l'on a nommée une «romancisation». *Leur promesse* constituait l'élément-clé d'une stratégie de mise en marché élaborée par Universal MCA pour mousser les ventes de leur film du même titre.

Universal MCA décida d'orienter la campagne de promotion en prétendant que le film «était tiré du best seller de Danielle Steel.» Même si personne n'avait vraiment jamais entendu parler de Danielle Steel à cette époque, la puissance de la machine publicitaire et du marketing de la société cinématographique, alliée à l'écriture élégante de Danielle pourraient éventuellement, avec beaucoup de chance, propulser le livre sur la liste des best sellers.

C'était l'une des premières fois qu'on mettait en pratique la «théorie de la synergie», un concept très populaire dans les grands conglomérats d'aujourd'hui : faire la promotion d'un film en publiant un livre et vice-versa.

La théorie de la synergie se révéla un véritable cadeau de la part d'Hollywood à la vieille industrie du livre. Dans le cas de Danielle, cela voulait dire des centaines de milliers de romans originaux inondant le marché, et un battage publicitaire à la télévision et dans les journaux, en plus de la promotion pour le film lui-même.

Universal fut le premier studio d'Hollywood à créer en son sein un service distinct qui s'occupait exclusivement de «romancisation».

Le studio connut son premier grand succès de «romancisation» avec *Jaws II*, publié par Bantam en 1978. Le livre se vendit à trois millions d'exemplaires.

Les écrivains ne touchaient pas de droits d'auteur en vertu de ces ententes absolument inflexibles.

C'est dans ce cadre que l'écriture de Danielle fit pour la première fois l'objet d'une promotion aussi intensive. *Leur promesse* connut un succès immédiat. Le premier tirage du livre, de deux millions d'exemplaires, était déjà complètement épuisé à la fin de 1979.

Le scénario sur lequel le roman était basé raconte l'histoire d'un jeune homme (joué par Stephen Collins) et d'une jeune femme (Kathleen Quinlan) profondément amoureux l'un de l'autre. Ils font des projets de mariage, mais soudainement la jeune fille est victime d'un terrible accident d'auto. La méchante mère du jeune homme (Beatrice Straight) paie la fille, maintenant horriblement défigurée, pour qu'elle disparaisse. Celle-ci se fait refaire le visage par un chirurgien esthétique (Laurence Luckinbill). Le chemin des deux anciens amoureux se croise à nouveau et le garçon a le coup de foudre pour le nouveau visage de la jeune fille. Malgré une distribution impressionnante et le très bon travail du réalisateur Gil Cates, aujourd'hui directeur de l'École du théâtre, du film et de la télévision, et ancien président de la Guilde des réalisateurs (c'est lui qui devait éventuellement produire la soirée des Oscars), le film fut rapidement retiré de l'écran.

Mais l'œuvre de Danielle, basée sur le scénario de Garry Michael White, garda la faveur du public et se vendit à plus de trois millions d'exemplaires.

La maison d'édition se donna toutes les chances de réussite. *Leur promesse* fut publié avec deux différentes couvertures : une de couleur rose et une beige. *Leur promesse* séduisit le vaste public féminin qui avait précédemment fait de *Love Story* un succès retentissant. *Love Story*, ce conte romantique arrache-cœur, ce thème classique adapté à la saveur des années soixante, avait d'abord été un livre d'Erich Segal, professeur à l'université Yale, avant de devenir un long métrage en 1970.

Comment Danielle Steel réussit-elle à décrocher le contrat de rédaction de *Leur promesse* ?

Dell savait que beaucoup d'argent et d'énergie seraient investis dans ce livre à cause de Universal. Ils consultèrent donc la liste de leurs écrivains les plus prometteurs, de manière à choisir l'auteur dont la carrière pourrait le plus profiter d'un budget de promotion aussi considérable.

Le nom de Danielle sortit, et en dépit de certaines réticences, elle prit la sage décision d'accepter les dix mille dollars qui lui étaient offerts pour écrire le roman, dans l'espoir que son nom soit présenté au grand public. Après tout, elle n'avait vendu son premier roman, *Going Home*, que pour trois mille cinq cents dollars et avait obtenu à peine le double pour le deuxième. De plus, Danielle avait maintenant à son actif plusieurs romans, publiés ou inédits, et elle savait qu'elle ne pouvait plus se passer de l'écriture.

En 1978, grâce à la présence de son mari Bill Toth et d'une employée à plein temps, Danielle pouvait se permettre d'écrire jusqu'à dix-huit heures par jour dans le confort de sa maison sur la rue Green.

À l'aise dans une grande chemise de nuit en flanelle, Danielle se repliait dans le petit bureau que Toth lui avait fait aménager. Elle s'attelait alors au travail comme une bête de somme. Souvent, elle ne s'arrêtait même pas pour manger les aliments qu'on venait déposer tout près de sa porte. Une fois qu'elle avait commencé, elle ne pouvait plus s'arrêter. Dans la salle de bain, elle écrivait même sur les murs et sur le miroir.

*

Danielle hésitait probablement encore à faire la promotion du livre. Mais lorsque sa voiture s'engagea sous les lumières de la flamboyante marquise blanche et or de l'hôtel Carlyle et que le portier se mit à l'attention, elle fut contente d'avoir décidé de faire une entrée remarquée à Manhattan.

Auréolée de son rôle d'auteur promise à un grand succès, Danielle entra majestueusement dans les bureaux de Dell et se fit annoncer à Bill Grose, l'homme qui avait orchestré toute l'affaire.

Danielle fut présentée aux troupes : l'équipe de première ligne qui ferait sa promotion, ainsi que celle de son livre. On la félicita d'avoir entrepris ce voyage éreintant en dépit de sa peur de l'avion. Danielle avait apporté à chacun des petits présents en guise de remerciement pour le travail qu'ils avaient fait pour elle. Les colliers, les bracelets et les bibelots en argent qu'elle leur donna n'avaient rien des vulgaires imitations plaquées argent qu'on peut offrir en de pareilles occasions. Ils étaient magnifiques.

Tout le monde fut ravi. Tous la trouvèrent très généreuse et très attentionnée.

Même à cette époque, Danielle avait décidément le LOOK. Son image révélait quelque chose en elle de plus mûri et de plus raffiné. Elle contrastait avec les autres personnes de son âge présentes dans les bureaux de Dell. Ses cheveux toujours relevés formaient une chevelure magnifique, riche et sombre comme la nuit.

De même qu'on pouvait deviner malgré ses coiffures en chignon une chevelure sauvage, on pouvait deviner chez Danielle un tempérament indomptable. Pourtant, alors comme maintenant, en public comme sur la couverture de tous ses livres, ses cheveux étaient relevés.

Danielle portait de vrais bijoux. On n'avait jamais vu cela dans des salles d'édition.

S'agissait-il des origines européennes de Danielle ? Les Américains de la classe ouvrière ne sont généralement pas très portés sur les bijoux. Les membres du bureau pensaient que Danielle était Française. En réalité, elle était Américaine, une Américaine d'origine germano-portugaise éduquée à New York. Mais Danielle n'avait-elle pas laissé entendre qu'elle avait étudié en France ou quelque part en Europe ? Les personnes qui la voyaient pour la première fois dans ce bureau d'édition associèrent sa superbe allure à quelque chose d'européen. Quoi ? Personne ne savait le dire exactement. Chose certaine, elle ressortait comme une perle dans le monde peu élégant, il faut bien le dire, de l'édition.

Le nom de Mack Carter figurait toujours sur la liste des invités de Danielle aux soirées qu'elle donnait à l'occasion de la parution d'un de ses livres. L'éditeur du *Ladies' Home Journal* ne manquait pas une de ces soirées. À cette époque, il était le seul grand nom de l'édition qu'elle semblait connaître. Son amitié avec Carter datait du temps où elle travaillait avec la firme *Supergirls*. Le premier roman de Danielle évoquait un personnage masculin, un éditeur de magazine qui semblait modelé sur Carter. De nombreuses fois, elle l'avait remercié de l'avoir encouragée à écrire, à partir à San Francisco et à s'installer derrière sa machine à écrire pour rédiger. Il fait partie des quatorze personnes à qui le livre *Going Home* est dédié.

Au cours des folles journées consacrées à la promotion d'un livre, les éditeurs offraient souvent aux écrivains les services d'une confortable limousine pour faciliter leurs déplacements et leur enlever un peu de pression. Parfois, en une seule journée, les auteurs devaient accorder neuf ou dix entrevues, participer à des émissions de radio et de télévision, assister à d'innombrables cocktails, déjeuners, dîners et réceptions.

Mais les éditeurs ne payaient jamais pour loger des auteurs inconnus dans le luxe suprême d'un hôtel comme le Carlyle, où le prix d'une suite pour une nuitée équivalait au salaire hebdomadaire d'une secrétaire.

Danielle invitait les membres de Dell et tous les gens qu'elle connaissait en ville à de petites soirées dans sa suite du Carlyle. Le nombre grandissait sans cesse. Parfois, sa fille Beatrix, qui se faisait appeler Bede Lazard, l'accompagnait, tranquille, discrète et d'une politesse raffinée. Non loin d'elle, dans l'ombre, se tenait toujours une gouvernante.

Au cours des tournées de promotion, Danielle ne parlait jamais du père de Beatrix, Claude-Éric Lazard, ni aux éditeurs ni aux journalistes qu'elle rencontrait. Elle n'avait alors que le nom de Bill à la bouche.

Mais ne se débattait-elle pas pour gagner assez d'argent pour sa famille ? Ce thème revient souvent dans ses premiers romans. «Je n'ai certainement pas eu cette impression», se rappelle quelqu'un qui la connaissait alors. «Je crois qu'elle était tout simplement incapable de ne pas écrire.»

Ses éditeurs remarquèrent combien Bill et Danielle différaient l'un de l'autre. Elle avait le chic, le poli et l'aura européenne ; il était le gars ordinaire, peut-être un travailleur de la construction... beaucoup plus typiquement américain qu'elle. Mais cela ne les dérangeait pas le moins du monde. Elle aurait tout aussi bien pu être mariée au roi du Siam. Leur travail consistait à donner à Danielle le plus de place possible dans la presse.

Malheureusement, le magazine *People* et les journaux de New York ne semblèrent pas s'intéresser aux efforts déployés par les éditeurs de Danielle. Il ne daignèrent même pas regarder dans sa direction avant que *Leur promesse* n'ait commencé à figurer sur la liste des best sellers. «Il n'y avait pas de livre», disaient-ils. (Bien entendu, après le succès de

Leur promesse, People publia un bel article sur Danielle, sur son écriture, sur Bill et le bébé, et sur leur vie à San Francisco.)

Pour la Saint-Valentin, Dell donna une fabuleuse réception romantique en l'honneur de Danielle Steel dans le *Crystal Room* du *Tavern on the Green*, un restaurant féerique situé dans Central Park.

Danielle leur remit une liste d'invités, mais peu de gens se déplacèrent. «La salle était plutôt vide», se rappelle un invité.

*

Les éditeurs envoyèrent Danielle à une séance d'autographes. Mais elle ne jouissait pas comme maintenant de la loyauté d'un immense public. Ce fut pénible. Seules trois ou quatre personnes se présentèrent. Danielle fut charmante avec chacun et elle se comporta de façon on ne peut plus professionnelle pendant ce qui est reconnu pour être l'un des rituels les plus exigeants du monde de l'édition.

Les dirigeants de Dell ne connurent jamais l'existence de ses deux premiers maris.

Dell n'entendit jamais parler que de BILL, comment BILL était gentil et comment elle était follement amoureuse de BILL. Et c'est vrai qu'elle l'était !

Les personnes qui côtoyèrent Danielle lors de cette épuisante tournée de promotion et de publicité à New York remarquèrent à quel point elle était toujours tendre et amoureuse.

Une fois convaincue que la fatigue et le surmenage de la tournée de promotion contribueraient à sa carrière, Danielle se plia de bonne grâce à tout ce qu'on exigea d'elle.

Au départ, elle avait hésité à entreprendre cette campagne publicitaire, car personne ne la connaissait et elle craignait d'être placée dans des situations embarrassantes. Mais lorsqu'elle se décida à accepter ce rôle, elle le remplit avec beaucoup de brio et de bonne volonté. Son roman *Une saison de passion*, qui a probablement été écrit au cours de cette période de promotion raconte ce qu'elle a dû vivre :

Kate, l'héroïne, vient tout juste d'envoyer un roman à son éditeur. Elle range ses piles de papier et ses dictionnaires, en déclarant à sa bonne amie, Felicia, que son travail est fini et que c'est maintenant au tour de son éditeur de faire le sien et de prendre les mesures qui s'imposent pour vendre le livre. Kate ne veut pas se mêler de promotion, car cela la rend «mal à l'aise».

Son amie lui répond qu'au contraire elle ne doit pas manquer cette chance de tirer profit de la parution de son livre. Elle se doit d'en mousser les ventes, si elle veut un jour figurer sur la liste des best sellers et devenir une auteure reconnue. La publicité vante déjà son écriture, mais il lui semble nécessaire qu'elle participe aussi personnellement à l'effort publicitaire en faisant quelques apparitions publiques.

Quelques pages plus loin, on retrouve Kate dans le hall du *Beverly Hills Hotel*, peu de temps avant qu'elle ne soit l'invitée d'une émission inspirée du *Tonight Show* de Johnny Carson. Son livre connaît un grand succès et son fils, Tyge, profite de ces événements pour tenter de faire une fugue. L'agent new-yorkais de Kate choisit ce moment pour l'appeler et lui dire qu'elle doit faire une autre tournée de promotion, cette fois à Manhattan, pour aider le livre à se maintenir en tête de la liste des best sellers.

Son mari lui déconseille le voyage. Mais il sait qu'elle ira quand même car, dit-il, «tu as toujours été attirée par ce foutu jeu du succès». (Ce sont des termes que Bill Toth aurait très bien pu utiliser.) Elle s'envole pour New York et descend à l'hôtel Regency, une chose que ferait toute femme ayant une carrière sérieuse et un enfant à nourrir. Mais, elle ne tombe certainement pas dans le «foutu jeu du succès».

En décembre 1978 à New York, le *Publishers Weekly* publia une critique de *Une saison de passion* :

> *La belle et naïve Kate est dans sa première année à Stanford lorsqu'elle rencontre et tombe amoureuse de Tom Harper, un joueur étoile du football professionnel. Ses parents la renient quand elle décide de quitter l'université et d'épouser Tom.*
>
> *Harper vient d'avoir trente ans et n'accepte pas de voir sa carrière décliner.*
>
> *Il devient alcoolique et finit par se loger une balle dans la tête, laquelle lui cause de graves dommages cérébraux. Il survit, mais il n'a plus que l'âge mental d'un enfant de six ans. Kate le place dans une institution et commence à mener la vie retirée d'une veuve avec l'enfant qu'elle a eu de Tom.*
>
> *Kate se met à l'écriture. Six ans plus tard, elle publie un roman sur le football qui se hisse sur la liste des best sellers. Sa vie en est transformée.*
>
> *Elle accepte de faire la promotion du livre à la télévision et tombe amoureuse du producteur de l'émission, un homme parfait sous tous rapports. Kate hésite à lui révéler l'existence de Tom, mais la vérité finit par être connue. L'amour triomphe et annonce la fin heureuse et prévisible de cette histoire chaleureuse, quoique parfois un peu lente, écrite par l'auteur de* Leur promesse.

Dans la vie de tous les jours, Danielle Steel n'était pas celle que l'on connaît aujourd'hui. Elle commençait sa carrière et Dell essayait d'en faire un gros nom dans le domaine de l'édition. On espérait qu'en faisant de *Leur promesse* un best seller, Danielle deviendrait une grande vedette. C'est ce qui se produisit.

Les éditeurs de Danielle ne sentaient pas chez elle un goût effréné d'argent. Ils savaient que ce n'était pas l'appât du gain qui lui dictait sa ligne de conduite. Danielle ne pouvait tout simplement pas se passer d'écrire. Ses collègues féminins n'en revenaient pas de sa capacité de travail. «Quelqu'un peut-il la retenir un peu ?» plaisantaient-elles ensemble à la maison d'édition en essayant de lui emboîter le pas.

Dans ce temps-là , elle écrivait encore la nuit, seule sous l'éclairage de sa lampe de travail. Elle commençait souvent vers vingt-deux heures et finissait vers trois ou quatre heures du matin.

Elle sortait livre sur livre, tout en écrivant aussi des poèmes pour *Cosmopolitan, Ladies' Home Journal, Good Housekeeping* et *McCall's*. En 1980, Dell publia un recueil de ses poèmes sous le titre de *Love Poems*, qui fit aussitôt l'objet d'une critique littéraire. On la percevait à l'époque comme une femme romantique et fragile, une petite fleur qui aimait lire de la poésie et dont les romans d'amour découlaient tout naturellement de cette passion.

Aujourd'hui, tout le monde ne parle que de John Grisham. Mais Danielle reste le romancier le plus connu au monde avec Stephen King. Tous les livres de Danielle Steel qui paraissent sont entourés de la bande dorée portant l'inscription *America's #1 Best Seller*. C'est étonnant, mais de tous ses premiers romans, *Leur promesse* fut le plus populaire. C'est celui qui récolta aussi le plus de lettres d'admirateurs. Étrangement, son scénario romantique avait été imaginé par un *homme*.

*

Leur promesse initia le public américain à quelque chose d'entièrement nouveau, «le roman à la Danielle Steel», un style qui n'était pas sans rappeler le phénomène Jacqueline Susann. La mort de Jacqueline Susann, en 1974, mettait fin à la carrière de l'auteur la plus lue au cours des années soixante et soixante-dix. Danielle Steel confia à *Good Housekeeping* que Jacqueline Susann était l'auteur qu'elle avait le plus admiré dans sa jeunesse. Plus tard, Danielle retira ses paroles pour expliquer qu'elle admirait uniquement son succès. Le livre de Jacqueline Susann, *La vallée des poupées,* s'est vendu à plus de vingt-deux millions d'exemplaires.

À la fin des années soixante-dix, aucun livre sur le marché ne ressemblait vraiment aux romans de Danielle. Il y avait les romans d'amour en série, des livres de poche de 192 pages, numérotés et publiés par Harlequin ou Silhouette. Il y avait aussi les romans d'amour qui ne faisaient pas partie de séries et qui paraissaient périodiquement au même titre que les romans appartenant à d'autres genres.

Mais Danielle écrivait des histoires d'amour «contemporaines» très différentes de tout ce qui se faisait à l'époque. Des histoires totalement uniques.

Les éditeurs commencèrent à se rendre compte que les romans de Danielle présentaient toujours des héroïnes à qui il était possible de s'identifier. Peut-être celles-ci faisaient-elles des erreurs, mais elles étaient toujours pleines de bonne volonté ; peut-être souffraient-elles, mais au bout du compte elles réussissaient toujours à gagner le cœur de l'homme qu'elles aimaient. Le cadre de l'action se situait dans le décor de la belle ville de San Francisco. De plus, l'écriture de Danielle était exempte des détails sordides, des motifs de vengeance et des scènes sexuelles vulgaires qu'on pouvait trouver dans les livres de Harold Robbins ou de Jacqueline Susann, les maîtres des années soixante-dix.

Tout était une question de *timing* pour Danielle. Et le sien fut parfait. Elle était la femme idéale en ce début des années quatre-vingts.

*

Les prix montaient dans le domaine de l'édition.

«On ne trouve plus beaucoup de ces auteurs qui écrivent dans des mansardes mal chauffées de nos jours. On les voit plutôt bien installés dans une grosse maison sur le bord d'une piscine ou au volant d'une superbe Rolls-Royce», affirme Oscar Dystel, l'ancien directeur de Bantam Books.

Les profits pouvant être produits par les auteurs reconnus (ceux dont les noms garantissent presque des best sellers) étaient si faramineux, que les éditeurs commencèrent à rechercher de futurs auteurs de best sellers. Avec *Leur promesse*, les yeux de la société d'édition Dell se posèrent sur Danielle Steel.

À cette époque, on commençait dans le monde de l'édition à mettre de côté le vieux concept du livre en grand format pour favoriser la parution en masse des livres de poche.

Phyllis Westberg, la première agente de Danielle, était membre de la très ancienne et très prestigieuse agence littéraire Harold Ober de New York.

Mais une nouvelle force était en train d'émerger dans le monde littéraire, celle du superagent. Ne citons comme exemple que la vente des droits du roman de Judith Krantz, *Princess Daisy*. Le superagent Mort Janklow réussit à décrocher un contrat de trois millions de dollars pour ce livre.

Souvent d'anciens avocats, les superagents se servent de leurs talents d'orateurs pour négocier les meilleurs arrangements pour leurs clients.

Avant que ce type d'agents n'apparaisse sur la scène de l'édition, expliqua Janklow à un reporter, «les éditeurs traitaient les écrivains comme des enfants. Personne ne leur disait jamais rien...» Les éditeurs qui avaient quelqu'un comme Danielle Steel sous contrat ne l'appréciaient pas vraiment ou ne se rendaient pas vraiment compte de sa valeur. «On dirait que les éditeurs ont besoin de quelqu'un pour leur dire qu'ils ont un bon jugement», continue Janklow. Ils ont besoin que le *Ladies' Home Journal* leur dise qu'ils vont acheter les droits de la série.»

L'action combinée des médias, des films, de la télévision, des livres de poche, des superagents et des années quatre-vingts devait faire de Danielle Steel une femme très riche.

Mais d'abord, elle dut faire face sur le plan personnel à des problèmes sérieux. Comme la peur d'être kidnappée.

CHAPITRE 12

SOUVENIRS D'AMOUR

*Écoutez, j'ai tellement peur que si vous respirez même un
peu trop fort, je vais vous faire éclater la cervelle.*
Premiers mots de la femme policier
arrêtant Danny Zugelder

Danny Zugelder obtint sa libération conditionnelle de la prison de
Vacaville environ dix mois après le mariage de Danielle avec Bill Toth.
Il avait passé cinq ans en prison depuis sa condamnation pour viol.

On disait qu'il en voulait à Danielle.

A. Savedra, son agent de probation à San Francisco, écrivit dans son
évaluation : «C'est un homme imposant qui m'impressionne à plusieurs
égards.

«Danny s'intéressait beaucoup à l'éveil de la passion dans les
relations avec les femmes, continue Savedra.

«Il m'a impressionné physiquement, mais il est aussi très alerte
intellectuellement. Il pourrait réussir à l'université», continue encore
Savedra. Danny révéla à Savedra qu'il aimerait être riche.

C'était un mois avant la série d'actes criminels qu'il commit en
1979.

*

Danny Zugelder sortit de prison et passa en voiture tout près de la
nouvelle maison de Danielle. Il n'avait pas consommé d'alcool ni de
drogues depuis sa sortie de prison. Mais il révéla plus tard à des policiers
que de voir Danielle tenant un bébé dans ses bras devant un «manoir»
sur la rue Green, lui avait fait oublier toutes ses années de bonne
conduite et son existence de prisonnier modèle. Il fut incapable
d'accepter l'évidence de ce que sa vie était devenue comparativement
à celle de Danielle.

Danny ne se défoula pas sur Danielle, pour autant qu'on le sache.
Mais sa rage l'aiguilla sur un chemin d'alcool et de drogues. Il
consomma de la méthédrine et commit une série d'actes violents dans
une folle équipée qui devait le mener de San Francisco jusqu'au
Colorado.

L'année 1979 fut une réplique de l'année 1974. Il agressa une femme. Il kidnappa une infirmière et la viola.

Il se présenta au travail après l'agression du 9 mai, mais n'y alla pas, semble-t-il, après son attaque du 13 mai. Il apprit d'une façon ou d'une autre que la police le recherchait. Il travaillait alors pour la firme d'architectes où Danielle lui avait trouvé un emploi six ans plus tôt. Lorsque la police se mit à enquêter, il disparut. Il avait rencontré une femme avec laquelle il vivait. Quand la police l'interrogea, elle répondit qu'après s'être levé, Danny était allé travailler comme d'habitude, mais qu'elle n'avait plus entendu parler de lui.

La police de San Francisco soupçonnait Zugelder d'être l'auteur du viol, principalement à cause de la description qu'on avait donnée du criminel, qu'on dépeignait comme un homme musclé mesurant environ deux mètres.

Zugelder était maintenant un récidiviste en cavale dans la ville de San Francisco. Selon son dossier, il avait déjà été condamné pour détournement de mineur avant même d'avoir rencontré Danielle.

La police vint interroger Danielle ainsi que l'ancien voisin de Zugelder, Dan Talbott.

Mais Zugelder entra-t-il en contact avec Danielle ?

Danielle révéla à un ami de New York qu'elle devait recourir à des services de sécurité 24 heures sur 24. Elle avoua de plus à un autre ami qu'elle avait reçu des menaces effroyables et qu'elle avait de bonnes raisons de prendre des précautions. À la lumière de ces déclarations, nous avons toutes les raisons de croire que Danny était entré en contact avec elle. Danielle se sentit terriblement soulagée lorsque Zugelder fut arrêté au Colorado.

Après avoir quitté l'emploi que Danielle lui avait procuré, il se rendit dans le Marin County, de l'autre côté du *Golden Gate Bridge.*

Il fut d'abord impliqué dans une affaire de drogue qui se termina en fusillade avec les policiers qui venaient arrêter les trafiquants. Selon un des policiers qui effectuèrent la rafle, le groupe de criminels dont il faisait partie était probablement sous les effets de l'héroïne ou des amphétamines. Danny s'échappa.

Zugelder fut impliqué dans d'autres activités criminelles dans le Marin County. Mais le principal coup auquel il participa, celui d'ailleurs qui le fit prendre, fut l'attaque de la banque à Santa Rosa.

Ce vol de banque attira l'attention du FBI qui savait déjà que la police de San Francisco le recherchait pour le viol d'une infirmière et pour l'agression d'une autre femme.

C'est alors que le FBI le relia à la fusillade, au vol de banque et aux cas d'agression et de viol à San Francisco. Mais Zugelder était déjà en route pour le Colorado.

Danny Zugelder n'avait pas besoin de revolvers ni de couteaux pour intimider les gens. Sa seule stature suffisait à en imposer.

Le FBI le plaça sur une liste de personnes recherchées à l'échelle nationale. Il fut arrêté au Colorado par une femme policier qui s'approcha tranquillement de sa voiture par derrière, sortit son revolver et lui dit, selon le procureur chargé de l'affaire : «Écoutez, j'ai tellement peur que si vous respirez même un peu trop fort, je vais vous faire éclater la cervelle».

«Il lui a flanqué une frousse du diable», affirma l'avocat. La policière avait bien raison de craindre ce colosse : il venait de violer une jeune fille qu'il avait séquestrée, en la menaçant d'une carabine à canon scié et d'un couteau.

*

Le coffre de la voiture conduite par Danny Zugelder contenait deux plaques d'immatriculation de la Californie, lesquelles avaient été déclarées volées à San Francisco, et deux boîtes de cartouches dans un sac en papier brun.

Le constable qui arrêta Zugelder, Beth Bascom, révéla plus tard à la cour qu'elle avait eu la nette impression que Zugelder aurait tenté sa chance de fuir en se servant de son arme si elle n'avait pas été appuyée par deux autres voitures de police.

Le FBI fournit son aide pour l'identification du criminel. L'agence fédérale rapporta aussi à la cour que Danny Zugelder était également recherché en Californie pour viol, enlèvement, agression et vol de véhicule.

Zugelder fut jugé au Colorado en 1979.

Il purge maintenant une sentence de prison de quarante-cinq ans au Colorado. Il sera admissible à la libération conditionnelle dans quatre ans.

*

Deux ans après son procès au Colorado, le service de police de la ville de San Francisco le fit passer en jugement à San Francisco sous les accusations d'enlèvement, de viol, de vol et d'agression avec une arme meurtrière.

Dans l'avion qui l'emmenait à San Francisco, on lui avait entravé les jambes, sauf au moment du départ et de l'arrivée, et on l'avait assis dans la dernière rangée, bien entouré de plusieurs agents de police. Danny était assez intelligent pour savoir que sa sentence serait moins lourde s'il consentait à plaider coupable. Il faisait déjà face à une lourde peine au Colorado... Il plaida coupable. Il purge sa peine simultanément avec celle du Colorado.

*

Dans *Au nom du cœur*, Danielle raconte l'histoire d'une femme dont le mari a été kidnappé et tué, et qui craint que son petit garçon ne soit la prochaine victime. On reconnaît bien ici la manière de Danielle Steel. Elle a toujours su utiliser les situations cauchemardesques et menaçantes de sa propre vie pour renforcer sa volonté de réussir, pour approfondir la puissance de son écriture et pour produire ses romans encore plus rapidement. Son éditeur prévoit un premier tirage d'un million d'exemplaires pour ce livre. Et qu'importe que son second mari soit en train de terroriser la Californie et le Colorado, qu'importe que son mari actuel, Bill Toth, commence à se comporter de façon étrange, ne rentrant parfois plus à la maison le soir. C'est elle qui l'emporterait.

Voici la critique que le *Publishers Weekly* fit de son roman :

Isabella a tout ce qu'elle peut désirer : un mari aimant et un enfant adorable, une entreprise de haute couture florissante et une extravagante villa romaine. Peu après qu'une amie intime lui ait conseillé de ne pas faire étalage en public de son nouveau diamant de dix carats, son mari est enlevé par des ravisseurs. Les kidnappeurs exigent une rançon de dix millions de dollars. Isabella réunit cette somme, mais les ravisseurs tuent son mari avant qu'elle n'ait pu leur remettre l'argent.

Épouvantée à l'idée que son fils pourrait devenir leur prochaine victime, Isabella s'enfuit avec lui à New York, où ils s'installent avec l'ancienne camarade de chambre d'Isabella, Natasha. Isabella consacre tout son temps et toutes ses énergies à diriger par téléphone son entreprise de couture et se risque rarement à l'extérieur de l'appartement de Natasha.

Après avoir d'abord repoussé ses avances, Isabella se permet de tomber amoureuse de Corbett, un ami de Natasha. Leur relation semble définitivement rompue lorsque Isabella apprend que l'entreprise de Corbett essaie sans succès d'acquérir la sienne. Elle l'accuse de se servir de son cœur pour mettre la main sur son entreprise. Mais Steel, l'auteur de Leur promesse *et de* La fin de l'été, *maîtrise l'art des fins heureuses plausibles, une qualité qu'elle démontre encore une fois dans ce récit plaisant et très bien construit.*

*

Lorsque Danny Zugelder fut mis hors d'état de nuire, derrière les barreaux de sa prison du Colorado, Danielle s'occupa des problèmes qui rongeaient son foyer.

Depuis quelques temps, de terribles disputes éclataient sous son propre toit entre elle et son mari. Bill, qui se tenait loin de la drogue au début de sa relation avec elle, recommençait à s'adonner de temps à autre à son ancienne passion, l'héroïne. «Danielle est on ne peut plus sobre, raconta Bill plus tard. Elle ne boit pas, elle ne prend aucune drogue. Mais moi, je me suis remis à prendre de la drogue. Puis, je me suis repris en main et j'ai arrêté. Je pensais qu'on reviendrait ensemble.

«Danielle est alors partie pour New York, continue Bill. Ensuite, elle est allée en vacances à Stinson. Je ne sais pas si les avocats avaient déjà commencé à travailler sur notre cas.

«Un jour, elle est revenue et elle a arrêté de coucher avec moi.

«ELLE pleure sur mon épaule, dit Bill, et demande le divorce. C'est ELLE qui me demande le divorce. Pourquoi pleure-t-elle ?

«Puis, les avocats se sont mis à l'œuvre.»

Danielle dédia son premier livre en grand format à Bill Toth «qui a dit que je pouvais». Elle remercia aussi spécialement Eva McCorkendale du consulat allemand à San Francisco et Nancy Eisenbarth, qui avaient toutes deux aidé à la recherche.

L'anneau de Cassandra fut le premier roman historique de Danielle. Ce livre s'intéresse à une période de l'histoire qui la fascine, la période entre la Première et la Deuxième Guerre mondiale. On fit la promotion du livre en prétendant qu'il s'agissait d'une histoire basée sur des faits réels étant survenus dans la famille de Danielle en Allemagne. Son éditeur annonça un premier tirage de soixante-cinq mille exemplaires. Le livre fut choisi par la *Literary Guild* et par le *Doubleday Book Club*, une étape majeure dans sa quête pour devenir une auteur reconnue.

Le *Publishers Weekly* en fit une critique le 19 septembre 1980 :

> *Même si cet ouvrage marque ses débuts dans le livre en grand format, le nouveau roman de Danielle Steel reste très proche du style et du ton de ses romans d'amour en livre de poche publiés par Dell.*

> *Prétendument basée sur des événements réels survenus dans la famille de Steel, l'intrigue met en scène tous les éléments d'un feuilleton, y compris une histoire d'amour entre deux jeunes gens dont les parents avaient jadis été mariés l'un à l'autre (à la manière de la «Saga des Forsyte» qui fit cependant mieux). Elle relate en outre une coïncidence qui réunit un frère et une sœur, après vingt-sept ans de séparation.*

> *L'action se situe dans le Berlin d'avant-guerre. Cassandra von Gotthard, une beauté à couper le souffle, a une liaison avec un écrivain juif. Leur amour prend brutalement fin lorsqu'il est assassiné par les nazis. Cassandra se suicide, laissant dans le deuil un mari aristocrate, sa fille Ariana, qui rivalise de beauté avec sa mère, et un fils, Gerhardt. Elle laisse aussi en héritage deux énormes anneaux qui reviennent constamment dans l'histoire.*

> *Séparée de sa famille par une cruelle ironie du sort, Ariana essuie toute une gamme d'affronts des nazis jusqu'à ce qu'elle soit sauvée par un officier allemand idéaliste qui l'épouse. Celui-ci périt au cours des derniers jours de la guerre.*

Ariana entreprend une difficile odyssée qui l'amène finalement jusqu'au États-Unis, où de nouveaux malheurs l'attendent. Après plusieurs autres épreuves, elle assure son bonheur et celui de son fils grâce aux anneaux de sa mère, le symbole d'une famille de nouveau réunie par la puissance de l'amour.

Le roman *Le don de l'amour* de Danielle avait fait l'objet d'une critique le mois précédent dans le *Publishers Weekly*. On en fit la promotion de concert avec *L'anneau de Cassandra*. Danielle était encore une inconnue. Le critique épela même son nom incorrectement.

Bien entendu, *Le don de l'amour* fut probablement écrit juste après le décès de son propre père, en 1978. Le roman décrit les déboires d'une jeune femme aux prises avec les affaires en déroute de son père qui vient de mourir. Peut-être Danielle avait-elle vécu les mêmes difficultés à la mort de son père, car celui-ci semble n'avoir été qu'un consultant auprès de l'entreprise d'alimentation du père de celui-ci, la Presco-Vegex.

*

Après la désintégration de son mariage avec Bill Toth, Danielle commença à fréquenter Thaddeus Golas, un pompier également acteur et modèle. Il incarnait l'image même du bel Adonis que les San-Franciscains des années soixante-dix affectionnaient et appelaient «Brebner face», influencés en cela par l'agence d'acteurs et de modèles pour les messages publicitaires d'Ann Brebner.

«C'est une personne merveilleuse», dit de lui Ann Brebner. «Aimable et simple. Je l'aime beaucoup. Je me rappelle effectivement qu'il soit sorti avec Danielle Steel.»

Thaddeus Golas amorça sa carrière d'acteur quand il fut choisi pour représenter monsieur tout-le-monde dans un message publicitaire vantant les mérites d'un médicament contre la congestion nasale et les maux de tête. Thaddeus A. Golas fut vu pendant plus d'un an dans cette publicité. Or, comme son nom apparaissait à l'écran, cela porta à confusion avec un autre habitant de San Francisco, Thaddeus S. Golas, l'auteur d'un volume intitulé *The Lazy Man's Guide to Enlightenment*. («La portée de ses intérêts métaphysiques, raconte Thaddeus S. Golas à propos de Thaddeus A. Golas, se limite à courir les week-ends les plus à la mode, une sottise à laquelle je ne participerais jamais.»)

Thaddeus A. faisait partie de l'escouade d'urgence du service des incendies à l'aéroport de San Francisco. Il apparaissait à l'écran et disait: «Je l'utilise et je suis pompier.»

«Il était très beau, très charmant», se rappelle Ann Brebner.

Cette publicité lui permit d'obtenir sa carte de membre de l'Union des acteurs de cinéma. Il tint de petits rôles dans quelques films, figura au générique du film *Star Trek* avec les baleines et fit quelques épisodes de la série télévisée *Les rues de San Francisco*.

Danielle dédia son livre *Palomino* à Thaddeus. Pour sa parution, les éditeurs de Danielle continuèrent leurs expériences de marketing. *Palomino* fut publié dans un format un peu plus grand que la plupart des livres de poche originaux, mais à 6,95 $, un prix plus avantageux que celui d'un livre en grand format. Le roman décrivait l'histoire d'un cowboy assez beau pour prendre la place de celui qui faisait la publicité des cigarettes Marlboro.

Ce roman renforcera l'impression de ceux qui persistent à croire que les femmes, même ambitieuses et carriéristes, sont touchées par l'attrait animal des machos, railla le critique du Publishers Weekly.

Samantha Taylor est une jeune femme de carrière, intelligente, pleine d'avenir, et blonde de surcroît. Elle est la directrice artistique de la deuxième plus importante agence de publicité de New York. Son succès constitue une menace pour son mari, John, qui l'abandonne bientôt pour une femme plus effacée. Pour lui permettre de surmonter cette crise, le patron de Samantha lui suggère d'aller passer six mois auprès d'une vieille amie qui possède un ranch en Californie.

Dès son arrivée, cette femme de carrière habituée au rythme effréné de New York tombe amoureuse de l'un des cowboys, le taciturne Tate Jorden. Mais leur bonheur est de courte durée. Le fier Jorden disparaît soudainement lorsqu'il se rend compte qu'il ne peut y avoir de solution aux différences qui les séparent. Il faut un accident dramatique laissant Samantha paralysée des deux jambes pour réunir les deux amoureux.

Danielle Steel nous a habitué à un style léché et convaincant, mais son intrigue conventionnelle ne nous réserve aucune surprise.

Toutefois, le cow-boy de la vraie vie, celui qui sortait avec Danielle, Thaddeus Golas, faisait quant à lui l'objet des chroniques mondaines de San Francisco. Elles ne le considéraient pas comme un acteur, ni même comme un modèle, mais comme un membre de la classe ouvrière, un simple pompier.

Danielle commençait à tenir de plus en plus de place dans les chroniques mondaines. La presse avançait qu'elle était un bon parti avec ses sept millions de dollars gagnés en droits d'auteur. Thaddeus S. rappela à Thaddeus A. que «dans ce milieu, si tu n'as pas d'argent, tu n'es qu'un jouet».

Mais Thaddeus A. Golas, le pompier, s'était construit une petite sécurité financière bien à lui.

Son travail de pompier à l'aéroport de San Francisco était bien rémunéré par la ville. Il travaillait neuf jours de suite et était ensuite libre le reste du mois. La ville donnait également à ses employés une pension très confortable.

Et Thaddeus était inventif : il n'écrivait pas comme Danielle, mais il créa et enregistra sur vidéocassette, une série d'émissions culinaires. Les femmes l'adoraient.

Toujours selon Thaddeus S., «Thaddeus A. découvrit que Danielle voulait l'épouser et avoir des bébés».

*

Pendant son mariage avec Bill Toth, Danielle avait acquis une réputation mondiale. Ses livres avaient été traduits en seize langues et avaient été vendus «à environ trente millions d'exemplaires», affirme Danielle.

Selon ses propres dires, Bill Toth s'était repris en main et avait arrêté de consommer de la drogue. Il présumait que lui et Danielle se remettraient de nouveau à vivre ensemble dans la même maison. Il s'était installé à l'hôtel *El Driscol*, le seul de Pacific Heights (un hôtel plutôt défraîchi). Danielle y passait parfois du temps elle-même, toujours selon Bill.

Mais leur histoire d'amour sporadique devait bientôt prendre fin de façon définitive.

L'attraction initiale de Danielle pour Bill Toth semblait s'être transformée en une relation fictive avec Vasili, le héros tragique et magnétique de son roman *Souvenirs d'amour*, celui-là même que l'on surprend dans la salle de bain avec des allumettes, une cuillère et une seringue hypodermique. Un personnage qui s'apitoyait sur son sort lorsqu'il parlait de sa lutte contre la drogue, mais un homme tout de même tendre et gentil.

Le divorce de Bill Toth et Danielle fut prononcé le 6 mars 1981.

«Après, j'ai tout laissé tomber, se rappelle Bill Toth. Je suis retourné en prison.» Arrêté pour vol à l'étalage, il fut incarcéré dix mois à la prison de Folsom.

«Elle a essayé de me faire arrêter, se plaint Bill. Elle s'est arrangée avec la police...

«Elle a finalement réussi à me faire déclarer inapte. Je ne peux plus jamais voir l'enfant...»

Puis, les procès pour la garde de l'enfant commencèrent. Ils durèrent jusqu'en mai 1985. Danielle réussit à convaincre la cour de retirer au père ses droits de visite. Bill Toth dit ne pas avoir vu son fils depuis 1984. Nicholas a maintenant seize ans.

«J'étais amoureux d'elle, se rappelle-t-il.

«J'ai reçu un chèque de cinquante mille dollars comme règlement du divorce. C'était le plus gros chèque que je n'avais jamais eu. Maintenant que j'y repense, j'aurais dû demander plus d'argent. La moitié de ses revenus. Cela a été une grosse insulte pour moi.»

Tout en écrivant ses nombreux livres, Danielle faisait la une des journaux à cause de son divorce d'avec Bill Toth, son troisième mari.

Comme l'écrivit l'amie de Danielle, Pat Montandon, l'ancienne chroniqueuse mondaine du *San Francisco Examiner*, les apparitions de Danielle en cour tenaient du plus spectaculaire des romans. Elle se présentait dans la salle d'audiences dans des vêtements de haute couture, parée de bijoux, «flanquée de deux gardes du corps, trois avocats et un praticien de la Science chrétienne.»

«Je me suis toujours demandé», avoua Bill Toth à un autre reporter, «ce qu'une femme comme elle faisait avec un type comme moi.»

*

Une des raisons pour lesquelles le médecin ne vit pas Bill Toth au cours de la bataille juridique qui suivit le divorce et le procès pour la garde de l'enfant, réside dans le fait que Bill renouait avec son penchant pour l'héroïne, l'alcool et les autres drogues et qu'il devenait de moins en moins fiable.

L'ancien surfeur a une version personnelle très tarabiscotée des raisons pour lesquelles il ne se présenta pas au rendez-vous avec le psychiatre, de la façon dont Danielle lui joua un mauvais tour, et de la raison pour laquelle il manqua sa convocation en cour. On peut y entendre l'apitoiement sur lui-même d'un drogué qui n'a pas encore pris la responsabilité de ses actes, d'un homme qui met ses problèmes sur le dos de son ex-femme, du système, des avocats, de la police... de tout le monde, sauf de celui qui continue à avoir les problèmes.

L'espoir que suscitait Bill lorsqu'il était une personne digne d'admiration à Delancey Street, à la tête de l'entreprise de déménagement, s'était évanoui avec les années.

A présent, il conduit parfois un camion de livraison. Il dit avoir déjà apporté au vieux manoir de Danielle des articles de chez *Saks*, de la *Fifth Avenue*. Il passe parfois devant la maison des Traina pour essayer d'entrevoir son fils.

La plupart du temps, il est sans emploi, car il ne présente pas beaucoup d'intérêt pour un employeur. Il vit avec une femme et blâme Danielle de la tragédie qui l'a fait échouer dans sa vie prometteuse «d'ex-détenu de classe moyenne» travaillant à Delancey Street.

Lorsque Danielle quitta Bill, son existence s'ouvrit à la vie qu'elle décrivait dans ses livres depuis toutes ces années. Elle possédait maintenant l'équivalent d'une vie entière d'expériences de toutes sortes dans lesquelles elle pouvait puiser. Elle pouvait partager avec ses lectrices les leçons qu'elle avait apprises en côtoyant et en survivant aux «hommes à problèmes» qu'elle avait connus.

Elle se lia à la haute société de San Francisco, le milieu de son futur époux, John Traina. Elle fut un témoin privilégié de ce que les San-Franciscains appelèrent le carrousel des mariages et des divorces, qui entraîna dans sa ronde son amie Pat Montandon, la chroniqueuse mondaine du *San Francisco Examiner*, et son mari, le multimillionnaire Al Wilsey, tout comme John Traina et sa femme Dede Buchanan.

CHAPITRE 13

UN PARFAIT INCONNU

*...c'est un conte de fées des temps modernes qui fait revivre
l'histoire classique de la princesse prisonnière dans une
tour d'ivoire et du beau prince qui vient la délivrer.*
Extrait d'une critique de *Un parfait inconnu*
parue dans *Publishers Weekly*

Comment Danielle rencontra-t-elle John Traina ? «Danielle m'a dit que c'était à l'occasion d'un bal masqué», se rappelle une de ses connaissances d'alors. «Ils étaient tous deux mariés lorsqu'ils se rencontrèrent pour la première fois en costumes d'époque. Ils dansèrent ensemble et les choses se firent tout naturellement. John Traina devint le seul sujet de conversation qui l'intéressait. Il n'était pas libre lorsqu'elle le rencontra.»

The San Francisco Chronicle fit bientôt d'intéressantes révélations dans son carnet mondain sur la ronde des divorces dans la haute société :

*La haute société de San Francisco étant un petit monde
clos, un divorce déclenche parfois une série de réactions en
chaîne. Prenons Pat Montandon, qui épousa l'entrepreneur Al
Wilsey (une fortune de cent vingt-cinq millions de dollars) en
1969, trois ans après son bref mariage avec Mᵉ Melvin Belli.*

*L'une des meilleures amies de Pat Montandon était Dede
Traina, héritière de* Dow Chemicals, *fille de l'ancien chef du
protocole des États-Unis, Wilsey Buchanan, et épouse de John
Traina, un élégant expert-conseil maritime. En 1980, Dede et
Wilsey eurent une liaison.*

*La même chose se produisit entre Traina et Danielle Steel,
l'auteur de romans d'amour.*

*Wilsey quitta Pat Montandon pour Dede qui divorça de
John Traina. Une fois libre, Traina épousa Danielle Steel, qui
avait déjà été mariée trois fois.*

*Pour le mariage de Danielle Steel et de John Traina, on
transporta les invités sur une colline de la Napa Valley, où on*

leur servit du champagne à soixante-six dollars la bouteille, au son d'un orchestre de dix-huit musiciens. Deux chefs français officiaient en cuisine.

Pat Montandon, en pauvre femme abandonnée, dut se contenter de trois millions de dollars en propriétés et d'une pension de vingt mille dollars par mois. Dede Wilsey vendit sa maison de Pacific Heights à Danielle Steel pour plus d'un million de dollars. Ils vécurent tous heureux jusqu'à la fin de leurs jours.

Grâce aux divorces Wilsey et Traina, Danielle cessait donc enfin de fréquenter des voyous pour intégrer la haute société de San Francisco.

Bill Toth flamba son règlement de divorce en drogues et en alcool. Quelques mois après le mariage de Danielle, il se retrouva à la prison Folstrom, tandis qu'elle entrait dans le *jet set* de San Francisco et achetait la maison ayant autrefois appartenu à John Traina et Dede Buchanan Traina.

*

Pat Montandon s'épanouit au soleil et au contact de la belle société. C'était une jolie créature blonde, qui avait su se servir de ses charmes pour fuir Waurika en Oklahoma, où elle était la fille d'un prédicateur. Elle avait su se hisser au cœur de la société de San Francisco dans un appartement de Russian Hill, près de la maison de Danielle et Bill, sur la rue Green. Son frère, le Dr Carlos Montandon, vint pratiquer à Hillsborough, la banlieue chic de la ville où habitent les Hearst. Le mariage japonais de Pat Montandon et de Me Melvin Belli, lui-même une célébrité de San Francisco, fut déclaré nul en avril 1967, ce qui fit beaucoup parler dans toute la ville.

Sans doute pour se remonter le moral, Pat Montandon écrivit en 1968 un classique de la littérature populaire pour surmonter la dépression : *How to Be a Party Girl* [McGraw-Hill]. «Recevoir... est l'activité la plus féminine qui soit, écrivit Pat. Il faut faire appel à toutes ses ressources et se mettre en avant. C'est un don de soi. De nombreuses hôtesses ont peur de prendre des risques et de donner une réception. Après tout, si on ne fait rien, personne ne peut critiquer.»

Et la jolie blonde d'ajouter :«N'ayez pas peur de l'échec.» Ses idées apportaient une bouffée d'air frais dans la société étouffante du San Francisco des années soixante. «Créez quelque chose de nouveau», conseillait-elle à ses lectrices.

Selon *The San Francisco Chronicle*, Pat arriva à San Francisco en 1962 où elle trouva un emploi à la station de télévision KGO-TV comme présentatrice du film de l'avant-midi. À la fin de 1967, après l'apogée de l'Été de l'Amour à San Francisco, elle figurait sur la liste des hôtesses américaines les plus en vue publiée par le magazine *Esquire*.

En 1969, la présentatrice de l'émission *Pat Montandon's Prize Movies* se retrouva au lit dans son appartement du 1000 Lombard, souffrant de grippe et de pneumonie. Lorsque Alfred Wilsey appela la police pour demander une ambulance, elle se sentit soudainement mieux. «J'ai tellement vécu et j'ai tant de raisons de vivre, déclara-t-elle. J'ai une foi inébranlable en Dieu. Après tout, je suis la fille d'un prédicateur.» C'était l'année où elle épousa Al Wilsey.

En 1973, Pat commença à accueillir un cercle de femmes, le *Round Table*, où se côtoyaient mondaines et militantes dans l'appartement de deux étages qu'elle partageait avec son mari à Russian Hill.

Tous les premiers jeudis du mois, le splendide déjeuner de trois services qu'elle offrait à un groupe toujours renouvelé de douze invités représentait l'exemple parfait des principes qu'elle préconisait dans son livre sur l'art de recevoir.

Les invités confiaient leurs voitures à des portiers en livrée et prenaient l'ascenseur jusqu'au dernier étage. Là, dans le hall d'entrée, ils étaient reçus par un domestique qui les introduisait au salon pour l'apéritif. En 1974, Pat et la chroniqueuse Merla Zellerbach donnèrent un déjeuner *Round Table* réunissant : Jessica Mitford, dont l'ouvrage sur les prisons était sur le point de paraître ; Delia Fleishhaker, militante de Delancey Street ; Dianne Feinstein ; le Dr Lorel Bergeron, chirurgien esthétique ; et Eileen Hernandez, ancienne présidente de NOW (Organisation nationale des femmes). Dans une magnifique salle à manger percée sur les quatre côtés d'immenses fenêtres donnant une vue plongeante sur San Francisco, des serviteurs en uniformes noirs servaient des soufflés individuels et du vin dans des coupes de cristal. Au son des verres qui s'entrechoquaient joyeusement, Pat encourageait chacun et chacune à faire valoir son point de vue et à commenter les grandes questions politiques de l'heure. Dianne Feinstein, aujourd'hui sénatrice de la Californie, déclara lors de l'une de ces rencontres qu'elle trouvait Gloria Steinhem froide. (Elle ne l'avait toutefois jamais rencontrée.)

Pat Montandon déclara à un journaliste, qu'à son avis, la solidarité féminine était une force très puissante. «J'estime qu'il est très important que les femmes apprennent à être amies, à ne pas se craindre mutuellement... La femme a toujours défini son identité à partir d'un homme. Lorsqu'une autre femme attire l'attention de cet homme, elle se sent aussitôt menacée.»

Ces mots reviendraient hanter Pat lorsque son mari serait attiré par une autre femme : Dede Buchanan Traina.

Al Wilsey était un très riche San-Franciscain dont la fortune provenait de l'entreprise familiale fondée en 1919, immédiatement après la Première Guerre mondiale

La société Wilsey-Bennett était un fabricant spécialisé en produits alimentaires et floraux qui s'occupait aussi du transport. En 1988, la Wilsey-Bennett était la vingtième société en importance parmi les 100 principales sociétés privées de la région de la baie de San Francisco, rivalisant avec des géants comme Levi Strauss, Esprit de Corp, Safeway et Betchel. Grâce à des revenus de trois cents millions de dollars par année, Wilsey dégagea suffisamment de profits pour fonder un immense empire dans la construction et s'offrir un train de vie luxueux.

En 1979, alors que Danielle était mariée à Bill Toth, Pat Montandon et Al Wilsey donnèrent une réception mémorable sur le thème d'«Autant en emporte le vent», à leur domaine de *River Meadow Farm*, à Rutherford dans la Napa Valley. Pour l'occasion, leur propriété de campagne fut transformée en une foire où se produisit un orchestre de trente musiciens. Çà et là, des kiosques avaient été érigés pour amuser les invités. Les femmes portaient des robes à crinoline très serrées à la taille et les hommes, des smokings et chapeaux hauts-de-forme. Ceux qui voulaient faire plus authentique arboraient la redingote de l'époque de la Guerre civile. L'un des invités s'était rendu à San Francisco à trois reprises pour faire des essayages avec le costumier original d'*Autant en emporte le vent*. Le déjeuner, servi en plein air, fut un peu étrange, les femmes ne sachant pas comment s'asseoir dans leur robes d'époque.

S'il est vrai que Danielle rencontra vraiment John Traina lors d'un bal masqué, cette extravagante réception donnée par Pat Montandon et Al Wilsey pourrait tout à fait être la soirée où ils se connurent.

À cette époque, Pat avait pris Danielle sous son aile. Mais elle ne se doutait pas que la fête se terminerait sur une note aussi triste pour elle.

*

Dede Buchanan était la fille de Wiley T. Buchanan, ancien chef du protocole des États-Unis et ancien ambassadeur des États-Unis au Luxembourg, et de Ruth Dow, héritière de la Dow Chemicals.

Les Buchanan avaient une maison grandiose, *Underoak*, à Washington et une résidence encore plus spectaculaire à Newport, où ils avaient acheté et rénové l'hôtel particulier de feue Mme Cornelius Vanderbilt.

Pour passer le temps, Dede avait un emploi de réceptionniste dans le bureau de feu John Tower, l'ancien sénateur républicain du Texas. Pendant l'été 1964, Dede quitta le domicile de ses parents et prit un appartement avec des amies. Mais elle devait bientôt emménager avec John Traina.

Un an plus tard, *The San Francisco Chronicle* écrivait que John Traina Jr., un célibataire de San Francisco, la courtisait depuis deux ans. Mais les amies de Dede disent qu'ils n'eurent qu'une liaison épisodique pendant environ un an.

Lorsque la nouvelle du mariage de l'héritière et de John Traina fut rendue publique, le père de la mariée publia une déclaration dans les journaux.

«Ma fille nous a fait part de son intention de se marier», déclara Wiley Buchanan à la *United Press* en juin 1965. «Ce fut un grand choc pour nous. Nous ne savons ni où ni quand le mariage aura lieu. Nous sommes extrêmement bouleversés.» Sa mère ajouta que ce mariage ne leur plaisait pas du tout.

Buchanan refusa de discuter de ses objections à l'homme choisi par sa fille, John Traina, alors au service de la ligne *American President*, laquelle venait d'être transférée à San Francisco, sa ville natale.

Le mariage eut lieu un vendredi soir dans une église méthodiste.

Dans un journal de San Francisco, la mère de John Traina, Lea, contesta l'âge que M. Buchanan attribuait à son fils, disant qu'il avait trente-deux ans et non trente-cinq ans comme on l'avait prétendu. Selon celle-ci, il s'agissait d'une différence d'âge négligeable avec Dede qui avait vingt-et-un ans.

Le grand titre du *Chronicle*, «Les amants maudits» était peut-être juste.

*

En 1980, une amie commune des Wilsey et des Traina rencontra Dede Buchanan Traina et Al Wilsey faisant des courses ensemble à Napa. Elle n'y aurait vu aucun mal si le rouge ne leur était pas monté aux joues.

«Dede était la première vraie grande bourgeoise qu'Al connaissait», dit cette amie.

Dans les années qui suivirent, John Traina quitta l'*American President* qui devint par la suite l'*American Hawaian Cruises*. Lorsque la Chine s'ouvrit au tourisme américain, Traina s'établit comme spécialiste des croisières de luxe dans ce pays à titre de P.D.G. de Pearl Cruises.

Dede et John achetèrent à Pacific Heights une magnifique maison datant de 1895 et ayant autrefois servi de domicile à un évêque épiscopalien. Dede la décora dans le style cossu qui convenait à leur rang. Ils avaient tout pour être heureux : deux jeunes fils en santé et un avenir sans nuage.

Mais c'est alors que Al Wilsey tomba amoureux de Dede, ce qui fit jaser le tout San Francisco.

*

L'arrière-grand-père de John Traina avait immigré d'Italie en 1850, dans la foulée de la ruée vers l'or qui avait attiré les frères Lazard.

Au lieu de devenir banquiers, comme les Lazard, les Traina fondèrent une entreprise de confiserie de bonbons et devaient bientôt fabriquer les célèbres chocolats Traina.

La fortune des Traina provenait aussi de riches terrains californiens. Les projets immobiliers de la famille Traina s'étendaient sur deux quartiers de San Francisco. Le premier constituait un développement résidentiel dans les dunes de la péninsule que l'on appelle aujourd'hui le Sunset District. Le deuxième était situé dans le Richmond District, près du Golden Gate Park et du vieux quartier de Haight-Ashbury.

Lorsque le père de John mourut à quatre-vingt-onze ans, les journaux le décrivirent comme «un membre important de la société de San Francisco».

Son épouse était en grande partie responsable de cette notoriété. Lea Castellini et John Traina s'étaient rencontrés en Italie en 1925 et ils s'étaient mariés l'année suivante à la cathédrale St. Mary's de San Francisco.

Neuf ans plus tard, le journal local faisait paraître une photo de Lea Traina sur trois colonnes, la décrivant comme «une charmante membre» de l'*Auxiliary of the Chamber Symphony Society* qui se réunissait à Jackson Street, la rue où Danielle et John devaient élire domicile.

En 1948, le vieux tacot rouge de John Traina Jr. était le fétiche d'une bande de jeunes garçons de San Francisco. Une journaliste qui cherchait un *scoop* sur les habitudes des adolescents se fit prendre en photo avec eux pour son reportage. Ils lui firent faire une promenade pour lui montrer «qu'une vieille guimbarde ne redoutait pas les pentes abruptes de San Francisco».

En 1965, John Traina Jr. collectionnait toujours les vieilles voitures. Cette même année, il revenait chez lui à San Francisco, une nouvelle épouse au bras.

*

Finalement, les couples de San Francisco se reconstituèrent.

Dede Traina divorça de John Traina et épousa Al Wilsey qui avait divorcé de Pat Montandon.

Pat Montandon encouragea son amie Danielle à mettre le grappin sur John Traina pendant qu'il était encore libre, ce qu'elle fit.

Le mariage de Danielle Steel et de John Traina eut lieu dans les jardins de l'immense maison palladienne d'un associé de John Traina à Napa. Danielle se maria en blanc et déclara que c'était son premier vrai mariage.

Pat Montandon et Bill Toth ne se remarièrent pas.

Six mois après son mariage, Danielle publia *Un parfait inconnu*, dédié à son fils Nicholas. Une critique de son roman parut dans le *Publishers Weekly*.

C'est l'histoire d'une femme ambitieuse qui fait passer sa carrière avant son mariage, et de son mari, le héros masculin du livre, qui demande le divorce — chose que Danielle redoutait peut-être. C'est aussi l'histoire d'une femme de carrière manipulatrice menacée par son frère d'un procès pour mauvais traitements infligés à un enfant — une éventualité que Danielle envisageait peut-être, car elle songeait à demander au tribunal la garde exclusive du fils qu'elle avait eu avec Bill Toth.

Alex, un avocat bien connu de San Francisco, se remet lentement d'un douloureux divorce. Son épouse, une femme ambitieuse, a toujours fait passer sa carrière avant leur mariage.

Dès le premier regard vers la belle Rafaella, Alex est conquis et tombe éperdument amoureux. Rafaella est une jeune européenne qui a été surprotégée toute sa vie. Elle est mariée à John Henry Phillips, un homme très riche, de plusieurs années son aîné, et devenu handicapé à la suite d'un accident cérébro-vasculaire. Alex et Rafaella trouvent le bonheur dans les bras l'un de l'autre, mais leur amour est assombri par la culpabilité que ressent Rafaella à tromper John Henry.

À l'insu de Rafaella, John Henry a découvert leur liaison et a donné sa bénédiction à Alex. Lorsque John Henry se suicide, la sœur d'Alex menace la famille de Rafaella de scandale et réussit presque à détruire l'amour d'Alex et Rafaella.

Le dernier roman de Steel devrait plaire à ses nombreuses admiratrices. C'est un conte de fées des temps modernes qui fait revivre l'histoire classique de la princesse, prisonnière dans une tour d'ivoire, et du beau prince qui vient la délivrer.

L'éditeur de Danielle en fit un premier tirage de 1,2 million d'exemplaires, un record jusque là pour elle.

CHAPITRE 14

IL ÉTAIT UNE FOIS L'AMOUR

Lorsque Danielle emménagea dans la maison de John Traina à Pacific Heights, tous voyaient dans son mariage à un bel homme plus âgé qu'elle un dénouement heureux digne de l'un de ses romans. Ce mariage ressemblait à une autre variation des histoires de Cendrillon qu'elle avait imaginées dans *Les promesses de la passion, Maintenant et pour toujours* et *Souvenir d'amour*. Et cette fois, l'union fut heureuse.

C'était son «premier vrai mariage», un mariage en blanc, et, bien que Danielle affirme que ses romans ne sont pas autobiographiques, sa vie continuait à inspirer ses intrigues.

En 1982, pendant la première année de son mariage à John Traina, Danielle consentit une longue entrevue à Cyra McFadden, auteur de *The Serial*, la chronique de la vie à Marin County, dans les années soixante-dix.

À trente-cinq ans, après trois mariages ratés, Danielle semblait enfin avoir tout ce qu'elle pouvait désirer : une propriété de quarante-deux pièces à Pacific Heights, un mari riche, deux enfants qu'elle adorait et quatorze romans en librairie. Elle avait divorcé de Bill Toth un peu plus d'un an auparavant.

Danielle confia à McFadden qu'elle et son nouveau mari aimaient collectionner les vieilles voitures. Elle possédait deux Ford 1940 et John était propriétaire d'une Ford 1930 et d'une Ford 1931, en plus d'un camion de pompiers 1938. Ensemble, ils ont fait l'acquisition de trois familiales, dont deux Mercedes.

Tandis que certains auteurs se réjouissent d'un premier tirage de dix mille exemplaires, le dernier ouvrage de Danielle en grand format, *Traversées*, avait été tiré à cent cinquante mille exemplaires et ses romans en format de poche à 1,5 million d'exemplaires.

L'argent ne fait pas le bonheur, mais Danielle confia à McFadden qu'elle nageait dans le bonheur dans ce quatrième mariage.

John et elle reconstituèrent une famille, comme le couple dans le roman de Danielle, *Une autre vie,* avec les deux enfants de Danielle, Bede et Nicholas, et les deux fils de John, Trevor et Todd, qui vivent la moitié du temps avec les Traina.

Elle mit huit mois à rénover et à redécorer la maison pour en faire leur foyer, ce qui leur occasionna quatre déménagements dans la même année, deux à la ville et deux à la campagne.

Danielle était déjà enceinte du premier des cinq enfants que John et elle auraient ensemble. Ils durent donc décider s'ils achèteraient ou s'ils loueraient une maison dans la Napa Valley, un endroit que John adorait. Entre temps, Danielle avait signé un contrat pour deux autres romans. Ce fut une année épique, mais leur mariage était un conte de fées, de ceux qu'on lit dans les romans de Danielle Steel.

*

Elle l'appelle Popeye et lui, Olive Oyl. *Souvenirs d'amour*, le premier roman qu'elle dédicaça à son nouveau mari, révéla ces surnoms affectueux. Dans sa dédicace, elle déclare «que tout est différent cette fois-ci... jusqu'à la fin de mes jours, je suis à toi...».

Traversées est aussi dédicacé à John, au-delà de l'amour, au-delà des mots, au-delà de tout. John a «inspiré» ce roman et en a lu le manuscrit à bord de l'un de ses bateaux de croisière de la ligne Delta qui naviguait vers Acapulco. Il en fut tellement ému qu'il pleura en jetant l'une après l'autre par-dessus bord les pages du manuscrit.

Voici ce que dit la critique du roman, parue dans le *Publishers Weekly*, en juillet :

Steel a l'habitude d'écrire des best sellers, mais ses admiratrices seront peut-être déçues de son dernier roman, une histoire banale au point d'être ennuyeuse et d'un romantisme conventionnel qui frise la sentimentalité.

L'histoire est celle de deux couples : Armand, l'ambassadeur de France aux États-Unis, et son épouse américaine, Liane ; et Nick, un magnat de l'acier, qui ne veut pas quitter son épouse, Hillary, une femme égoïste mais d'une grande beauté, de peur de perdre la garde de son jeune fils.

Armand place dans l'embarras sa femme, ses enfants et ses amis américains en se joignant au gouvernement de Pétain (mais en fait il travaille vraiment *pour la Résistance).*

Liane et Nick tombent follement amoureux au cours d'une traversée de l'Atlantique. Malheureusement, ils ne peuvent vivre pleinement leur amour tant et aussi longtemps que Hillary n'aura pas trouvé un amant aussi «mauvais» qu'elle-même et que, Armand, qui aime sa patrie plus que sa famille, n'ait trouvé la mort au front.

Liane est passionnée, intelligente, sage et brave au point d'en devenir inintéressante, et toute l'histoire repose sur la noble, mais vague, prémisse que «les forts ne peuvent pas être vaincus».

*

«J'écris des histoires qui touchent les gens», expliqua Danielle à McFadden, sans fausse modestie, ajoutant qu'il lui arrive même de pleurer en écrivant ses romans. En fait, ses œuvres sont tellement puissantes qu'elle hésiterait à les lire si elle vivait une période troublée. «Si je me sentais fragile, je n'aurais pas le courage de lire des romans aussi bouleversants que le sont les miens.»

La Danielle Steel qui apparaît sur la couverture des ouvrages de la fin des années soixante-dix et du début des années quatre-vingts est un portrait à contre-jour d'un visage éthéré, parfaitement maquillé, flottant dans une chevelure sombre. La femme qui se présenta devant McFadden pour son entrevue, portant des jeans griffés et un T-shirt noir, avait l'allure d'une écolière.

«Toutes ces photos sur la couverture arrière de mes livres ne sont que poudre aux yeux», déclara-t-elle à McFadden. «J'ai déjà fait la couverture du *Publishers Weekly*. C'était une très belle photo, celle de *Souvenir d'amour*. Quand j'en ai montré un exemplaire à ma mère, elle m'a dit : «Elle est magnifique. Qui est-ce ?»

McFadden sentit que Danielle était prudente, sur ses gardes.

Elle répéta à plusieurs reprises et avec beaucoup d'insistance que sa carrière de romancière venait après sa vie familiale. «Si j'avais une baguette magique, j'arrêterais probablement de travailler. Je serais heureuse de rester à la maison et de me consacrer entièrement à mes enfants. Mais je veux aussi écrire deux romans par année jusqu'à ce que je sois une petite vieille ratatinée qui s'enferme dans le grenier en pensant qu'elle écrit toujours des romans, alors que ses enfants disent d'elle qu'elle est un peu folle, car il y a douze ans qu'il n'y a plus de machine à écrire dans cette pièce.» Si elle a des penchants pour la vie familiale, la romancière la plus prolifique des États-Unis ne semble pas vouloir prendre une retraite anticipée.

*

Personne, à l'exception peut-être de Ronald Reagan, ne croit avec plus de ferveur à l'éthique du travail : «J'admire les femmes qui accomplissent quelque chose. Il y a tellement de gens qui ne font rien et qui s'ennuient à mourir.»

Lorsque McFadden prit rendez-vous pour son entrevue plusieurs mois à l'avance, Danielle recevait un massage et donnait simultanément des instructions à sa secrétaire, Paige Healy, tout en refusant tous les autres appels. McFadden eut l'impression d'avoir une femme-orchestre à l'autre bout du fil.

McFadden devait rencontrer Danielle dans sa maison de campagne de la Napa Valley. Sa secrétaire annula le rendez-vous et s'excusa en expliquant que la fille de Danielle, Bede, revenait de France plus tôt que prévu.

Elles prirent un autre rendez-vous. L'attaché de presse de Danielle à New York l'annula, en expliquant que sa cliente était débordée par la tournée de promotion de son dernier roman, *Traversées*.

Après treize appels de New York, Danielle réussit à trouver un après-midi libre. À la dernière minute, il fut convenu qu'elle et McFadden se rencontreraient à la résidence de cette dernière plutôt que chez Danielle, car elle avait des problèmes avec son personnel, expliqua-t-elle.

Lorsque Danielle informa la journaliste de son horaire pour le reste de la journée, McFadden comprit pourquoi il est plus facile d'obtenir une audience avec le pape qu'un rendez-vous avec Danielle Steel. Déterminée à être «une épouse parfaite et une mère parfaite» tout en continuant à écrire deux romans par année, Danielle expliqua qu'elle divisait chaque journée en segments de quinze minutes.

Danielle fouilla dans son sac à main et en extirpa une page toute froissée couverte d'une écriture fine. C'est ce qu'elle appelle son «livre sacré».

Puis, elle se lança dans la description d'«une journée dans la vie de Danielle Steel».

«À 6 h 30, je me suis éveillée en même temps que John, dit Danielle. À 7 h, il a changé nos projets pour la tournée de promotion de *Traversées*. Je dois faire l'émission *Today*, entre autres choses, et il doit m'accompagner une partie du voyage. J'ai donc dû faire quelques appels pour changer nos préparatifs. *Puis*, j'ai téléphoné à mon agent. *Puis*, comme je donne une réception pour l'anniversaire de John pendant notre séjour à Washington, j'ai téléphoné à un tas de gens pour les inviter. Ensuite, comme ma fille était malade, j'ai dû m'en occuper. À 8 h 30, je l'ai emmenée à l'école et lui ai fait quelques recommandations sur ce qu'elle doit faire pendant mon absence.

«Voyons... Je suis revenue à la maison où j'ai eu une réunion avec mon garde du corps sur certaines choses que j'aimerais qu'il fasse.» McFadden nota la constante inquiétude de Danielle au sujet de la sécurité de ses enfants, un corollaire moins enviable de sa célébrité et peut-être une conséquence de ses mariages à Danny Zugelder et à Bill Toth.

«À 9 h, je suis allée conduire la cadette à la maternelle. Je suis revenue à la maison et j'ai téléphoné à trois églises au sujet du baptême du bébé, Samantha. *Puis*, j'ai communiqué avec un médecin du Stanford Medical Center.» *Une autre vie*, l'un des romans sur lesquels elle travaillait, raconte l'histoire d'un chirurgien cardiologue. Le médecin en faisait la révision technique.

«J'ai ensuite essayé de téléphoner à la marraine pressentie de notre petite dernière, j'ai parlé à la nounou et j'ai allaité le bébé.

«Puis, j'ai dû retéléphoner à mon agent.»

Elle arrivait à peine à 11 h dans sa journée et n'était pas au quart de ce qu'elle avait à faire. Il lui restait encore à s'habiller, commander des victuailles, donner une entrevue, faire un essayage des vêtements qu'elle porterait à New York, etc. De retour à la maison, elle devrait être l'hôtesse d'un cocktail qu'offrait John à quelques amis et retourner les vingt-cinq à cinquante appels qu'elle n'aurait pas manqué d'avoir reçus comme à chaque jour.

À 22 h, elle pourrait commencer à réviser son manuscrit. McFadden se demanda si la dernière chose à son programme était «2 h 30, aller au lit avec John.»

Mais McFadden reconnut que ces mesures draconiennes pour organiser son temps portaient fruit. À une époque, pendant son mariage avec Danny Zugelder, qui alimentait toutes sortes de rumeurs à San Francisco, elle avait souffert d'une panne d'inspiration pendant plus d'un an.

*

Dans les semaines qui précédèrent et qui suivirent son entrevue avec McFadden, Danielle fit au moins une demi-douzaine d'apparitions à la télévision. Dans chacune, elle parla de ses journées de travail de vingt-quatre heures, quand sa muse est bienveillante et qu'elle s'enferme avec sa machine à écrire, prisonnière du processus créatif, oubliant tout, même de manger. Elle déclara à McFadden qu'elle était d'une santé fragile. Toutefois, la journaliste impressionnée mentionna plutôt que cette femme d'apparence fragile est une véritable dynamo. À la fin de 1982, McFadden écrivit que Danielle travaillait simultanément à trois romans et qu'elle avait de plus entrepris son premier ouvrage documentaire, un livre sur la conception, la grossesse et l'accouchement, écrit en collaboration avec six de ses amies et intitulé *Having a Baby*. «Nous voulons traiter le sujet avec réalisme, sensibilité et humour, promit Danielle. Nous dirons enfin la vérité aux femmes.»

Danielle commençait à s'irriter de l'étiquette d'auteur de romans d'amour qu'on lui avait accolée. Elle voulait qu'on la respecte au même titre que tous les autres auteurs importants.

En parlant de *Il était une fois l'amour*, Danielle a reconnu qu'il y avait une histoire d'amour, mais que le roman traitait surtout des problèmes d'une mère qui élève un enfant sourd.

En ce qui concerne *Traversées*, malgré l'emballage romantique, il s'agit d'un roman sur la Deuxième Guerre mondiale. Cette histoire repose sur la prémisse que les forts ne peuvent pas être vaincus.

D'un point de vue strictement littéraire, le *New York Times Book Review* balaya *Traversées* du revers de la main avec le commentaire suivant : «Cet ouvrage ne révèle aucun talent pour l'écriture.» Mais le roman était déjà septième sur la liste des best sellers du même *Times* et continuait à monter. Danielle espérait atteindre enfin la première position. Elle n'avait jamais pu faire mieux qu'une troisième position. «Une seule fois», avait-elle déclaré à McFadden, «j'aimerais être le numéro UN».

*

C'est ce désir de reconnaissance qui poussa Danielle à exiger une édition en grand format, malgré les objections de ses éditeurs : «Ils m'ont dit que je n'étais pas ce genre d'auteur.»

Dans son ouvrage suivant, en dépit des mêmes objections, elle courtisa un public masculin avec *Palomino*, un livre de cow-boy qui n'en n'est pas un. Dans les soirées mondaines, les hommes commencèrent à lui glisser à l'oreille : «J'ai lu tous vos romans, mais ne le dites à personne.»

Elle luttait maintenant pour le droit d'approuver elle-même ses couvertures de livre : «Ils voulaient mettre des fleurs sur la couverture de *Traversées*, il a fallu que je fasse un véritable scandale.»

Selon Danielle, craignant de perdre son public de romans d'amour, Delacorte Press (associé à Dell pour les éditions en grand format) choisit une couverture donnant l'impression qu'il s'agissait d'un livre idiot et sans intérêt. «Mais c'est un roman qui contient beaucoup d'éléments historiques», déclara-t-elle à McFadden.

Danielle et ses éditeurs n'ont pas une relation conflictuelle. Elle obtient ses contrats grâce à sa seule signature, sans avoir à fournir de synopsis, d'extraits de chapitres, etc. Elle s'engage à produire deux autres ouvrages et le champagne coule à flots sur la Côte Est. Une fois le contrat signé, que lui reste-t-il à faire ? Rédiger la trame détaillée de l'histoire, la première version, puis la deuxième version, relire les épreuves et tout cela, comme le dit Cyra McFadden de San Francisco, «en assurant la bonne marche du palais des Medicis version Traina.»

*

À entendre Danielle Steel décrire sa vie (le travail acharné, les tournées de promotion, le temps qu'elle consacre à ses enfants), McFadden commença à se demander si la romancière n'avait pas un clone.

Danielle assura McFadden qu'elle *détestait* la vie mondaine et qu'elle était «affreusement timide». C'est John qui aime les feux de la rampe, tandis que Danielle, en bonne épouse, ne fait que l'accompagner. «Tous les gens qui me connaissent savent que je suis une personne très secrète.»

Malgré l'image réservée que Danielle voulait donner d'elle-même, McFadden remarqua que John et Danielle étaient sortis en grand apparat vingt soirées de suite.

Danielle assura McFadden qu'elle avait consacré cinq semaines à la tournée de promotion de *Traversées*, uniquement parce qu'elle croyait en son livre.

C'était la deuxième fois au cours de l'entrevue qu'elle faisait une affirmation en-dessous de la vérité, la première fois étant lorsqu'elle avait déclaré : «Je suis plutôt bien organisée.»

Dans une lettre qu'elle écrivit à la chaîne Waldenbooks, elle décrivit *Traversées* en ces mots : «C'est le roman le plus puissant que j'aie jamais écrit, puissant par la force de ses personnages et par la connaissance qu'ils ont d'eux-mêmes et l'un de l'autre. Les liens qui les unissent sont intenses, loyaux et exigeants. Ce sont des liens avec lesquels vous saurez vous identifier et qui vous rendront les personnages aussi vivants qu'ils le sont devenus pour moi.»

*

Ses héroïnes ne sont pas TOUTES riches, signale Danielle en insistant sur le fait qu'elle n'est pas élitiste. «D'ailleurs, déclara-t-elle à McFadden, je pense que les gens aiment mieux se faire raconter l'histoire d'une personne bien habillée que celle d'une personne qui passe la journée en vieux peignoir. Ils aiment savoir que les riches aussi vivent des situations difficiles.»

D'après ce qu'elle déclara à la journaliste, Danielle recevait entre cent et deux cents lettres par semaine, la plupart d'admirateurs qui la remerciaient d'avoir rendu leur vie moins monotone. Danielle croit passionnément en son travail, ainsi qu'en la compassion et la valeur sociale de son œuvre.

Son roman *Il était une fois l'amour* fit l'objet d'une critique dans l'édition du 5 mars 1982 du *Publishers Weekly*. En voici la teneur :

Le douzième roman de l'auteur à succès Danielle Steel présente une histoire déchirante, dramatique et de plus en plus captivante à mesure qu'on la lit. Daphne Fields, une romancière de réputation mondiale, dont les merveilleux romans ont changé la vie des gens, repose à l'unité des soins intensifs d'un hôpital, après avoir été renversée par une voiture la veille de Noël.

Pendant qu'elle lutte pour survivre, nous revenons sur les tragédies qui ont contribué à sa compassion et à sa sagesse : la mort de son mari et de sa fille dans un incendie, la naissance de son fils sourd et la mort accidentelle de l'amant qui l'avait aidée à se refaire une vie.

Daphné revient d'un séjour d'un an à Hollywood où elle a écrit un scénario et où elle a eu le cœur brisé par un bellâtre du cinéma. Pour s'en sortir, Daphne a besoin de l'amour et du soutien de Matt Dane, le professeur de son fils.

Mais elle pense qu'il en aime une autre et n'ose pas lui déclarer ses sentiments. Daphne est un personnage à la fois fort et touchant qui saura charmer les amateurs de romans d'amour jusqu'à la dernière ligne.

CHAPITRE 15

UNE AUTRE VIE

...Steel est une maîtresse de l'intrigue qui sait exactement ce qui plaît à son public : le drame cathartique, la sentimentalité, l'ambiance historique, la pléthore de personnages mineurs bien étoffés, les nombreuses sous-intrigues adroitement intégrées et la fin heureuse.

Extrait de la critique de
La maison des jours heureux,
publiée dans *Publishers Weekly*.

Lorsque Danielle alla vivre avec John, elle emménagea dans la maison que Dede avait pour ainsi dire construite.

C'est Dede, l'ex-épouse, qui avait décoré le salon et aménagé les chambres à coucher. Partout dans la maison, on sentait l'empreinte de la mère de Trevor et de Todd. John Traina avait vécu dans cette maison pendant quinze ans avec sa première épouse et leurs deux fils. Maintenant, Dede était partie et vivait tout près avec son nouveau mari, Al Wilsey.

Les registres de propriété de San Francisco confirment qu'à la fin de 1981, Danielle Steel était co-propriétaire de la maison de la rue Jackson, le titre ayant été transféré le 16 novembre 1981 au nom de John Traina Jr. et de Danielle Steel.

La situation de Danielle — celle d'une femme indépendante qui réussit son deuxième mariage à un homme riche, et reconstitue une famille avec leurs enfants respectifs — était taillée sur mesure pour un roman de Danielle Steel et elle inspira probablement son roman *Une autre vie*, publié en 1983, un an et demi après son mariage.

Une autre vie illustre cette situation de façon dramatique : Melanie Adams, une lectrice de nouvelles bien connue de New York, possède une jolie maison sur la 79e Rue ; le héros masculin, Peter Hallam, un riche cardiologue de Los Angeles, a une maison à Bel-Air.

Cette maison de New York représente-t-elle pour Danielle l'amour qu'elle ressentait pour sa première maison, qu'elle revendit plus d'un demi-million de dollars après son mariage avec John Traina ?

La maison fictive du Dr Hallam à Bel-Air, de l'autre côté du continent, ressemble davantage à une suite impersonnelle dans un hôtel qu'au foyer chaleureux que Melanie désire pour elle-même et pour ses deux filles.

Melanie a peur qu'une fois mariée elle ne puisse plus consacrer à son travail autant de temps et d'énergie qu'elle le voudrait. Mais elle résout plus facilement ce problème que celui de la présence dans la maison de la vieille gouvernante allemande de Peter. Melanie finit par l'emporter et la vieille gouvernante est chassée.

Il est amusant de constater, comme le révèle une entrevue de Danielle, que sa gouvernante l'avait emporté sur celle de John, dans la vraie vie, et que la réalité ressemble parfois étrangement à la fiction.

Le critique du *Publishers Weekly* résumait l'intrigue ainsi :

À trente-cinq ans, la rousse Melanie Adams semble avoir tout ce qu'une femme peut désirer : une maison dans le Upper East Side à New York (et une maison de campagne dans le Vineyard), un poste de lectrice de nouvelles convoité dans une importante chaîne de télévision, ainsi que l'amour et le respect de ses filles jumelles de seize ans, Jess la sérieuse et Val la coquette.

Entre en scène Peter Hallam, un cardiologue, père de trois enfants dont la mère a disparu. Il a un cœur d'or, mais sa relation avec Mel est compliquée par le continent qui les sépare.

Cette impressionnante résidence de Bel-Air où le fantôme de l'épouse et de la mère décédée depuis deux ans continue à régner en maître n'a-t-elle pas quelque chose de sinistre ? Et peut-être peut-on déceler un soupçon de phallocratie de la part d'un homme qui, lorsque leur amitié se transforme en amour passionné, tient absolument à ce que ce soit Mel, et non lui, qui transplante sa vie et sa carrière.

La réunion de sa famille et de celle de Peter causera-t-elle des problèmes insurmontables et d'insupportables tensions ?

Dans un style direct qui ne s'embarrasse pas d'analyses complexes, ce roman résolument contemporain aborde son sujet honnêtement et sans détour. Comme toujours, l'histoire foisonne de détails réalistes et au goût du jour : la consommation de marijuana, la grossesse et l'avortement chez les jeunes, les transplantations cardiaques et les triples pontages, les attentats démentiels contre les stars de la télévision et les politiciens. Le public fidèle à Danielle Steel sera bien servi par Une autre vie, *son seizième roman.*

*

Au moment même où *Une autre vie* était publié et obtenait cette critique élogieuse dans *Publishers Weekly*, Danny Zugelder arrivait à San Francisco, pieds et poings liés, pour faire face à une accusation d'enlèvement et de viol, lors de l'agression d'une infirmière, ainsi qu'à une accusation de voies de fait sur une autre femme.

Il fut ramené à San Francisco, car il avait déposé une requête demandant un procès rapide dans les quatre-vingt-dix jours, selon son droit constitutionnel. Mais il arriva à une entente avec le représentant du ministère public. (Dans le cas contraire, la Californie aurait simplement émis un mandat d'arrestation contre lui au Colorado. Lors de sa libération en 1998, il aurait été ramené à San Francisco pour répondre aux accusations de viol et de voies de fait qui pesaient contre lui, de même qu'aux accusations relatives au vol de banque et à la fusillade à Marin County.)

Danny Zugelder fut incarcéré au palais de justice que Danielle avait décrit avec force détails dans *Les promesses de la passion*.

À cette époque, l'avocat de l'assistance judiciaire était Jeff Brown, qui chargea de l'affaire son adjoint Gregory Pagan.

Se remémorant ces événements, Pagan décrit Zugelder comme «...un homme très grand, l'air très dur, à donner des sueurs froides». Pagan a travaillé sur de nombreuses causes de viol, et, à son avis, les violeurs qui enlèvent leurs victimes dans une voiture et les emmènent ailleurs pour les agresser seraient les criminels les plus dangereux.

La mise en accusation de Danny Zugelder par le grand jury eut lieu le 12 août 1981, après les témoignages du policier enquêteur, de la victime de l'enlèvement et de la victime de voies de fait.

Le bureau du représentant du ministère public négocia un règlement pour «fermer le dossier» relatif aux accusations suivantes : enlèvement, vol, agression sexuelle et viol, le 9 mai 1979 ; et agression armée, le 13 mai 1979. Sa peine fut alourdie de deux années pour récidive. On en arriva ainsi à une sentence de quinze ans.

Puis, le juge Claude D. Perasso et le représentant du ministère public proposèrent une entente : si Danny Zugelder ne faisait pas perdre un temps précieux à la cour de San Francisco en enregistrant un plaidoyer d'innocence, ce qui forcerait un procès, la Californie accepterait qu'il purge sa peine en même temps que celle du Colorado.

Il n'y eut pas de procès, mais simplement un changement de plaidoyer, un jugement et une sentence. James Goodman, le représentant du ministère public, et Pagan, arrivèrent à une entente en vertu de laquelle Danny n'aurait pas à purger de peine pour les accusations californiennes. Ils laissèrent tomber la première et la quatrième accusation pour enlèvement et voies de fait.

Le représentant du ministère public souligna cependant qu'à la suite de sa condamnation pour agression sexuelle et viol, Danny serait inscrit dans un registre officiel de criminels sexuels, si jamais il voulait revenir dans l'État de Californie.

Comme le déclara le juge Perasso à la fin du prononcé de la sentence : «L'essentiel est qu'il s'agit d'une entente négociée.»

Selon les notes accompagnant la sentence, aucune enquête préliminaire ne fut ordonnée.

Danny voulait que le juge expédie l'affaire pour sauver du temps. Il déclara au juge qu'il préférait qu'on ne fasse pas d'enquête préliminaire à son sujet en Californie. «M. Zugelder n'essaie pas de faire des caprices, expliqua son avocat. Dans la prison du Colorado, il y a des cellules prioritaires et il en occupe une. S'il n'y retourne pas au plus tôt, il perdra sa priorité et devra recommencer et gravir tous les échelons une deuxième fois...»

Comme l'expliqua Danny au juge : «J'ai déjà fait cinq ans et demi dans l'État du Colorado.»

Ou bien le sténographe de la cour entendit mal, ou bien Danny Zugelder réussit à tromper le juge, le représentant du ministère public et l'avocat de l'assistance judiciaire de la Californie, en leur faisant croire qu'il avait passé cinq ans et demi en prison au Colorado, alors qu'il n'avait quitté San Francisco que depuis deux ans.

Pendant que Danny s'inquiétait de se retrouver sur une liste d'attente pour une cellule confortable à Cannon City, Danielle, elle, se préoccupait de la décoration de la maison qui avait avant elle appartenu à Dede Buchanan Traina.

Les dernières traces de Dede disparurent avec l'ameublement. Le couple se retrouva devant une toile blanche sur laquelle peindre leur nouvelle vie. Danielle et John apprirent à mieux se connaître en choisissant les petits objets qui les rendaient heureux tous les deux.

Mais les petits changements qu'elle voulait apporter à la maison, écrivit Danielle, «rivalisèrent bientôt avec la construction de la grande pyramide d'Égypte».

Dans le numéro d'avril 1985 d'*Architectural Digest*, elle relata cette période de constants déménagements pendant la rénovation de la maison où John avait vécu quinze ans avec Dede, Trevor et Todd.

Cette maison néo-classique victorienne de 1895 avait été le domicile de l'évêque épiscopalien dans les années cinquante. De nombreux changements y avaient été apportés au fil des ans et certaines parties en étaient inutilisées, notamment le sous-sol.

Au début, Danielle proposa des changements relativement simples : un plancher de marbre dans le hall d'entrée ; des lustres de cristal ; et des dorures sur les frises de plâtre des plafonds victoriens. Elle voulait de plus repeindre entièrement toutes les pièces en tons dégradés pour mettre en relief les détails architecturaux des colonnes et définir les pièces.

Danielle Steel est une femme très occupée. Elle décida donc d'engager un décorateur. Toutefois, après en avoir interviewé quelques-uns, John et elle prirent finalement la décision de faire les travaux eux-mêmes.

Ce petit bout de femme reconnue pour son énergie inépuisable réussit même à rénover entièrement le sous-sol inutilisé. John et Danielle sortirent tout ce qui y traînait depuis vingt ans ou plus, et y construisirent un gymnase complet muni d'appareils de type Nautilus, d'un sauna, d'un bain tourbillon et de chaises de jardin pour se prélasser après une dure séance d'entraînement. Ils engagèrent même un entraîneur privé pour leur apprendre à s'entraîner plus efficacement.

Les adolescents, qui fréquentaient une école privée avant d'être envoyés sur la Côte Est, eurent l'occasion d'impressionner leurs amis avec leur nouveau gymnase. Même les mères de la ville en entendirent parler, elles qui devaient se contenter du *Nob Hill Club*, en soi plutôt agréable.

*

Lorsque Danielle écrivit son ouvrage documentaire *Having a Baby*, elle put inviter un groupe de femmes enceintes chez-elle pour une séance commune d'exercices prénataux. Celles-ci lui racontèrent leurs expériences et leurs accouchements. C'est ainsi que Danielle recueillit du matériel pour son livre, tout en se payant le luxe de voir ses amies pendant le jour, chose qu'elle ne s'était jamais permise.

Nancy Evans fit la critique du livre dans le magazine *Glamour*, expliquant que sept femmes enceintes avaient été réunies par Danielle pour des séances d'exercice et qu'elles avaient comparé les mérites respectifs de la méthode Lamaze et de la méthode Bradley, de l'allaitement naturel et du biberon, du retour au travail et du rôle de femme à la maison. Elles formèrent bientôt un groupe de soutien autant que d'exercice.

Les femmes avaient entre vingt-sept ans et la fin de la trentaine. Tour à tour, chacune raconta ses expériences aux différents stades de la grossesse et pendant les premiers mois après la naissance. «C'est lorsque les femmes ne s'entendent pas sur des sujets comme l'allaitement, la dépression post-partum et comment retrouver la forme physique que cet ouvrage devient encore plus précieux.» Mais, comme le souligne la critique, «pour ces femmes, le problème des soins à donner aux enfants est facilement résolu par l'embauche d'une nounou ou d'une jeune fille au pair. Néanmoins, il s'agit d'un beau geste de leur part pour faire savoir à leurs consœurs ce qui les attend pendant et après une grossesse.»

*

Toujours au sous-sol, Danielle et John ajoutèrent une salle de jeux pour les garçons, Trevor et Todd et, plus tard, Nicky. Ils construisirent un cellier pour entreposer les nombreuses bouteilles de vin qu'ils servent lors de leurs réceptions. Finalement, comme les travaux n'en finissaient jamais, ils aménagèrent une salle de menuiserie et des salles de rangement.

Les chambres des plus jeunes enfants étaient toutes réunies sur le même étage, le deuxième. Au plafond de la chambre d'enfant de Nicky, des moutons sautaient par-dessus de jolis nuages. L'enfant dormait dans un lit peint en rouge, en forme d'autobus à impériale, sur une moquette rouge. À côté, une petite table à pique-nique et, bien sûr, les livres et les jouets de tout jeune garçon.

L'une des filles fut logée dans l'ancien solarium. Sur le plafond de sa chambre, Danielle avait fait peindre des fleurs et des chérubins jouant de la trompette. Le papier peint était rose, la vue sublime.

Le plafond de la chambre de l'autre fillette était décoré d'une frise de fleurs et les meubles de peintures en trompe-l'œil, dans une harmonie de tons bleu tendre.

Chaque enfant avait sa propre chambre où il pouvait s'exprimer et se retirer lorsqu'il en sentait le besoin.

La maison des jours heureux, le dernier roman de Danielle à paraître en édition originale de poche, pourrait avoir été écrit pendant qu'elle étudiait l'histoire de sa vieille maison. C'est ainsi qu'elle apprit la saga de la famille Traina et de ses vieilles racines san-franciscaines, ainsi que sa propre histoire, soit celle des familles Lazard et Ehrman, établies en Californie depuis longtemps. *Publishers Weekly* en fit la critique dans son édition du 27 mai 1983.

Les crises et les festivités se succèdent et des douzaines de naissances, de mariages et de décès se bousculent dans cette saga familiale, le dernier effort de la romancière à succès Danielle Steel.

Jeremiah Thurston a consacré toute sa vie à construire son empire, si bien qu'il a déjà cinquante ans lorsqu'il tombe sous le charme d'une certaine Camille Beauchamp, une arriviste du Sud assez jeune pour être sa fille.

Pour Camille, Jeremiah fait construire une maison splendide, Thurston House, dans le San Francisco du tournant du siècle.

Comme Camille ne veut pas perdre sa ligne, Jeremiah doit la violer pour qu'elle lui donne un enfant, une fille. Lorsque Camille s'enfuit avec son amant, Jeremiah s'occupe de l'éducation de Sabrina, une enfant vive et intelligente, et la prépare à lui succéder à la direction des mines et des vignobles familiaux. Comme sa mère, Sabrina épouse un homme plus âgé qu'elle et lui donne un fils qui conspirera plus tard avec sa grand-mère pour enlever Thurston House à sa mère.

Réussiront-ils ? Ne soyez pas naïfs. Steel est une maîtresse de l'intrigue qui sait exactement ce qui plaît à son public : le drame cathartique, la sentimentalité, l'ambiance historique, la pléthore de personnages mineurs bien étoffés, les nombreuses sous-intrigues adroitement intégrées et la fin heureuse.

*

Au deuxième étage de la vieille maison, Danielle réussit à refaire complètement la disposition de la chambre à coucher et du bureau.

En fait, John et elle divisèrent le deuxième étage en deux maisons séparées, pour que les adolescents aient l'impression d'avoir un peu d'intimité. (Leurs parents aussi peut-être ?)

Un escalier complètement séparé fut construit pour mener à l'une des extrémités du deuxième étage, où étaient logés Beatrix, Todd et Trevor (Todd et Trevor partageaient leur temps entre la vieille maison et celle de Dede et d'Al Wilsey, à quelques pâtés de maisons de là, sur la même rue).

Les chambres des garçons étaient peintes de couleurs masculines dans un style anglais. Celle de Bede était peinte en lilas et en blanc, et de jolis bouquets de fleurs ornaient le plafond.

L'escalier principal menait du hall d'entrée à l'aile de Danielle et de John.

Là où se trouvait autrefois la chambre à coucher de John et de Dede, des murs furent abattus pour laisser place à un merveilleux salon que John et Danielle décorèrent en blanc.

Puis, ils s'attaquèrent au bureau de John. En examinant la maison d'en bas, expliqua Danielle, ils remarquèrent une terrasse à l'extérieur d'un mur qui avait été briqueté. Les ouvriers démolirent le mur et installèrent des portes-fenêtres. Le bureau de John s'ouvre maintenant sur une vue splendide de San Francisco. Ils trouvèrent un divan Empire et couvrirent les murs de tentures moirées vert foncé. Un amusant portrait de singe de Carlos Marchiori donne une touche d'humour à la pièce. Le divan semble très confortable pour lire, avec sa jetée et son oreiller de vison, ou peut-être de zibeline, ornés de passementerie de soie.

Le bureau de Danielle est voisin de celui de John. Au plafond, de minuscules cœurs dansent dans les nuages. La pièce n'est pas grande, mais Danielle a su la rendre très chaleureuse.

Au rez-de-chaussée, John et Danielle ont réussi à conférer une atmosphère accueillante aux pièces publiques de la maison. Ils y ont donné de fabuleuses réceptions pour lesquelles ils sont célèbres à San Francisco : la réception d'anniversaire de John, le baptême des cinq enfants qu'ils ont eus ensemble, les bals de Noël, les festivités du Nouvel An, les réceptions d'anniversaires pour leurs amis, et les cocktails pour leurs relations d'affaires de passage à San Francisco.

149

La famille Traina est très fortunée, mais de l'avis de tous, les enfants ne sont pas gâtés.

John Traina a toujours été très prudent dans la façon dont il distribue l'argent de poche aux enfants. Ils reçoivent une rémunération pour les menus travaux qu'ils exécutent à la maison. Par exemple, vingt dollars pour le cirage d'une voiture.

À la fin de leurs études à Princeton, Bede et Trevor donnèrent de grandes fêtes, et même une soirée de jazz. Le demi-dôme de vitrail sur le palier du grand escalier, faisait une excellente scène pour un groupe de musiciens. Pour Noël, Danielle décore toujours la cage d'escalier d'un sapin de neuf mètres de hauteur.

Les pièces du rez-de-chaussée sont charmantes. Le hall d'entrée a un plancher en marbre, comme l'avait imaginé Danielle. La grande voûte du plafond a été transformée en un doux ciel d'été où glissent paresseusement de légers nuages. Le salon est reposant, d'un ton blanc cassé, et les détails du plafond ont été dorés. L'or du plafond se reflète dans le grand lustre en laiton. De hautes fenêtres tendues de soie grège donnent beaucoup de raffinement à la pièce. Une magnifique toile de Babs Cole, une artiste de San Francisco, décore le hall, et une autre, de William Malherbe, est accrochée au-dessus de la cheminée.

Dans la «chapelle» (l'ancienne chapelle de l'évêque aujourd'hui transformée en boudoir), se trouvent un portrait du dix-huitième siècle de Jean-Marie Nattier et des rideaux de satin antiques provenant, dit-on, d'un château en France. Le sol est recouvert d'une magnifique tapisserie.

Les autres pièces du rez-de-chaussée sont : le hall, près de l'entrée, avec le demi-dôme en vitrail dans son axe, la bibliothèque, la salle à dîner principale, la cuisine et une autre salle à dîner.

La bibliothèque, avec ses magnifiques plafonds ouvrés, est encadrée de colonnes de près de quatre mètres de hauteur. Un mur entièrement couvert de livres fait face à un immense foyer. Cette pièce qui porte à la contemplation s'ouvre sur un petit jardin sur le côté de la maison.

La salle à dîner, où le dîner est servi, est lambrissée de panneaux de bois de rose ornés de colonnes, d'arches et d'œuvres d'art qui servent de décor à la magnifique table Biedermeyer où peuvent prendre place jusqu'à vingt-quatre convives. De magnifiques candélabres d'argent et une vieille lampe Tiffany datant de la construction de la maison en 1895, assurent l'éclairage.

Derrière la salle à dîner, se trouvent la cuisine et les garde-manger, où les serviteurs vont chercher les plats. Une autre salle à dîner, de dimensions plus modestes, se trouve derrière la cuisine.

Dans le prochain chapitre, l'ancienne cuisinière de Danielle nous raconte ses habitudes et sa vie à l'emploi de Danielle Steel.

CHAPITRE 16

ACCIDENT

Tout le monde disait qu'elle était imprévisible et difficile,
mais je n'ai jamais connu cet aspect de sa personnalité.
Elle ne m'a jamais fait de misères.

L'ancienne cuisinière de Danielle Steel

Danielle a habituellement un don pour bien choisir ses domestiques, mais elle se trompa lorsqu'elle engagea un couple de Brésiliens comme cuisiniers. Ils ne connaissaient pas les règles d'hygiène américaines et la réfrigération leur était inconnue. Toute la famille fut intoxiquée un soir après avoir mangé de la viande qui avait séjourné toute la journée sur le comptoir. Peu après cet incident, Danielle engagea Lois Korotin pour s'occuper des cuisines et pour enseigner à son cuisinier à faire à manger. Voici l'histoire véridique de ce qu'était la vie au service de Danielle, John et leurs enfants, peu de temps après qu'ils eurent emménagé dans leur maison.

Q : *Comment avez-vous entendu parler du poste ?*

R : J'avais l'habitude d'aller danser le lundi soir avec leur nounou, une Anglaise, et un couple de mes amis. Je fréquentais alors l'école de cuisine Tante Marie à North Beach (San Francisco).

Q : *Danielle était-elle une bonne patronne ?*

R : J'avais entendu dire de mon professeur de cuisine, qui l'avait entendu à travers les branches, que j'allais travailler pour une femme très difficile. Mais je n'ai jamais trouvé difficile de travailler pour elle. Elle était une femme éblouissante, surtout par la façon dont elle s'habillait.

Q : *Comment s'est passé votre première entrevue ?*

R : Elle m'a d'abord parlé au téléphone et m'a demandé quelques renseignements à mon sujet. Elle m'a ensuite rencontrée en personne à quelques reprises et a vérifié mes références. Puis, j'ai rencontré son mari et ils m'ont raconté l'incident de la viande, que toute la famille avait été malade, y compris Danielle et John.

Tout le monde disait qu'elle était imprévisible et difficile, mais je n'ai jamais connu cet aspect de sa personnalité. Elle ne m'a jamais fait de misères.

151

Les gens qui travaillaient là passaient sans cesse dans ma cuisine, mais je ne m'en occupais pas, je faisais mon travail. Il y avait la secrétaire particulière, le couple de Brésiliens qui habitaient une dépendance (une ancienne écurie réaménagée et dont le toit couvert de vigne — qu'on voit de la salle à manger), la gouvernante, la nounou, etc.

Q : *Alors, c'est pour enseigner au cuisinier que vous êtes entrée au service de Danielle ?*

R : Oui. Comme Danielle ne fait pas la cuisine, elle avait embauché un jeune couple de Brésiliens qui venaient d'arriver aux États-Unis. L'homme ne savait pas faire la cuisine à l'américaine. Il laissa traîner la viande sur le comptoir, la servit au dîner et cela rendit toute la famille malade.

Danielle voulait donc que j'enseigne à ces gens à faire la cuisine à l'américaine. À réfrigérer la viande...

Je gagnais quinze dollars de l'heure et je continuais mes études. C'est ce que mon professeur m'avait conseillé de demander. Les gens essaient toujours d'abuser, mais ce salaire me semblait équitable. J'avais un budget illimité pour les aliments, je pouvais acheter tout ce dont j'avais besoin.

Q : *Quels étaient les secrets de Danielle pour garder sa taille ? Deviez-vous compter les calories et enlever le gras ?*

R : Non. Elle ne m'a jamais donné d'instructions à ce sujet. La seule chose qu'elle m'a demandée était de ne pas utiliser trop de citron.

Lorsqu'elle avait le rhume, elle ne mangeait pas. Elle faisait venir du bouillon de poulet qui me semblait du bouillon maison. Lorsqu'elle était souffrante, elle me téléphonait de sa chambre et le docteur arrivait avec un pot de bouillon de poulet.

Personne ne me disait ce qu'elle ou les enfants voulaient manger, ni rien. J'ai demandé aux enfants de me dire ce qu'ils avaient l'habitude de manger. J'ai convaincu Nicholas de manger des crevettes... des scampi au beurre citron... et il les a mangés.

Je leur servais du poulet, parfois de l'agneau, des légumes, des artichauts. Je passais les commandes par téléphone et on me livrait directement du magasin.

Q : *Quelle a été votre première impression de Danielle ?*

R : Un après-midi, alors que j'étais en train de hacher de l'ail, je me suis retournée et elle était là dans la cuisine. Je lui ai dit : «Vous êtes magnifique !» Comme elle revenait d'un déjeuner, elle portait un ensemble de haute couture et sa coiffure était parfaite... Sa toilette devait coûter trente mille dollars. Je l'ai regardée et j'en ai eu le souffle coupé.

Cette femme sait vraiment s'habiller. Je l'ai trouvée absolument magnifique.

C'est une femme qui a beaucoup de classe, beaucoup d'éducation, qui sait s'exprimer et, à la voir là devant moi, j'en ai été époustouflée.

Q : *Quelle a été votre première impression de la maison ?*

R : Oh, c'est immense. J'ai adoré la maison. Il y a des couloirs partout si bien qu'on n'a jamais besoin de traverser une pièce.

C'est une maison au décor très formel.

Et les enfants... Je n'ai jamais vu autant d'animaux en peluche de toutes sortes et de toutes tailles. Il y en a un mur au grand complet dans le couloir du troisième étage. À cette époque, il n'y avait que Nicholas et le bébé. Au troisième étage, tous les plafonds étaient décorés de nuages ou de fleurs.

Je ne savais jamais où elle était dans la maison, c'était trop grand. Je recevais un coup de téléphone m'avertissant qu'elle descendait.

Un jour, la nounou me fit visiter la maison. La chambre de Danielle était immense.

Q : *Comment était John Traina ?*

R : Il était souvent à l'extérieur de la ville, mais elle était toujours là. C'était un homme très gentil et très attirant.

John Traina avait des enfants d'un autre mariage (Todd et Trevor). Danielle, elle, avait une fille à l'école secondaire (Beatrix Lazard). Beatrix et ses amies étaient constamment dans la cuisine pour parler avec moi. Beatrix était une enfant normale, ni snob ni prétentieuse. Et il y avait Nicholas et le bébé.

Todd et Trevor étaient pensionnaires. Ils ne venaient à la maison que pour les vacances. Je ne les ai vus qu'une fois.

Mais John est un bel homme grand et mince. Danielle a beaucoup de chance.

Q : *Quand mangeaient-ils ?* (Elle décrivit la petite salle à manger familiale attenante à la cuisine et la grande salle à manger.)

R : Les enfants mangeaient à dix-sept heures et les adultes, à dix-neuf heures.

Les enfants ne prenaient pas leur dîner avec Danielle. C'est une maison très formelle. Il y avait une salle à manger séparée à côté de la cuisine pour la nounou, la gouvernante et les enfants. Danielle ne mangeait avec les enfants qu'une fois par semaine.

Lorsque j'ai commencé à travailler, il y avait deux services d'argenterie de Tiffany. L'argenterie n'était jamais frottée. J'ai demandé au couple de Brésiliens si la famille mangeait dans ces assiettes tous les soirs, et ils m'ont répondu que oui. Je leur ai dit qu'il fallait que quelqu'un frotte l'argenterie. Cela me rendait folle. C'est vrai que j'ai été élevée par une mère qui me faisait frotter l'argenterie sans arrêt.

Q : *Et Danielle est l'amie de François Mitterrand, le président français ?*

R : C'est une drôle d'histoire. J'ai presque fait la cuisine pour le président de la France. En fait, je lui ai presque servi des tacos au bœuf haché ! M. Mitterrand était en ville et Danielle est l'une de ses grandes amies...

Je savais que le président français était dans la maison et qu'il devait s'envoler pour Washington D.C. le soir même. Entre temps, Nicky m'avait demandé de lui préparer des tacos pour le dîner. J'ai paniqué. Je suis une cuisinière, je ne peux quand même pas servir des tacos au président de la France. Heureusement, à la fin, il n'est pas resté à dîner.

Q : *Danielle était donc une personne très sociable ?*

R : Il se passait toujours quelque chose dans la maison. Je pense qu'elle est plutôt sociable.

Q : *Était-ce à l'époque où elle écrivait le livre sur les bébés avec ses amies de San Francisco ?*

R : Elle donnait souvent des fêtes pour la naissance des enfants de ses amies (probablement les femmes avec lesquelles elle avait écrit *Having a Baby*). Je ne rentrais que pour les deux dîners, mais je voyais les boîtes de chocolat du traiteur. On dit qu'elle donnait ce genre de réception toutes les semaines. Mais je ne faisais pas la cuisine pour ces réceptions, car Danielle engageait toujours un traiteur.

Q : *Donc, elle ne mangeait pas avec les enfants ? Que faisaient les enfants ?*

R : Eh bien, la secrétaire particulière appelait le chauffeur. Enfin, je pense, car je ne lui ai jamais parlé.

La nounou accompagnait les enfants partout en limousine. Elle les emmenait au concert ou manger chez *Trader Vic's*.

J'adorais Nicky. Il aimait beaucoup le chocolat. Il m'a même offert une petite bague comme celle qu'on trouve dans les machines à *chewing-gum*. Je l'ai encore.

Nicky aimait beaucoup le vidéo de Michael Jackson, *Thriller*, avec Vincent Price, et il le regardait constamment sur la chaîne MTV. Il avait même mémorisé toute la routine de Michael Jackson. C'est à ce moment là que Danielle a interdit MTV à toute la maisonnée.

Cela ne plaisait pas à la nounou qui se sentait coincée avec les enfants. Pour elle, la télé et MTV étaient les seuls moyens de rester en contact avec ce qui se passait dans le monde.

Nicholas était toujours très beau, ses cheveux bien placés... c'était un enfant charmant qui n'avait eu aucun mal à faire ma conquête. Je l'aimais beaucoup. Il était merveilleux. Et puis, il m'avait donné cette jolie petite bague.

Et, en général, je trouvais Danielle, sa mère, tout aussi charmante.

Q : *Qui était responsable de la sécurité dans la maison ?*

R : Ils étaient un peu paranoïaques.

Son mari, John Traina, était très très inquiet, très conscient de tout ce qui se passait. L'épicerie livrait les denrées et, un jour, après une livraison, un autre paquet fut jeté par-dessus la clôture. C'était un paquet de viande enveloppé dans du papier de boucherie. Le système de sécurité est très vigilant et John a entendu parler de cet incident dans la maison. Il eut peur que la viande ne soit empoisonnée.

Il s'est présenté dans la cuisine immédiatement en demandant : «Où est le paquet ? Où est le paquet ?» Il était là pour la protéger.

Le chauffeur de la limousine est aussi un garde de sécurité. Je ne sais même pas où ils gardent toutes leurs voitures. Ils appelaient la limousine et elle apparaissait. Je ne l'ai jamais vue.

Q : *Et pourquoi avez-vous quitté votre emploi dans la maison de Danielle Steel ?*

R : J'avais été embauchée uniquement pour enseigner au couple brésilien à faire la cuisine afin d'éviter les empoisonnements. Je leur ai donné mon exemplaire de *Joy of Cooking* (un classique de la cuisine américaine) pour les aider à mieux comprendre nos habitudes alimentaires.

CHAPITRE 17

LA BELLE VIE

*Tout comme Ronald Reagan, il ne faut pas sous-estimer
Danielle Steel, qu'elle soit une personne, un ordinateur ou
une corporation... Ils sont tous deux absolument sincères et
connaissent parfaitement leur public.*

Extrait d'une critique de
Album de famille parue dans *Vogue*

Danielle Steel ne manque pas d'argent pour voyager dans des pays exotiques. Mais elle préfère rester à la maison, auprès de ses enfants et de sa vieille Olympia de métal des années quarante, génératrice de tant de millions.

Aujourd'hui, qu'en coûterait-il pour convaincre Danielle de quitter son éditeur ?

Vingt millions de dollars par année. C'est le montant qui circule dans les coulisses du monde de l'édition à New York, parmi ceux qui complotent pour enlever Danielle Steel à Delacorte Press, son éditeur des dix-huit dernières années. La présidente de Delacorte Press, Carol Baron, agit aussi comme éditrice particulière de Danielle.

Les profanes sont absolument renversés des sommes produites par l'industrie du livre et, plus particulièrement, par celle des romans d'amour.

*

Lorsque Danielle commença à taper sur sa vieille Olympia, elle reçut trois mille cinq cents dollars de Pocket Books, une filiale de Simon and Schuster, aujourd'hui la propriété de Paramount et de Viacom, un conglomérat international de médias. Les dirigeants de cette société se reprochent probablement encore amèrement d'avoir perdu Danielle, peu de temps avant qu'elle ne devienne une mine d'or californienne connue dans le monde entier.

L'édition originale de *Going Home* sortit en format de poche vendu à 1,25 $. Au début des années quatre-vingt-dix, Pocket en avait fait plus de 40 tirages et le vendait 5,95 $ l'exemplaire. En 1991, Pocket Star

Books eut la brillante idée de publier une «édition souvenir spéciale» qui en était déjà à plus d'une dizaine de tirages au moment de la rédaction du présent ouvrage.

Et ce n'était qu'un seul de ses romans.

*

Dans une critique de *Album de famille* publiée en 1985 dans le magazine *Vogue*, sous le titre de *Venus Envy*, un professeur de sciences humaines de l'université Yale souligna que le roman semblait tirer son inspiration dans d'authentiques émotions. Il fit aussi remarquer que Danielle Steel était l'auteur de dix-huit romans, traduits dans dix-huit langues, et vendus à plus de cinquante millions d'exemplaires.

Ces dix-huit romans à succès furent tous négociés par Phyllis Westberg, l'agente qui s'occupait des affaires de Danielle depuis les tout débuts. Westberg ne l'avait pas laissée tomber lorsque cinq de ses romans furent refusés par les éditeurs. Elle l'avait toujours soutenue dans sa carrière.

Phyllis Westberg commença à travailler avec Danielle vers 1971. Une amie de Danielle les présenta l'une à l'autre et elles sympathisèrent tout de suite. Phyllis travaillait pour la très prestigieuse et très conservatrice agence Harold Ober de New York.

Danielle écrivit son premier roman, *Going Home*, en 1971 et Phyllis le vendit en 1972, mais Pocket ne le publia pas avant 1973.

Phyllis ne réussit tout simplement pas à vendre les cinq romans suivants (aucun éditeur n'en voulait), mais elle ne découragea jamais Danielle de continuer. Elle finit par faire entrer Danielle chez Dell. Et c'est en 1978 que Dell proposa à Danielle de produire la version écrite de *Leur promesse* pour Universal. Ce fut le coup de pouce qui la fit mieux connaître et qui lança véritablement sa carrière.

Au début des années quatre-vingts, Phyllis Westberg négocia successivement pour Danielle des contrats de trois romans avec Dell, son éditeur.

L'un de ces contrats se termina avec *L'anneau de Cassandra*, sa première édition en grand format, dédicacée à Bill Toth.

Dans l'avant-dernier contrat négocié par Phyllis, deux des trois romans devaient être publiés en grand format : *La maison des jours heureux*, publié en format de poche, *La ronde des souvenirs*, en grand format en 1984, et *Album de famille*, en grand format en 1985.

Le dernier contrat obtenu par Phyllis le fut pour des éditions en grand format : *Il était une fois l'amour*, *Traversées* et *Une autre vie*. Phyllis négocia en outre le contrat pour la publication simultanée en format de poche et en grand format de *Having a Baby*, l'ouvrage que Danielle avait écrit avec ses amies de San Francisco, qui parut en avril 1984.

À cette époque, il était inimaginable qu'un auteur de romans d'amour ayant toujours été publié en format de poche change de catégorie et commence à publier en grand format. Danielle Steel fut la première à le faire. Mais elle ne comprit jamais pourquoi Dell avait tant tardé à publier ses œuvres en grand format, une forme d'édition qui est beaucoup plus payante pour l'auteur que le format de poche.

La décision de quitter son agente au printemps 1984, pour trouver quelqu'un de plus dynamique et de plus agressif, donna un nouvel élan à sa carrière.

En 1984, à l'occasion de l'attribution des droits à l'étranger de *Album de famille*, et de la réédition, en novembre 1984, du recueil de poésie *Love Poems* d'abord publié en 1980, *Publishers Weekly* annonça que Mort Janklow était devenu l'agent de Danielle Steel.

Publishers Weekly fit la critique de la réédition de *Love Poems*, le 5 octobre 1984 :

Le thème, comme il fallait s'y attendre, est l'amour avec un grand A. Steel décrit la fin d'une relation amoureuse, le début d'une autre, et la solitude entre les deux. L'auteur de best sellers n'est malheureusement pas dans son élément.

Ce ne sont pas des poèmes, mais des gribouillis d'adolescente, truffés d'émotions simplistes et de clichés... Un grand nombre de ces vers ont déjà été publiés dans un livre de poche du même titre. D'autres sont tirés des magazines McCall's *et* Cosmopolitan. *Ce recueil figure sur la liste de la* Literary Guild *et du* Doubleday Book Club. *Mort Janklow en a négocié les droits à l'étranger.*

*

L'influence de Mort Janklow est clairement perceptible. Il publie à nouveau une édition de poche bon marché vieille de plusieurs années et, malgré des critiques assassines, elle se retrouve sur les listes de la *Literary Guild* et du *Doubleday Book Club*, et jouit d'une popularité qui ne s'est pas démentie depuis.

La carrière de Danielle connut un deuxième grand bouleversement avec la création, en association avec son mari John Traina, de *Benitreto Productions, Ltd* ; cette société fut fondée en partie dans le but de réduire les charges fiscales de l'auteur. En quelques années, à la faveur d'un changement dans les lois fiscales des États-Unis, Benitreto fit l'acquisition de tous les *copyrights* de ses ouvrages.

La critique de *Album de famille* parue dans *Vogue*, se termine ainsi : «Tout comme Ronald Reagan, il ne faut pas sous-estimer Danielle Steel, qu'elle soit une personne, un ordinateur ou une corporation... Ils sont tous deux absolument sincères et connaissent parfaitement leur public.»

*

Aujourd'hui, son superagent, Mort Janklow, a transformé Danielle Steel en l'auteur LA PLUS VENDUE dans plus de trente pays.

Comment Mort Janklow réussit-il à conquérir la romancière la plus populaire des États-Unis ?

Grâce à John Traina.

«Je ne pourrais rien faire sans lui, dit Danielle de son quatrième mari. C'est à lui que je dois mon succès.»

Avant que Danielle n'épouse John Traina au cours de l'été 1981, ses livres se vendaient bien, mais il n'y avait pas de grosse machine derrière elle. John Traina, étonné par le manque d'expérience de Danielle en affaires, mit en branle le processus de sélection d'un nouvel agent.

Quel est le secret qui permit à Mort Janklow de faire gagner des millions de dollars à Danielle ? Il s'ingénia à lui faire perdre l'étiquette d'auteur de romans d'amour qu'on lui avait accolée, pour la présenter plutôt comme un auteur littéraire.

Mort Janklow s'occupa de refaire le design des couvertures des romans de Danielle, d'en changer la typographie, et de coordonner sa publicité. C'est là une lourde responsabilité quand on songe que ses ouvrages sont publiés dans 20 ou 30 pays.

Lou Blau, l'avocat de Danielle à Century City, téléphona à Mort Janklow alors qu'il était en vacances à St-Martin dans les Antilles.

«Danielle Steel a quitté son agent, dit Blau à Janklow, et vous êtes l'une des personnes pressenties pour la remplacer. Seriez-vous disposé à venir à San Francisco pour la rencontrer et en discuter avec elle ?»

«Et comment ! répondit Janklow, mais seulement lorsque mes vacances seront terminées.»

Le superagent prit l'avion pour la Californie où il eut un long entretien avec Danielle, à sa résidence de San Francisco. Ils découvrirent qu'il formaient une équipe formidable. Mort Janklow était enthousiaste à l'idée de travailler pour Danielle, car il pensait pouvoir maximiser les efforts de marketing de son éditeur.

Bref, ils trouveraient le moyen de vendre encore plus de livres en grand format et en format de poche, d'agrandir son public aux États-Unis et sur le marché international, et de gagner encore plus d'argent. Ses romans antérieurs deviendraient de véritables placements et une source continue de revenus, se vendant aux lecteurs qui la découvraient.

Danielle s'était déjà acquis un public fidèle et elle était déjà respectée dans l'industrie comme une romancière extrêmement disciplinée et consciencieuse. Janklow fit en sorte que les gens la remarquent, que ses ouvrages soient publiés en grand format et en format de poche, qu'ils soient attrayants, que l'impression soit de meilleure qualité, etc. Il s'arrangea aussi pour que les couvertures qui ne plaisaient pas à Danielle soient remplacées et que soient modifiés les autres détails qui auraient pu empêcher de vendre encore plus de livres.

Comme elle le faisait lorsqu'elle travaillait avec Phyllis Westberg, Danielle écrivait un si grand nombre de romans qu'elle en avait toujours un ou deux «en réserve», des ouvrages terminés mais qui n'étaient pas publiés pendant un, deux ou trois ans, jusqu'à ce que l'équipe de marketing juge le moment opportun pour les lancer en librairie. Comme Janklow représentait un grand nombre d'auteurs de best sellers, il pouvait même coordonner la parution des ouvrages de ses poulains de manière à donner à chacun la chance de figurer sur la liste des best sellers du *New York Times*, liste que consultent tous les libraires des États-Unis avant de passer une commande.

L'agence de Janklow découvrit bientôt que Danielle était une femme extrêmement généreuse et affable, mais qu'elle était aussi très décidée. Elle savait ce qu'elle voulait et elle était prête à tous les sacrifices pour l'obtenir. Ce qui signifiait que son organisation et son horaire venaient en premier. Ses livres ne cédaient le pas qu'à son emploi du temps et à ses enfants.

Toutefois, JAMAIS elle ne reporta une échéance qu'elle s'était fixée. Elle savait sacrifier les plaisirs à court terme pour atteindre ses buts à long terme.

*

«Parce que j'écris des romans d'amour», déclara Danielle l'année suivante, «les gens ne voulaient pas prendre mes œuvres au sérieux. J'y consacre énormément de travail. Compte tenu du temps et des efforts que représentent mes livres, j'estime qu'ils méritent un peu de respect. Après tout, ils connaissent beaucoup de succès.»

Danielle Steel a un public immense. Ses romans se hissent au premier rang sur la liste des best sellers et s'y maintiennent pendant des semaines et des semaines, rapportant des millions à la société Benitreto.

*

L'éditeur de Danielle tentait même de vendre ses romans par téléphone, au moyen d'un numéro 900, pour lequel les usagers paient à la minute.

*

Bien que Danielle ait changé d'agent, elle ne montre aucun signe de vouloir changer de maison d'édition.

Delacorte/Dell fait tout en son pouvoir pour la satisfaire. «Elle fait vivre la maison, déclara son éditeur à un journaliste. Je crois que c'est une situation qui rapporte beaucoup d'argent à tout le monde, y compris à son agent Mort Janklow.»

Au cours des ans, Delacorte et Danielle ont établi une excellente relation et la maison d'édition fait du très bon travail avec ses ouvrages. Dans l'entrevue qu'elle accorda en 1982, il était évident que Danielle n'était pas heureuse des pages couvertures de ses livres et du peu de respect accordé à son travail. Mais ces problèmes ont été réglés depuis par Mort Janklow.

De temps en temps, des rumeurs circulent sur les négociations secrètes qui assurent à Delacorte/Dell la loyauté de Danielle. En 1990, *Publishers Weekly* fit paraître un entrefilet révélant que Mort Janklow avait négocié un contrat de soixante millions de dollars pour les cinq prochains ouvrages de Danielle. Janklow lui-même n'a jamais voulu ni confirmer ni démentir les termes de ce contrat de soixante millions de dollars.

Comme Danielle Steel écrit parfois un roman tous les neuf mois, elle aurait pu écrire ces cinq livres en quarante-cinq mois, soit entre quatre et cinq ans. En calculant bien, cela représente plus de quinze millions de dollars par année, si elle maintenait sa cadence de travail presque inhumaine.

Ces quinze millions de dollars viennent peut-être s'ajouter aux revenus de vingt-cinq millions de dollars par année que lui attribuait le magazine *Woman's Day* en 1990. (Plus tard énergiquement démentis par Rogers & Cowan, sa firme de relations publiques.) Quelle que soit la vérité, ses revenus s'élèvent à plus d'un million de dollars et peut-être même atteignent-ils le chiffre faramineux de quarante millions de dollars.

Quand on lit dans le *New York Times* que Barbara Taylor Bradford, l'éternelle rivale de Danielle, a obtenu trente-six millions de dollars pour ses trois prochains romans, les soixante millions de Danielle semblent tout à fait plausibles.

Bradford, qui suit Danielle de près, obtient douze millions de dollars par ouvrage. Danielle Steel, l'auteur la plus populaire, obtient exactement la même somme, soit douze millions de dollars par roman, mais elle écrit des ouvrages moins longs et en deux fois moins de temps.

Danielle ne révèle pas publiquement ses revenus. Elle répondit un jour à un journaliste que les éleveurs de bétail considèrent impoli de demander combien de têtes comprend leur troupeau. «J'ai toujours envie de leur demander s'ils veulent un crayon et un papier.»

*

Secrets, paru en 1985, fut peut-être le premier roman de Danielle dont Mort Janklow s'occupa entièrement. La carrière de Danielle avait le vent dans les voiles, mais Janklow lui obtint de meilleurs contrats, fit augmenter ses ventes internationales et s'assura que son éditeur faisait tout ce qu'il pouvait pour elle.

Par exemple, *Secrets* fit l'objet d'une critique dans le *New York Times* et dans le magazine *Time*. Dorénavant, la parution de ses romans était perçue comme un «événement» dans le monde de l'édition, un phénomène, bien que les critiques aient de la difficulté à comprendre les raisons exactes de la popularité de Danielle auprès des femmes.

Publishers Weekly publia une critique de *Secrets* dans son édition du 6 mars 1985 et admit que les lectrices de Danielle lui demeuraient fidèles :

> *Le producteur Mel Wechsler distribue les rôles de son feuilleton télévisé «Manhattan» à cinq comédiens. Mais, pour ces stars montantes, le prix du succès sera l'étalage public de leur vie privée.*
>
> *Le mariage secret de Bill Warwick avec une droguée constitue une menace tant pour son contrat que pour son équilibre mental, tandis que l'homosexualité ambivalente de Zach Taylor le force à mener une double vie.*
>
> *Gabrielle Smith cache son héritage, tandis que Jane Adams a un autre secret intime : un mari violent qui abuse d'elle.*
>
> *La vie brillante de New York et de Beverly Hills, et les détails scabreux, donnent à l'intrigue l'éclat auquel Steel nous a habitués. Si* Secrets *tombe parfois dans l'invraisemblance (Jane Adams peut-elle vraiment être une star de feuilleton télévisé pendant dix ans, tout en faisant croire à son mari qu'elle fait du bénévolat ?), les rêves, le pouvoir et les intenses loyautés familiales sont plus plausibles.*
>
> *Le nœud de l'histoire réside dans le duo formé par Sabina Quarles (dont le secret ne nous est révélé qu'à la fin) et par le producteur Wechsler, un exemple parfait des personnages masculins qui obtiennent la faveur des admiratrices de Steel : un homme qui sait aimer une femme à sa juste valeur.*

The New York Times Book Review devina que Danielle s'était inspirée de *Dynasty* pour le feuilleton dont il est question dans le roman. Ce qui est possible, puisque c'est Doug Cramer, son futur producteur de télévision, qui a produit ce même feuilleton. Un critique, aujourd'hui à l'emploi de *National Public Radio*, trouva l'intrigue «extrêmement prévisible». Mais, David Bianculli n'est pas un admirateur de Danielle Steel. Il ne comprend tout simplement pas.

La critique du *Time* nota : «Dans l'éternelle saga de ce genre littéraire, Danielle Steel est la reine incontestée du roman d'amour à grands déploiements. Les personnages de *Secrets* sont à la fois des comédiennes professionnelles très occupées et de redoutables déesses de l'amour. La plus impressionnante du trio est celle qui réussit à convertir un homosexuel pour en faire son amant et le père de son enfant.

«Le souci de Danielle pour la beauté de ses personnages, note *Time*, a pour effet d'élever la perfection physique au rang de valeur spirituelle.»

CHAPITRE 18

NAISSANCES

Tout ce qu'il faut pour réussir, c'est une tablette et un crayon.

André Meyer, Lazard Frères, New York.

L'espoir de décrocher un jour un contrat de soixante millions de dollars pour un livre inspire des milliers d'écrivains à essayer de rédiger un roman d'amour. Un bon nombre de ces romans parviennent jusque dans les magasins.

Mais il y a beaucoup d'appelés et peu d'élus, et le prix à payer grimpe de plus en plus, à mesure que l'on gravit les échelons du succès. Danielle Steel et sa famille ont dû payer un prix élevé en inconfort physique et moral pour leur réussite.

Certains observateurs se sont demandé si Danielle écrivait des comptes rendus à peine voilés de sa propre existence, si elle concoctait un savant dosage d'imagination, de personnages réels et d'expériences vécues, pour créer des situations dramatiques d'amour et de vengeance.

Bien sûr, et malheureusement, les personnes qui semblent réellement rendre Steel nerveuse ne sont pas les milliers d'admiratrices qui composent son public. Ce sont plutôt d'anciens pensionnaires des pénitenciers de San Quentin et de Vacaville, de Lompoc et de Folsom, en l'occurrence ses deuxième et troisième maris.

«Zugelder est dans le dernier épisode», ironisait Bill Toth, alors encore légalement son mari.

«Quand il est sorti de prison, il l'a contactée. Danielle n'a pas apprécié. Nicky (l'enfant de Bill Toth et de Danielle) n'avait qu'un an, Beatrix que neuf ans.»

*

En 1979, Danielle confia à une de ses amies de New York qu'elle venait de traverser une période difficile au cours de laquelle on avait proféré des menaces contre elle et sa famille.

Un ex-prisonnier avait lu un de ses romans en prison. Après sa libération, il l'avait accusée d'avoir basé ce livre sur sa vie. Ce que nie Danielle Steel.

Danielle ne révéla pas à cette amie que l'ex-prisonnier avait été son mari, Danny Zugelder.

Danielle fut terrifiée et engagea un garde du corps vingt-quatre heures sur vingt-quatre, mais «heureusement», rapporta l'amie, l'ex-prisonnier avait été remis en prison parce qu'il avait violé la fille d'un avocat dans un autre Etat.

Mort Janklow déclara plus tard qu'il ne blâmait pas Danielle de penser à sa sécurité. «Elle a déjà reçu de graves menaces», affirma-t-il à un reporter, «et elle a de nombreux enfants.»

Danielle Steel essaie de garder le secret sur l'adresse de son domicile. Mais elle est une vedette d'une des plus belles villes au monde, celle que le chroniqueur Herb Caen appelle Bagdad-sur-la-Baie. Herb Caen est probablement le chroniqueur le plus expérimenté et le plus productif de San Francisco, sinon des États-Unis tout entiers. Inutile de dire que les allées et venues de Steel ont été largement observées.

Tout de même, Danielle Steel a longtemps demandé aux grands magazines féminins de ne pas révéler le lieu de son domicile. Mais les chroniques de Herb Caen, et bien sûr, les photos de sa nouvelle maison, le célèbre manoir Spreckels, publiées dans le magazine *W*, dans *People* et dans *Architectural Digest*, font en sorte qu'il est évident qu'elle habite à San Francisco.

*

Les psychopathes, les criminels, tout comme ses *fans*, savent bien comment dénicher les gens quand ils souhaitent les trouver.

Les intrigues qui mettent en scène des auteurs de crimes attirent souvent l'attention des criminels. Il est alors facile d'imaginer que Steel prenne les mêmes précautions que les auteurs de romans policiers basés sur des faits réels. Selon le *Wall Sreet Journal*, la plupart des auteurs de ce genre de romans semblent avoir déjà fait l'objet de menaces.

«Si un criminel est un dangereux violeur, alors il faut le décrire de cette façon», raconte Jack Olsen, un auteur de Seattle. «Et si ses amis vous veulent du mal à cause de votre travail, eh bien, c'est la vie.»

On a souvent vu des criminels ourdir leur vengeance dans des cellules de prison et engager des ex-détenus pour mener à bien leurs bassesses. Il ne faut pas oublier qu'en 1979, lorsque Danny Zugelder fut amené au poste de police dans une voiture de la patrouille routière du Colorado, l'inspecteur de faction avait écrit qu'il était un homme vraiment dangereux et qu'on pouvait sans crainte le comparer à des personnages comme le célèbre tueur en série Ted Bundy.

Danny écrivit à Danielle, son ex-femme depuis à peine un peu plus d'un an, pour lui demander de l'argent dans le but d'engager un avocat qui le défendrait dans une de ses accusations pour viol. Il fut étonné du refus qu'il essuya. Comme elle avait dépensé près de dix-sept mille cinq cents dollars pour sa défense cinq ans plus tôt, il croyait qu'elle serait plus généreuse.

Danielle avait commencé à gagner beaucoup d'argent grâce à ses livres après le succès de *Leur promesse*, et elle participait de plus en plus à la vie mondaine de San Francisco. Elle ne voulait plus rien avoir à faire avec Dan Zugelder.

Selon Zugelder, Danielle remit sa lettre au directeur de la prison du Colorado. Le directeur, toujours selon Zugelder, détermina que ce dernier faisait du chantage en promettant à Danielle de ne pas révéler qu'il avait déjà été marié avec elle en échange de son aide financière. Il lui fut dorénavant interdit d'écrire à Danielle.

Zugelder sera admissible à la libération conditionnelle en 1998. A l'exemple de sa détention en Californie, Zugelder se comporte en prisonnier modèle.

Les romans de Danielle Steel traitent de plus en plus de la famille. Toutefois, il plane toujours au-dessus de ses personnages la menace d'une violence tragique et soudaine qui pourrait transformer leur vie.

Dans *Disparu* (1993), dédié à Nicholas, Danielle revient au thème de l'enlèvement mystérieux d'un enfant, un sujet qu'elle avait déjà exploré dans *La belle vie*.

Dans *Un si grand amour* (1981), également dédié à son fils Nicholas, une jeune fille est battue et violée dans Central Park.

La belle vie fit l'objet d'une critique dans le *Publishers Weekly* du 2 juin 1987. (Autour de cette date, Mort Janklow et Delacorte avaient annoncé que les ouvrages de Danielle s'étaient déjà vendus à plus de soixante-dix millions d'exemplaires.) Le critique du *Publishers Weekly* se demanda si même les plus loyales admiratrices de Danielle pourraient croire à l'intrigue du livre. Pourtant, les éléments de l'histoire de la femme mourant du cancer sont vrais (une amie de Danielle est décédée du cancer en 1983 et le livre fut écrit vers cette époque), et l'histoire de la bataille juridique pour la garde de son enfant entre son conjoint et le père, un ex-détenu menaçant, un drogué... et un maître chanteur... pourrait bien avoir été vécue par Danielle elle-même.

«La rédaction de ce livre a été pour moi une expérience très éprouvante, raconte Danielle. Je l'ai écrit pour honorer la mémoire d'une amie très chère emportée récemment par un cancer du sein, et les souvenirs de sa lutte ont souvent été très douloureux pour moi. Elle s'est battue contre le cancer pendant cinq ans et, à la fin, elle faisait vraiment pitié à voir. Cette amie avait à peu près mon âge, et comme moi, elle avait une grosse famille. C'était terrifiant de voir quelqu'un qui me ressemble autant aux prises avec une maladie mortelle. J'aime tout dans ma vie, et cela me fait peur de penser que tout pourrait s'arrêter subitement.»

Les critiques furent partagées. Celle publiée dans *Publishers Weekly* fut particulièrement dure :

La romancière à succès Danielle Steel fait encore bouillir la marmite. Mais cette fois, même ses plus loyales lectrices auront de la difficulté à avaler les situations extrêmes qu'elle y mijote. Bernie Fine, le gérant d'un magasin à rayons bon chic bon genre, n'a pas de chance en amour jusqu'à ce qu'il rencontre Liz et sa jeune fille, Jane. La cour édulcorée qu'il mène à Liz précède un mariage parfait, mais leur idylle prend brutalement fin quand Liz est atteinte d'un cancer.

La sourde angoisse que ressent Bernie devant sa femme qui meurt à petit feu est décuplée lorsque Jane est enlevée par son père, un bon à rien, qui demande une rançon.

Malgré ce crime, un tribunal indifférent accorde la garde de l'enfant au ravisseur, qui meurt de façon très pratique en attaquant une banque le jour même où il est censé emmener sa fille terrifiée loin du seul foyer qu'elle connaisse.

Une jolie pédiatre vole ensuite le cœur de Bernie, le laissant avec la pénible impression qu'il trahit complètement l'amour qu'il a partagé avec Liz. La crédibilité du livre en prend un bon coup, mais le roman est réchappé par des passages décrivant les sentiments convaincants et réels d'un être face à la mort de la personne aimée.

Même lorsque Danielle s'éloigne de la violence familiale pour décrire des situations qui se déroulent en Europe et qui auraient pu être basées sur des événements réellement survenus dans sa famille, les critiques la taxent de naïveté politique.

Le héros de son premier livre en grand format, Walmar von Gotthard, dans *L'anneau de Cassandra*, est un banquier allemand qui collabore avec les nazis, tout en aidant certaines personnes à fuir le régime.

Une personne admise chez Danielle à San Francisco en 1981, se rappelle avoir vu parmi les innombrables vieilles photographies de famille accrochées au mur, des photos de son père allemand en *smoking* et l'air plein d'allant : le Schuelein qui devait devenir un Schulein-Steel. Elle se souvient aussi avoir remarqué les photos du château de famille (qui ressemble beaucoup à celui de von Gotthard dans *L'anneau de Cassandra*), des écuries, ainsi que celles des membres de la famille en tenue de chasse à courre.

En 1992, en parlant de «l'extraordinaire» héroïne Sarah Whitfield du roman *Joyaux*, le critique du *Wall Street Journal* se demande comment «on peut trouver extraordinaire le fait de flirter avec les nazis et de profiter des conséquences de l'après-guerre.»

«Après la guerre, continue le critique, Sarah se découvre un nouveau hobby : elle achète de fabuleux bijoux aux réfugiés, aux Juifs ruinés et aux collaborateurs nazis. Son mari, le duc, résume bien sa philosophie : "C'est une façon honnête et généreuse d'aider les gens et de leur prêter de l'argent."»

Mais les histoires que Danielle a racontées en entrevue sur son passé et sur les événements vécus par sa famille en Allemagne, ne sont peut-être justement que des histoires. D'après ce que les membres de sa parenté du New Jersey ont raconté, ses grands-parents élevaient quelques vaches et non des chevaux, à leur maison de campagne.

*

Dans *Joyaux*, Danielle joue encore avec le mythe de sa propre famille, un mythe resté sans tache malgré les horreurs de la guerre. Après tout, Danielle avait déjà révélé à Bill Toth que sa grand-tante avait quitté l'Allemagne après la Deuxième Guerre mondiale pour vendre des peintures à Manhattan ; une histoire qui se rapproche un peu de celle qui est racontée dans son roman.

Souvenirs d'amour, écrit lorsqu'elle était encore l'épouse de Bill Toth et qu'elle s'ingéniait à composer les histoires qui remplaceraient celles qu'elle n'avait pas vécues, fit l'objet d'une critique, le 28 août 1981 dans *Publishers Weekly*, quelques mois après son mariage avec John Traina :

Les lecteurs qui aiment se perdre dans les longues histoires d'amour ne seront pas déçus par le dernier roman de Danielle Steel, même s'ils devront se montrer patients, car l'intrigue est lente à s'engager.

Le roman raconte l'histoire de deux générations de femmes d'une grande beauté. D'abord celle de Serena, la princesse italienne déchue aux yeux verts, qui se déplace telle une poupée Barbie *adulte, d'une soirée mondaine à une autre, comme dans un conte de fées, au bras de son mari, le riche Américain Brad Fullerton.*

Après la mort de Serena, le roman atteint finalement son rythme de croisière. Des personnages plus réalistes et une histoire très bien rendue racontant la lutte pour la garde d'un enfant orphelin, viennent captiver l'attention du lecteur. En nous faisant revivre les tourments et les remous intérieurs de la fille de Serena aux prises avec un passé dramatique, Danielle Steel réussira peut-être à faire oublier aux lecteurs l'heure d'éteindre leur lampe de chevet.

Les amateurs de belles histoires pourront verser quelques larmes et s'endormir satisfaits, car le roman prend fin sur une note optimiste et émouvante : les blessures du cœur se cicatrisent et les personnages depuis longtemps brouillés se réconcilient.

En 1987, en plus de *La belle vie*, Danielle publia un autre roman intitulé *Kaléidoscope*. Comme pour *La belle vie*, les critiques en jugèrent l'intrigue peu plausible. Pourtant, plusieurs éléments de l'histoire (la jeune fille mariée à un aristocrate français, la femme médecin et la distante et ambitieuse femme d'affaires de New York) faisaient partie de mondes bien connus de Danielle. Voici la critique qu'en fit le *Publishers Weekly* du 25 septembre 1987 :

> *Les pages du tout dernier roman de Danielle Steel abondent en personnages sans dimensions, tous plus mal ébauchés les uns que les autres. Sam Walker et Arthur Patterson, deux soldats américains habitant Paris en pleine Deuxième Guerre mondiale, tombent amoureux de Solange, une jeune et fière Française. Après avoir gagné son cœur, Sam emmène sa jolie épouse à New York où il fait aussitôt la manchette sur Broadway grâce à ses talents d'acteur, à ses colères spectaculaires et à ses incessantes aventures amoureuses. La tragédie frappe lorsqu'il tue Solange au cours d'une dispute, avant de s'enlever la vie. Les trois filles du couple deviennent orphelines.*
>
> *Arthur s'occupe de faire adopter les deux plus jeunes, mais il abandonne lâchement la petite Hillary, neuf ans, à une vie de misère. Déterminée à réunir sa petite famille, cette dernière survit résolument, mais finit par découvrir que l'homme qui a été le responsable de ses tourments a perdu toute trace de ses sœurs.*
>
> *Des années plus tard, Arthur, mourant et repentant, engage John Chapman pour qu'il retrouve et réunisse les trois sœurs. Chapman se charge si bien de l'affaire qu'il devient fasciné par l'objet de ses recherches, en l'occurrence les trois femmes qu'elles sont devenues ; la première a épousé un baron français, la deuxième est devenue médecin et la troisième est une ambitieuse femme d'affaires. De plus, Chapman est obsédé par la quête d'un dénouement heureux qui pourrait effacer les douleurs du passé. Le livre démarre lentement et l'écriture en est trop suave, mais à la mi-course Steel réussit à donner à ses personnages fatigués un second souffle et un dynamisme qui leur est propre.*

Danielle est-elle parvenue à s'offrir une vie de grand luxe à force d'écrire des romans ayant pour cadre des décors fastueux ? Son succès tient-il surtout à son horaire d'écriture presque inhumain ? Peut-être est-ce là le secret qu'elle puise dans sa croyance en la Science chrétienne, laquelle prétend que l'esprit peut créer la réalité dans laquelle le corps vit, s'il le désire vraiment.

Danielle vit maintenant dans le manoir le plus fabuleux de la région de San Francisco, une demeure perchée dans Pacific Heights pouvant rivaliser de beauté avec n'importe quelle maison de n'importe quelle ville américaine.

Mais une ascension aussi fulgurante exige de payer un prix élevé en indiscrétions privées.

CHAPITRE 19

HAVING A BABY

L'intrigue enlevante et la cascade d'événements se déroulant sur trois décennies font de ce livre une bonne lecture.

Extrait de la critique du
N.Y. Times du roman
La ronde des souvenirs

Lois Korotkin, la cuisinière de Danielle, n'était qu'un des nombreux assistants qui contribuaient à faciliter l'existence de Danielle comme écrivain et comme mère.

Dès 1978, une bonne vivait en permanence chez Danielle. C'était la seule manière possible pour elle de remplir ses nombreuses occupations.

Lorsqu'elle emménagea dans son nouveau manoir avec John Traina, ses problèmes de personnel grandirent de façon exponentielle, à l'instar de ses responsabilités.

Bientôt, en plus de Beatrix et de Nicholas, elle donna naissance à un, deux, trois, quatre, puis cinq enfants, coup sur coup. Cinq bébés avec John Traina en environ six ans. Max, le seul fils qu'ils eurent ensemble, naquit l'avant-dernier.

En 1983, Danielle employait une «secrétaire particulière», selon la coutume en vogue dans la société de Pacific Heights. Il y avait Mme Moorehead pour Ann Getty ; Mme Gotcher, pour Dodie Rosenkrans (cette dernière avait déjà habité au manoir Spreckels) ; Mme Fulton, pour Lita Vietor ; et Mme Wheeler, pour Danielle Steel.

La secrétaire particulière de Danielle avait de nombreuses tâches très variées à accomplir. C'est elle qui organisait les sorties des enfants et qui appelait les limousines pour leur transport à l'école ou à tout autre événement social. C'est elle qui devait aussi veiller à la bonne marche des travaux de construction de la nouvelle chambre d'enfant destinée au deuxième bébé des Traina, attendu pour l'automne. C'est toujours elle qui s'occupait, selon ce que les journaux ont rapporté, de toute la correspondance de Danielle. Les Traina voyageaient alors fréquemment à New York, où se trouve l'industrie de l'édition, et à Beverly Hills, où sont situées les industries de la télévision et du cinéma. John Traina se rendait souvent à l'étranger en sa qualité d'expert-conseil en voyage.

Auteur de réputation internationale travaillant sans relâche aux romans contemporains dont raffolent ses millions de lecteurs, Danielle incarnait réellement l'image type de la femme de carrière. Pour arriver à écrire tout en ayant plusieurs enfants, elle savait qu'elle devait se plier à un horaire sans faille et à une discipline rigoureuse.

En 1984, Danielle publia son roman *La ronde des souvenirs*. Ce livre constitue une inspiration pour la femme qui veut tout vivre. Tana Roberts naît dans une famille pauvre. Elle est élevée par sa mère. À dix-huit ans elle se fait violer par le fils de l'amant de sa mère, un garçon riche et gâté. Au cours des années soixante, elle joue à la militante à l'université de Berkeley. Dans les années soixante-dix, elle devient une avocate reconnue de San Francisco, une femme passionnée par son travail. Elle vit dans un petit bijou de maison et sent le besoin de partager sa vie avec un homme et peut-être même d'avoir des enfants. Tana Roberts, une femme forte et indépendante, met deux enfants au monde et découvre qu'il est encore possible, même à un âge assez avancé, de créer une famille heureuse avec l'homme plus âgé, mais irrésistible, qu'elle aime et qu'elle épouse.

Le critique du *New York Times* nota que Danielle Steel n'avait «pas écrit ce texte féministe... pour elle.» Par la bouche du mari de Tana, un juge d'une grande sagesse, Danielle rassure ses lectrices qu'il n'y a pas de raisons pour ne pas avoir une carrière et une famille.

Danielle avait dû travailler d'arrache-pied pour produire ce roman tout en continuant à vivre une vie normale avec sa famille et avec son mari John Traina. D'ailleurs, il est de plus en plus évident qu'une femme *peut* concilier une carrière et une famille lorsqu'elle est aussi bien organisée et aussi fortunée que Danielle Steel. Les efforts de Danielle commençaient à porter fruit comme en témoigne la critique du *New York Times* : «... l'intrigue enlevante et la cascade d'événements se déroulant sur trois décennies font de ce livre une bonne lecture.»

Les seules emplettes de Noël de Danielle démontrent bien de quelle organisation dépend le bon fonctionnement de son existence. Aller acheter des cadeaux pour neuf enfants, dont cinq en bas âge, son bien-aimé époux, son personnel et tous ses amis, sans oublier les petits présents pour son éditeur et le personnel de son bureau de New York, relève d'une véritable expédition.

Dès janvier, elle commande ce qu'elle appelle «le *Biggie*» (le Gros), un arbre fraîchement coupé de plus de dix mètres de hauteur. (Dans le vieux manoir, il se dresse face à l'escalier central tel l'énorme arbre que la ville de Paris avait jadis coutume d'offrir à San Francisco et qu'on érigeait dans le centre-ville.)

Danielle, on s'en doute bien, commence à penser à sa prochaine liste de cadeaux de Noël dès que les festivités de l'année en cours sont à peine terminées. On fait prendre la photo pour les cartes de souhaits. Il faut choisir l'endroit où la photo sera prise (une année, toute la famille s'est rendue au ranch de Napa Valley pour se faire photographier devant les belles voitures anciennes), faire imprimer les cartes et les adresser.

Il ne lui reste plus qu'à décider à qui elle offrira telle ou telle chose, pour lequel des enfants elle avait choisi une couleur en particulier, à qui plaira réellement ceci ou cela. (Danielle a de qui tenir, car son père lui avait déjà demandé en décembre ce qu'elle désirait pour Noël, le Noël de l'année SUIVANTE !)

Danielle suit donc la bonne habitude de son père et commence à acheter ses décorations et à remplir le bas de Noël des enfants au mois de septembre.

Dès le mois d'octobre, Danielle a déjà terminé la majorité de ses emplettes de Noël.

Chaque année, avec les enfants, elle prépare des *brownies* (des petits gâteaux au chocolat et aux noix) pour tous leurs amis. De plus, les enfants participent à la décoration de la maison.

À la mi-décembre, ils achètent d'autres arbres qui viennent s'ajouter au «Biggie». Ils choisissent un gros arbre de Noël pour la fête de famille et un arbre plus petit pour chacune de leurs chambres. Ils s'amusent ensuite à les orner de leurs propres décorations maison.

Les enfants et toute la famille passent la fête de Noël dans la chaleur du foyer, les pieds bien au chaud dans de confortables pantoufles.

*

Danielle n'a pas souvent l'occasion de se prélasser dans l'atmosphère douillette de son foyer. La seule tâche de gérer le personnel de sa maison représente pour la plupart des gens beaucoup plus de travail qu'ils ne pourraient en faire. (En 1988, sa domesticité se composait d'une gouvernante à plein temps, d'une intendante, d'une cuisinière, d'une secrétaire, d'une nounou pour les bébés et de deux bonnes à temps plein.) Mais Danielle, selon ses propres affirmations et celles de ses intimes, ne se contente certainement pas de déléguer toutes les responsabilités à son personnel et de leur laisser tout le soin des enfants.

Elle a un sens de l'organisation inné, un talent qui lui est nécessaire pour arriver à s'occuper de toute sa maisonnée, son mari John Traina et ses enfants, Beatrix Lazard, 26 ans, Trevor, 25 ans, Todd, 24 ans, Nicholas, 16 ans, et les plus jeunes qui ont tous moins de 16 ans, Samantha, Victoria, Vanessa, Max et Zara.

Elle planifie son travail des années à l'avance avec son éditeur et son agent de New York. Elle planifie aussi sa vie avec ses enfants jusqu'à six mois à l'avance.

Avec l'aide de son assistante, Danielle tient une série de registres lui indiquant exactement quand chacun de ses enfants doit aller chez le dentiste ou l'orthodontiste, les rendez-vous des divers animaux chez le vétérinaire et ainsi de suite.

Ces responsabilités s'ajoutent à ses obligations professionnelles et aux voyages qu'elle doit entreprendre à New York.

Au cours des années quatre-vingts, elle avait l'habitude d'amener les enfants à New York chaque mois de juin, une entreprise de grande envergure.

Heureusement, elle pouvait compter sur l'aide de sa fidèle gouvernante qui, au début des années quatre-vingt-dix, fêtait ses douze ans de service dans la famille. A ce chapitre donc, pas de surprises.

Chaque jour, Danielle s'organise pour perdre le moins de temps possible.

Elle regroupe les activités l'emmenant aux mêmes endroits de la maison et s'arrange pour les effectuer en un seul déplacement pour économiser du temps.

Lorsqu'elle va faire des courses ou lorsqu'elle va acheter des cadeaux, elle organise aussi son temps. Au lieu de procéder au hasard, elle suit un itinéraire fixé à l'avance, comme une directrice d'entreprise le ferait pour des rendez-vous d'affaire dans une ville étrangère.

Bien entendu, elle se sert du téléphone chaque fois que possible, car elle utilise aussi les catalogues de divers magasins dans le monde entier pour se procurer les choses qu'elle désire.

Par exemple, elle achète les vêtements des enfants par téléphone. Avec toute son expérience des jeunes personnes, Danielle a probablement une vendeuse favorite qui peut lui proposer les habits les plus à la mode et les lui livrer à la maison.

Et voilà une autre économie de temps.

*

Chaque lundi, elle prévoit son horaire pour toute la semaine. Elle sait à l'avance où elle sera et à quelle heure.

Elle se déplace toujours avec un téléavertisseur. Elle sait donc toujours qui essaie de lui téléphoner. (Non, son téléavertisseur n'est pas serti de diamants !)

De plus, quand survient une urgence concernant les enfants, on peut toujours la joindre où qu'elle soit, et elle accourt.

Mais l'horaire le plus important à ses yeux est celui qu'elle prépare le vendredi pour tous les membres de sa famille. (Tout le monde qui possède un ordinateur, une machine à écrire, ou même un simple papier et un crayon peut faire la même chose pour sa propre famille.) Avec une enfant qui travaille en ville (Beatrix, l'aînée), un fils qui fréquente une école en Europe (Trevor, en Angleterre), un autre dans un collège du Connecticut, et tous les enfants qui ne sont pas encore en âge d'aller à

174

l'école, on peut imaginer que c'est un horaire très chargé. Il y a les cours de gymnastique, les classes de ballet, les cours d'auto-défense, et ainsi de suite, sans compter les visites des enfants chez leurs amis, les fêtes et les sorties.

Par exemple, quand Max avait deux ans, Danielle s'arrangeait toujours avec les mères de ses petits amis pour qu'ils puissent se rencontrer chez l'un ou chez l'autre. Avant que ses enfants ne fréquentent la maternelle, Danielle leur organisait toujours de tels groupes d'amis.

En 1988, Danielle emmenait Victoria et Vanessa à des cours de gymnastique chaque après-midi.

Chaque lundi, les enfants suivaient des cours de musique.

Le mardi, c'était au tour de Max d'aller à ses cours de gymnastique.

Deux de ses filles aussi se rendaient à des cours de gymnastique à un autre moment de la semaine.

En outre, une de ses filles prenait des leçons de karaté, parce qu'une de ses camarades de classe n'arrêtait pas de la brutaliser.

Une autre de ses filles prenait des cours de cuisine. Et Nicholas jouait probablement au football avec ses amis.

Trois de ses filles suivaient également des cours de ballet d'une heure chacun pendant la semaine.

En plus de cet horaire trépidant, Danielle devait organiser son propre emploi du temps pour rencontrer son agent, parler à son éditeur et coucher sur papier les détails d'un nouveau scénario pour un prochain roman. Elle devait aussi garder du temps pour écrire et pour terminer les livres qu'elle publiait régulièrement aux neuf mois.

Elle a pris l'engagement, il y a plusieurs années, d'aller chercher chaque enfant à l'école au moins deux fois par semaine, de prendre le lunch avec les enfants chaque jour où ils sont à la maison et de se rendre avec eux à tous leurs rendez-vous chez le médecin. Ce n'est pas facile avec six enfants en âge d'aller à l'école.

Mais lorsqu'elle est vraiment débordée ou lorsqu'une crise survient, elle demande à sa secrétaire d'aller prendre un des enfants à l'école ou demande peut-être à John de prendre la relève pour un autre.

Lorsque Zara, la dernière née, était bébé, elle la nourrissait au sein. Elles jouissaient de cette façon d'une grande demi-heure ensemble, sans la présence turbulente des autres enfants autour d'elles. Malgré cela, Danielle écrivit dans H*aving a Baby*, qu'elle ne croit pas que l'allaitement naturel soit crucial pour établir un lien avec un enfant.

*

La façon dont Danielle s'y prend pour élever ses enfants n'est un secret pour personne. C'est l'organisation. L'organisation, mais aussi beaucoup d'amour. Pourquoi toute cette organisation ? Danielle dit que de cette façon, elle peut s'arranger pour passer du temps SEULE avec chacun de ses enfants, afin que ceux-ci se sentent réellement des individus uniques à part entière.

Cet engagement à donner de l'amour et de l'attention à chacun de ses enfants signifie qu'elle a dû abandonner certains plaisirs. Le lecteur qui regarde la superbe photo à l'endos de l'un de ses romans, s'imaginera peut-être que Danielle déjeune constamment avec ses amies de la haute société, ou qu'elle voyage toujours à Hollywood pour prendre part à des dîners en compagnie d'autres célébrités.

Lorsqu'ils étaient petits, Danielle affirme qu'elle ne faisait jamais rien pendant la journée sans qu'au moins un de ses enfants ne soit présent.

Bref, pas de temps pour les associations de parents, pour prendre des cafés avec les autres mères, pour luncher avec ses amies, sauf à certaines occasions pendant le temps de Noël.

Donc, malgré l'image brillante qu'elle doit à sa réputation, sa vie de tous les jours se confine à son mari, ses enfants et sa machine à écrire dans sa grande maison.

Ses enfants prennent tellement de son temps, qu'elle doit inscrire chaque semaine à son horaire un lunch avec John, son mari. Ce repas romantique en tête à tête, toujours ailleurs qu'à la maison, a lieu quelles que soient les circonstances.

Bien entendu, maintenant que les enfants ont grandi un peu et depuis l'achat du manoir Spreckels, Danielle pourra se permettre de sortir un peu plus.

Ses enfants ne l'adoreront pas moins pour cela.

*

Pendant les vacances de Pâques, il arrive à Danielle d'emmener toute la famille à Hawaï. Chacun des enfants a alors le droit d'inviter un ami. Selon un reporter, Danielle a déjà ainsi réservé vingt sièges en première classe pour toute sa famille.

Quand elle veut offrir des œufs de Pâques, Danielle ne se contente pas d'acheter un assortiment d'œufs de différentes couleurs. Un reporter a déclaré l'avoir aperçue en train d'acheter TRENTE œufs peints de décorations à quatre-vingt-dix dollars pièce, chez I. Magnin à San Francisco.

CHAPITRE 20

JOYAUX

Danielle n'aime pas partir sans les enfants... pour elle, les enfants passent en premier.

John Traina

«Nous avons eu un beau mariage dans la Napa Valley», raconta John Traina à un reporter, «par un beau jour ensoleillé, chez un de nos amis.

«J'avais une petite maison qui n'était pas assez grande pour accueillir tout le monde, explique John.

«Maintenant que nous avons acheté une vieille ferme avec des dépendances, nous avons presque un bâtiment pour chacun des enfants... nous avons gardé les lieux comme ils étaient à l'origine... c'est très naturel, très rural.»

Chaque année, à quelques reprises, Danielle quitte San Francisco pour se réfugier dans la charmante maison de campagne que John et elle ont acquise dans la Napa Valley.

Selon certaines sources, il lui arrive de passer plusieurs jours d'affilée au ranch. Elle en profite pour s'installer jour et nuit devant sa machine à écrire et terminer un livre, ne s'arrêtant que pour dormir au moins ses quatre heures par jour. Elle a déjà écrit un roman au complet au ranch.

À d'autres moments, elle utilise son refuge de campagne pour se plonger corps et âme dans une nouvelle idée de roman, pour créer le canevas d'une histoire qui deviendra, à force de concentration et d'imagination, un nouveau roman peuplé de tous ses merveilleux personnages dans des décors magnifiques.

*

C'est grâce à son mari si Danielle a découvert et a appris à aimer ce lieu d'inspiration et de vacances. Comme John le disait à un reporter : «Lorsque nous nous sommes mariés, Danielle aimait aller à la plage. Moi bien sûr, j'avais des affaires dans la Napa Valley et je l'ai attirée dans mes filets. C'est maintenant notre petit oasis». Mais n'est-ce pas difficile de faire venir Danielle et tous les enfants jusqu'à la campagne ?

«Je pense que nous sommes tous habitués à une vie mouvementée dans les affaires comme dans les plaisirs, répond John.

«Danielle a une carrière, j'ai ma carrière, et c'est probablement pour cela que nous savons nous organiser, explique encore John.

«Elle est beaucoup mieux organisée que je ne le suis, toutefois... c'est difficile pour elle de partir. Danielle n'aime pas partir sans les enfants... pour elle, les enfants passent en premier.»

Emmener toute la famille à Napa exige beaucoup d'organisation. Une fois que chacun est prêt à l'extérieur de la maison, avec ses vêtements, ses sacs, ses animaux domestiques, ses disques, ses livres et ses amis, John Traina fait monter tout son monde dans deux camionnettes spécialement conçues pouvant loger dix-huit personnes chacune. John conduit habituellement la camionnette qui emmène Danielle et les enfants. Dans l'autre, on entasse les chiens, le cochon et les provisions.

*

La plage elle-même, ses beautés, ses humeurs et ses drames, est un personnage important des livres de Danielle, et elle le fut dès son tout premier roman *Going Home* en 1973, dans lequel on pouvait lire une scène de séduction très *sexy* se déroulant à cheval à Stinson Beach, tout près de Sausalito.

Pendant trois étés, la famille Traina loua des propriétés pour les vacances, pendant que John et Danielle s'efforçaient de dénicher leur propre petit coin de paradis. Comme John l'a déjà dit en entrevue, sa maison à Napa était résolument trop petite pour les plans de famille de Danielle.

Mais envers et contre tout, John était déterminé à trouver une maison dans la Napa Valley... Il semblait fait pour vivre à la campagne. Il débordait de joie, dehors au soleil, sur le tracteur que Danielle lui avait offert, creusant le riche sol de cette vallée reconnue dans tout le pays pour la finesse de ses vins.

De plus, leur superbe collection de voitures anciennes grossissait encore et toujours, et il avaient bien besoin d'un endroit pour les remiser. D'ailleurs, Herb Caen, dans *The San Francisco Chronicle*, n'avait-il pas plaisanté que les voisins des Traina avaient été très heureux de les voir déménager finalement en 1991 au manoir Spreckels, parce qu'ils n'avaient pas l'impression de perdre des voisins, mais plutôt de «gagner vingt-deux places de stationnement» ?

San Francisco, comme New York, est un de ces endroits où le prix des terrains est si élevé dans des quartiers comme Pacific Heights, que les gens sont réticents à consacrer une partie de leur précieuse propriété à la construction de garages. (Le magazine *W* a déjà rapporté que les Getty avaient tellement de difficultés à garer leurs voitures dans la rue, qu'ils ont fini par acheter la maison voisine de la leur, car celle-ci avait son propre garage.)

*

178

Avant sa mort en 1984, le père de John, John Traina Sr, et sa femme, Lea, participaient chaque année aux festivités que Danielle planifiait et organisait pour la grande famille à l'occasion de la fête de Noël. Les parents de John perpétuaient la tradition italienne de Noël : ses pâtisseries, ses vins spéciaux, ses arbres, ses décorations typiques et ses façons très particulières de remplir les bas de Noël.

La seule période au cours de laquelle le père de John n'habita pas San Francisco même fut immédiatement après le tremblement de terre de 1906, lorsque la famille s'installa pendant une année de l'autre côté de la baie, à Sausalito, jusqu'à ce que leur maison soit reconstruite.

John fils, comme son père, obtint un diplôme de la *Lincoln School*. Son père et sa mère finançaient depuis longtemps la vie culturelle et les œuvres de charité de la ville de San Francisco. Ils figurèrent au nombre des premiers bienfaiteurs du *San Francisco Opera* et donnèrent chez-eux de brillantes soirées d'opéra au cours des années trente, quarante et cinquante.

Une des sœurs de John, Marissa, épousa l'homme qui devait devenir le président de la société Volkswagen. Elle s'en fut vivre en Allemagne après son mariage. À sa mort en 1984, le père de John avait neuf petits-enfants.

*

John et Danielle recherchaient la propriété de campagne parfaite, celle qui leur permettrait d'accueillir et de loger toute leur maisonnée dans le plus grand confort.

Ils désiraient créer un endroit à la campagne qui deviendrait un lieu de rassemblement, non seulement pour eux, mais aussi pour tous leurs enfants — les six plus jeunes et les trois aînés — et pour tous les amis de la famille pendant plusieurs générations. Ils voyaient déjà plus loin, dans vingt ans, lorsque tous leurs enfants commenceraient aussi à avoir des familles.

Les travaux de Danielle dans la maison de Pacific Heights et dans la propriété de Napa, pour faire place aux nouveaux membres de la famille, pourraient lui avoir inspiré son roman, *Album de famille*. Dans la préface, elle cite la Bible : «Dieu réunit les solitaires en familles».

Voici la critique que *Publishers Weekly* fit de ce roman le 8 mars 1984 :

> *La gloire, la destinée et l'amour conjugal durable sont au premier plan de la plus récente saga de Danielle Steel, qui retrace plus de quarante années d'union entre la ravissante et talentueuse vedette de cinéma, Fay Price, et le séduisant héritier, Ward Thayer.*
>
> *Le roman commence avec l'internement de Fay à l'institut Forest Lawn, sous l'œil avide des caméras des nombreux médias présents à l'événement. On remonte ensuite dans le*

179

temps jusqu'à la première rencontre du couple dans les jungles humides de Guadalcanal en 1943. Leur amour était prédestiné.

Après la victoire, Fay et Ward se rencontrent de nouveau à Hollywood. Le reste est une histoire enlevante racontée d'un souffle à la Steel, un tableau qui présente à peu près tous les événements heureux et les situations tragiques pouvant survenir dans une vie. Le roman adopte un ton mélodramatique, alors qu'il nous transporte par-delà les décennies, à travers les vicissitudes de la vie à Hollywood, les mésaventures des cinq enfants Thayer et la persévérance de Fay.

Animée d'une force irrépressible, Fay devient «la meilleure réalisatrice de cinéma que le monde ait connu» et meurt paisiblement dans son sommeil dans sa villa de Cap Ferrat.

Jacqueline Briskin, du *Los Angeles Times Book Review*, fit une critique du roman *Album de famille*. Celle-ci pourrait expliquer en partie le «phénomène littéraire» qu'était devenue Danielle au courant des années quatre-vingts. «Elle aime son mari et elle aime ses enfants, écrivit Briskin. Pour moi, voilà la clé du succès de Steel. Elle est très proche de sa famille... malgré tout ce travail d'écriture, c'est l'amour qui prévaut. Les critiques ne tiennent habituellement pas compte de la sympathie suscitée par un auteur comme une partie intégrante de son œuvre, mais la plupart des gens désirent avoir des amis chaleureux et humains.»

À cette époque, Danielle avait écrit dix-huit romans et, selon les chiffres de son propre éditeur, elle avait vendu un grand total de cinquante-cinq millions de livres. Même le *New York Times* en était venu à admettre que les livres de Danielle occupaient une place dans le cœur des femmes. Le critique du *Times Book Review* écrivit : «*Album de famille*... réussit à absorber le lecteur. D'une page à l'autre, le texte se lit sans difficulté, et parfois même avec satisfaction. Madame Steel connaît certainement son métier, elle sait comment s'y prendre pour susciter un sentiment d'empathie envers ses personnages.»

*

Chaque été, dans la chaleur torride de Napa Valley, toute la famille Traina emménageait dans une autre maison louée. La maisonnée au grand complet devait se serrer dans ces demeures trop étroites des années cinquante et se contenter de l'inconfort de maisons de passage.

Un jour, leur attente porta fruit. Ils trouvèrent le joyau tant attendu. C'était une vieille maison à laquelle on n'avait pratiquement jamais touché, un petit cottage victorien de trois chambres à coucher qui regorgeait encore de tous les beaux objets qui s'y trouvaient lorsque le propriétaire l'avait mise en vente.

Au siècle passé, la tradition sur les *ranchs* voulait qu'on plante une rangée de palmiers pour indiquer l'emplacement de la maison du propriétaire. Après avoir suivi une route bordée de noyers et de lauriers roses, ils arrivèrent devant ce qui devait devenir leur propre rangée de grands palmiers.

La maison avait été construite en 1856. De l'extérieur, on apercevait à l'avant une porte d'entrée traditionnelle avec un petit porche et à l'arrière, une véranda grillagée. La maison était parée d'ornements victoriens tarabiscotés. À l'intérieur, ils découvrirent toutes sortes de trésors du passé, du vieux papier peint d'époque, de vieilles appliques à gaz sur le mur, des meubles anciens rembourrés en crin de cheval, et même des petits tapis crochetés selon la description donnée par Danielle au magazine *Architectural Digest*.

Mais comment Danielle et John pourraient-ils entasser tous leurs enfants et leur ménagerie dans cette petite perle victorienne qu'ils avaient finalement dénichée ?

Au rez-de-chaussée, il y avait une salle de séjour, un petit cabinet de travail avec un foyer, une petite salle à manger et une petite cuisine.

À l'étage, il y avait une vieille salle de bain et les trois chambres à coucher.

Comme Danielle le raconta, cette maison leur était prédestinée. Ils l'achetèrent donc sans hésiter.

Autour de la maison principale, ils découvrirent un château d'eau, une maisonnette pour l'intendant de la propriété, une écurie, une étable, des bâtiments pour les animaux, des appentis et une vieille grange toute déglinguée.

L'idée leur vint alors à l'esprit qu'ils pourraient se servir de tous ces bâtiments pour créer une vaste habitation.

John et Danielle furent peut-être inspirés par le succès de la famille de leur grand ami Charles de Limur. Charles, comme John Traina, est un collectionneur de voitures et un amateur de vins. Il est le petit-fils du riche banquier de San Francisco W.H. Crocker et le fils d'un comte français. Son épouse, Nonnie, a aussi de profondes racines dans la haute société de San Francisco.

En 1959, les de Limur rentrèrent de Paris avec leurs trois enfants. Ils cherchaient une maison de campagne et découvrirent un vieux cottage de trois chambres à coucher dans le pays du vin.

Deux ans plus tard, leur propriété comptait quatre cottages, un grand verger et un vignoble.

L'étrange petite maison que John et Danielle avaient finalement trouvée était donc remplie de possibilités. De plus, comme de rares voitures empruntaient la route de campagne menant à la propriété, John pourrait s'initier à la planche à roulette en pleine rue vêtu du joli *pull* turquoise en suède que Danielle lui avait offert à Noël.

La maisonnette de l'intendant ne comptait que deux chambres à coucher. On y trouvait aussi une cuisine, une salle à manger, un salon et une petite véranda pour l'entreposage des provisions.

En transformant la véranda et la salle à manger en chambres à coucher, la petite maison en compterait alors quatre.

S'ils construisaient trois chambres à coucher dans le château d'eau, cela leur en donnerait sept.

Et s'ils s'arrangeaient pour construire une chambre dans l'écurie et trois autres dans la maison d'invités, ils en auraient alors onze de plus, donc quatorze en tout. Ce serait beaucoup mieux que les trois dont ils pensaient devoir se contenter !

*

Danielle écrivit que son mari et elle avaient décidé d'agir à la fois comme décorateurs et architectes pour leur maison de campagne, comme ils l'avaient d'ailleurs fait pour leur maison de San Francisco.

Pour Danielle et John, le moment se prêtait parfaitement à cette entreprise. Cette jolie propriété leur tombait du ciel alors qu'ils pouvaient profiter de l'expérience acquise avec la maison de San Francisco et que leurs moyens financiers leur permettaient pleinement de soutenir un projet de cette envergure.

Les travaux s'échelonnèrent sur une période de six mois à partir du premier jour de construction, au lendemain de Noël. On peut imaginer l'interminable liste de tâches à laquelle Danielle dut s'astreindre au cours de ce projet, elle qui devait en plus s'occuper de ses enfants et de sa carrière littéraire.

Les aînés des enfants occuperaient la dépendance ayant les trois chambres à coucher, la salle de bain et le sauna.

La maisonnette de l'intendant, en plus de ses quatre chambres à coucher, hérita d'une magnifique cuisine. L'écurie accueillerait dorénavant des invités (à deux pattes si possible !).

Danielle et John découvrirent d'autres richesses sur leur vieille ferme. Il y avait un vieux jardin envahi par les herbes au milieu d'une pinède, et plusieurs petites dépendances mystérieuses. Pour leur part, les enfants découvrirent un vieux tumulus indien où ils trouvèrent des pointes de flèches, et un coin de rivière formant une cuvette où il était possible de plonger.

John Traina se mit de la partie en commençant les travaux sur le vignoble de la ferme. Il dessina une nouvelle galerie pour la maison et proposa de nombreuses modifications aux divers bâtiments.

La maison principale fut agrandie par l'addition d'une immense galerie avec balustrade entourant tout le bâtiment sur ses deux étages, ajoutant à la maison encore plus de fioritures. On y trouve maintenant une collection de meubles en vannerie et des objets inusités comme un vieux chariot à maïs soufflé. La galerie fut construite pour créer un endroit naturel de rencontre à l'extérieur, avec son ameublement confortable et sa superbe vue sur le vignoble, le ciel et les montagnes.

*

Comme ils l'avaient fait en ville, Danielle et John décidèrent de déplacer des murs de la maison principale. Ils agrandirent la salle à manger et firent de la place pour ajouter une salle de bain. Ils abattirent des murs entourant la cuisine et combinèrent celle-ci avec la véranda arrière, pour en faire un espace capable d'accueillir toute la famille. Ils pourraient dorénavant y prendre leurs repas avec les enfants, ou y manger en tête à tête s'ils le désiraient, car ce n'était pas la seule cuisine de la propriété.

En juin, ils avaient créé onze nouvelles chambres et cinq nouvelles salles de bain.

De plus, ils avaient ajouté un joli foyer romantique dans le salon, la touche finale qui devait transformer cette maison en une confortable oasis de paix à la campagne.

La plus belle chambre à coucher est probablement la chambre d'invités. Danielle l'a merveilleusement meublée dans un style victorien. Les tentures bleues d'étoffe moirée se marient à la perfection avec le papier peint victorien et font ressortir la délicate passementerie rose. (Ses aménagements ressemblent beaucoup aux chambres qu'elle imagine dans ses romans comme par exemple, dans *Une autre vie*.)

Un immense lit à baldaquin recouvert de riches tapisseries occupe le centre de la pièce. De plus, Danielle a agrémenté la chambre en lui prêtant toute une gamme d'accessoires originaux : une vieille malle en fer-blanc, une boîte à chapeaux antique, un ancien bain d'étain à côté duquel sont suspendues deux culottes bouffantes en dentelle. C'est en outre dans cette chambre très spéciale que Danielle garde la collection de vêtements victoriens qu'elle a commencée, inspirée par cette maison originale : un peignoir en laine blanche, une chemise de nuit bordée de dentelle, un sac à main, des éventails.

La chambre des maîtres est décorée de meubles en rotin blanc aux motifs fins et recherchés. Un riche tapis bleu caresse la plante des pieds. Au mur sont accrochés des portraits des enfants et de vieilles peintures représentant des scènes amusantes avec des singes et des licornes.

Dans la confortable cuisine que Danielle et John ont aménagée au rez-de-chaussée, Danielle a fait placer une énorme cuisinière de restaurant, le genre d'appareil qui fait le bonheur des cuisiniers professionnels. Les comptoirs sont jaunes et la pièce est éclairée par de charmants chandeliers italiens en bois sculpté de motifs de fruits et d'oiseaux. Pour le plancher, le couple a choisi un revêtement de bois franc bien vernis. Un piano mécanique prend place dans la cuisine et Danielle a déclaré au *Architectural Digest* que la famille dansait souvent au son de sa musique au petit déjeuner.

La salle à manger de la maison principale ne peut asseoir que douze convives. Mais on réserve les vraies réceptions pour la maison de ville. La magnifique table ronde en bois peint à la main, qui a été conçue spécialement pour la pièce, représente, selon les goûts bien typiques de Danielle, des scènes de ciels et de nuages, d'oiseaux, d'écureuils et de lapins...

L'artiste qui a réalisé la table à dîner a peint une interprétation des quatre saisons sur un paravent placé dans un coin de la pièce. Dans un autre coin, une vieille armure amicale, que les enfants ont surnommée «George», monte la garde. On peut voir au mur un portrait du basset allemand bien-aimé de la famille, Swee Pea, le cadeau que Danielle offrit à John le jour de leur mariage. Au mur également, sont accrochées les murales victoriennes encadrées qui décoraient autrefois la maison du grand-père de John.

Un majestueux foyer tout neuf qui embellit le salon fait voir un parfait manteau de cheminée français en grès. Danielle affirme que le miroir anglais au cadre doré qui se trouve dans cette pièce est son objet favori dans la maison, car ses motifs en grappes de raisin rappellent la vocation de la terre de ce pays de vins. Les meubles sont de style victorien et une splendide vieille armoire française rehausse l'ensemble. Sur le plancher, un immense tapis persan berce l'atmosphère de ses chatoiements exotiques.

Danielle dit avoir également eu beaucoup de plaisir à aménager l'autre petite pièce dont ils décidèrent de faire un cabinet de travail tout noir, aussi de style victorien. Le foyer est entouré de magnifique marbre noir veiné de rose. Les murs sont recouverts d'une peinture noire très lustrée jusqu'à la moulure, au-dessus de laquelle on a posé un papier peint noir à fins motifs. C'est dans cette pièce que se trouvent les plus belles antiquités que le couple possède, le résultat de patientes années de recherche : une vieille machine à coudre transformée en table, un vieux gramophone, une vieille chaise de coiffeur, deux introuvables et inabordables fauteuils d'époque.

*

Mais où Danielle et John gardent-ils leur cochon domestique, leur possession probablement la plus attachante ?

Le couple possède un cochon vietnamien bien ventru, que l'on voit aussi arpenter les corridors de leur maison de San Francisco. Pour un cochon, c'est un petit animal, car il ne pèse que quarante kilos. Cette race de porcs est élevée en Californie par Kayla Mull. On en trouve à peu près six mille aux États-Unis en ce moment. Les mâles se vendent mille cinq cents dollars, alors que les femelles, qui peuvent mettre bas, valent un peu plus cher, soit cinq mille dollars. Le magazine *Elle* rapportait en 1990 qu'à l'instar des expositions canines, il y a maintenant des «expositions porcines» qui remettent également des prix aux plus beaux spécimens de la race. De plus, des bulletins mensuels sont consacrés aux porcs de compagnie et des produits leur sont spécialement destinés. Par exemple, un shampoing appelé *Fini les Hurlements*, une crème hydratante pour les sabots et pour le cuir, et une lotion astringente du joli nom de *Oinkguent*.

Le quotient intellectuel de ce cochon est classé juste après celui du marsouin, ce qui en fait un animal beaucoup plus intelligent que le chien. Les cochons sont très curieux, tout comme les petits enfants. Selon la rumeur, ils sont très propres et peuvent même faire leurs besoins dans une litière, comme les chats. Danielle a toutefois déclaré à un reporter : «J'ai vu plus de merde de cochon au cours des six derniers mois que je n'aimerais en voir pour le restant de ma vie.»

Danielle ajouta cependant : «C'est un animal très doux, totalement dénué de méchanceté, jamais de mauvais poil et merveilleux avec les enfants.» Dort-il dans la chambre de Danielle ? Après tout, les cochons vietnamiens sont reconnus pour aimer se blottir dans le lit de leur maître, tout comme les chiens. «Qui aimerait dormir avec une boule de poils raides affublée de sabots ?» répondit Danielle.

John révéla un jour à un reporter que s'il avait à choisir une SEULE chose à garder parmi ses biens, il prendrait le tracteur que Danielle lui a offert une année. John s'est beaucoup servi de ce tracteur depuis l'achat de la propriété de campagne, on se l'imagine bien.

Un écriteau arborant un soleil souriant et portant l'inscription «LES MEILLEURS VINS, BIÈRES ET SPIRITUEUX» se balance au vent à l'extérieur de leur cave à vin, anciennement une remise pour les voitures à chevaux. C'est à cet endroit que John Traina et ses amis profitent du plaisir des dégustations... un sujet sérieux pour les propriétaires de la région de Napa-Sonoma-Mendocino, la première région viticole au pays.

C'est tout près, à Inglenook, que Christian Moueix (le producteur du *Château Petrus*) et les filles de John Daniels s'associèrent pour créer le vin appelé *Dominus*.

Francis Ford Coppola, un autre voisin de Napa, et un fervent amateur des premières d'opéra à San Francisco, a suivi les conseils de Robert Mondavi et ne produit plus maintenant que les meilleurs vins dans sa propriété. Sa production, que les critiques ont qualifiée d'exceptionnelle, porte le nom de *Rubicon*. Il sera intéressant de voir ce que John Traina créera dans son petit coin de jardin d'Éden.

*

John, à titre d'ancien dirigeant de la société maritime Pearl, a les voyages dans le sang. Lorsque Danielle vivait avec Bill Toth, elle avait surmonté sa peur des avions en prenant des cours. Mais on ne peut pas dire qu'elle était prête à se rendre à Bali.

Il semble qu'il ne soit pas facile de convaincre Danielle de quitter sa famille et sa maison pour l'emmener quelque part en vacances.

Mais John, grâce à sa vaste expérience des voyages, a été capable de faire adopter à Danielle un des endroits de vacances préférés des Californiens, un des archipels les plus envoûtants : Hawaï.

Parfois, ils se rendent dans la «grande île» sur le long de la côte du Koala, et s'arrêtent pour un dîner romantique en tête à tête au *Mauna Lani Bay Hotel.*

Le restaurant de l'hôtel, le *Canoe House,* ne se trouve qu'à quelques pas du sable fin de la plage. On y mange au son des vagues, en regardant la lune miroiter sur la mer. L'autre restaurant de l'hôtel, *Le Soleil,* s'ouvre sur un jardin d'étangs mystérieux et de lumières tamisées. La nouvelle cuisinière de la maison du couple, à San Francisco, ne trouverait certainement rien à redire sur les mets qu'on y sert. En guise de plat principal, le chef propose un succulent poisson hawaïen au coulis de papaye, garni de piments de la région et de tranches de tortillas frites. Les desserts reflètent aussi l'atmosphère hawaïenne : on peut choisir le *lilikoi,* un flan au fromage blanc parfumé au fruit de la passion, ou encore une crème brûlée au citron sur un lit de brisures de noix d'acajou.

Parfois, John et Danielle préfèrent dîner au *Mauna Kea Hotel,* ou alors ils font monter un plat dans leur chambre.

Lorsqu'ils décident d'aller manger avec tous les enfants et leurs amis, ils se rendent parfois dans la partie plus achalandée de l'île, au *Restaurant Sam Choy's.* Ce nouveau restaurant qui vient tout juste d'ouvrir dans les années quatre-vingt-dix, est couru à la fois par les habitants de l'île et par les visiteurs. Les tables en formica sont toujours occupées et les files d'attente très longues.

Lorsqu'il n'était qu'un enfant, le propriétaire, Sam Choy, aidait son père à préparer le *luau,* le festin traditionnel des Hawaïens, au cours des week-ends. Maintenant, fort de son expérience, il prépare de délicieux et de splendides *laulau,* des plats de poisson de la région servis avec des légumes frais. Sam Choy assaisonne ses *laulau* avec de la sauce de soya et fait cuire tous ses légumes à la vapeur, dans des feuilles de cordyline, ce qui les parfume des arômes bien typiques de l'île.

S'il veut voyager dans des pays encore plus éloignés, John doit cependant se résoudre à partir seul. Il faut reconnaître qu'il aurait été particulièrement difficile pour Danielle de le suivre jusque dans des endroits comme Tahiti, surtout dans les années au cours desquelles elle mettait au monde un bébé à chaque année. Mais John a pu se rendre dans des pays exotiques comme Tahiti justement, ou le Chili, avec ses deux fils les plus âgés, Todd et Trevor, issus de son mariage avec Dede Buchanan. Il lui arrive aussi d'aller en Europe ou en Asie lorsque Danielle partage son temps entre les enfants et son cycle d'écriture de neuf mois.

John a quitté ses fonctions de directeur général de la société maritime Pearl environ un an après son mariage avec Danielle. Il continue à s'intéresser à l'Extrême-Orient en sa qualité d'expert-conseil auprès de nombreuses sociétés de voyage et même auprès du gouvernement de la Chine.

John Traina fut l'un des premiers Américains à organiser des croisières en Chine après l'ouverture des frontières de ce pays. Il fit la même chose en Indonésie. Il continue de surveiller de près le développement de l'industrie touristique chinoise et à se rendre occasionnellement dans ce pays pour aider les Chinois à améliorer leur infrastructure touristique.

En fait, c'est dans les premiers temps de son mariage avec Danielle qu'il entreprit un de ses plus beaux voyages. Doug Cramer avait affrété un navire dans le cadre de la série *Love Boat*, pour tourner un épisode intitulé «*Love Boat en Chine*».

«Cela a été mon voyage en Chine le plus amusant», a rapporté John Traina. Le groupe s'est rendu jusqu'à la Grande Muraille de Chine avec Ursula Andress, Susan Anton et Linda Evans. «Cela a été une merveilleuse façon de visiter la Chine.»

Les cabines de luxe offertes sur les croisières autrefois organisées par John Traina, jouissent d'un confort incroyable : systèmes de son à canaux multiples, air climatisé à contrôle individuel, douche ou bain privé avec peignoirs et parfums.

Les suites proposées par la société Pearl sont incroyablement plus spacieuses que celles des nouvelles lignes maritimes. Elles présentent tout le confort d'un hôtel de première classe. Mais il semble que Danielle n'ait jamais trouvé le temps, dans son horaire de travail trop chargé, de sillonner les mers exotiques d'Asie pour une croisière romantique en compagnie de son mari, John Traina.

Le seul navire de la société maritime Pearl appartient maintenant à la Paquet, une société française. La Paquet possède aussi le *Mermoz*, le seul autre paquebot de grande ligne de luxe de France.

Le *Pearl* est le seul paquebot de grande ligne de luxe spécialement conçu pour naviguer en Extrême-Orient. Son décor intérieur utilise les bois et les tissus asiatiques les plus précieux. L'équipage du *Pearl* est composé d'un mélange d'officiers européens et de matelots philippins. Pour divertir les passagers, la société fait appel à d'anciens diplomates et à d'anciens experts provenant d'universités et de musées. Ces derniers sont responsables des conférences données sur le paquebot et des excursions dans les divers pays.

Le *Pearl* a plus d'un membre d'équipage par deux passagers, ce qui est l'un des ratios les plus élevés dans l'industrie des croisières. Avec son expérience des croisières de luxe, John Traina a tous les atouts pour occuper «le siège du capitaine» et diriger avec doigté et délicatesse leur luxueux manoir de San Francisco.

*

Au début de l'année 1988, un encart publicitaire sur la couverture du *Publishers Weekly* proclamait que Danielle Steel avait déjà vendu plus de soixante millions de livres. Les droits pour la télévision de son dix-huitième roman, *La vagabonde*, avaient déjà été achetés par Aaron Spelling, le producteur de *Dynasty*, même si ce livre ne devait être publié que six mois plus tard.

Danielle ne prit personne par surprise, lorsqu'elle publia en 1988 un livre dédié à la fois à son regretté père et à son mari, tous deux prénommés John, et tous les deux des voyageurs infatigables. *La vagabonde* fit l'objet d'une critique dans le *Publishers Weekly* du 6 juin 1988 :

> *Les adeptes du roman d'amour retrouveront leur chemin les yeux fermés dans l'ambiance romantique et galante du dix-huitième roman de Danielle Steel, qui s'amorce au début des années trente. Audrey Driscoll rêve souvent de voyages qui la mèneraient dans des contrées exotiques, mais elle reste consciencieusement à San Francisco pour veiller à la bonne marche de la riche demeure de son grand-père.*

> *Mais lorsque ses jeunes sœurs finissent par se marier, Audrey laisse libre cours à son désir et s'embarque pour l'Europe. À Antibes, elle s'éprend de Charlie Parker-Scott, un célèbre écrivain et grand voyageur. Déchirée entre ses responsabilités envers son grand-père seul et son amour, elle fait fi de toute prudence et suit Charlie jusqu'en Chine. Malgré les supplications amoureuses de ce dernier, elle s'entête à rester en Chine pour sauver un groupe d'enfants abandonnés.*

> *Elle retourne finalement en Angleterre, pour s'apercevoir que Charlie s'est marié, découragé par son abandon. Les amoureux se retrouvent plus tard, mais la Deuxième Guerre mondiale les sépare derechef, jusqu'à ce que Audrey trouve un moyen de réunir leurs talents pour l'effort de guerre.*

> *Le livre ne réussit pas à satisfaire le lecteur, surtout à cause de son discours répétitif. Il semble que Steel ait perdu l'étincelle qui enflammait* Une autre vie *et* Traversées.

CHAPITRE 21

UN SI GRAND AMOUR

«Tu n'as pas une existence réelle, dit le Cheval de bois. C'est une chose qui n'arrive qu'avec le temps. Quand un enfant nous aime pendant très très longtemps, pas seulement pour jouer, mais VRAIMENT, alors on devient RÉEL.»

«Ça fait mal ?» demanda le Lapin.

«Parfois», répondit le cheval, car il disait toujours la vérité. «Mais, quand on est réel, cela ne nous dérange pas.»

«Est-ce que ça arrive peu à peu ou tout d'un coup, comme quand on remonte un jouet ?»

«Cela ne se produit pas d'un seul coup, dit le Cheval. On le devient peu à peu en y mettant beaucoup de temps. C'est pourquoi cela n'arrive pas souvent aux jouets qui se brisent trop facilement ou à ceux dont il faut prendre soin. En général, lorsqu'on devient enfin réel, on a déjà perdu tous ses cheveux et, quelquefois, même ses yeux. Mais peu importe l'usure et la saleté, lorsqu'on devient réel, on ne peut plus être laid, sauf aux yeux des gens qui ne comprennent pas. Une fois réel, on ne peut pas redevenir irréel, c'est pour toujours.»

Margery Williams,
The Velveteen Rabbit

«Même quand je suis très fatiguée ou de très mauvaise humeur, dit Danielle, j'ai toujours le sentiment profond que j'aime ma vie.»

Toutefois, l'effort physique soutenu qu'elle doit fournir pendant les jours et les semaines qu'elle consacre à l'écriture commence à miner la santé de Danielle.

*

Elle écrit uniquement sur sa vieille Olympia 1948 fétiche qu'elle adore. «Quelqu'un l'a brisée, expliqua-t-elle à un journaliste en 1990, probablement irrémédiablement... et a essayé de la réparer. Ses touches sont très dures, c'est comme taper sur du béton. J'ai essayé de jouer avec les touches pour les détendre un peu.

«Finalement, ajouta Danielle, les gens m'ont dit que c'était dans ma tête. Eh bien, le deuxième jour, j'avais une tendinite à la main gauche et j'ai tapé le reste du roman, soit six cents pages de plus, avec une main grosse comme un gant de baseball.

«Je me sentais comme un joueur de football qui se lance dans la mêlée malgré ses blessures. Lorsque j'arrêtais de travailler pour dormir deux ou trois heures, mon mari, John Traina, me mettait de la glace sur la main.»

«Elle ne voulait pas se servir d'une autre machine à écrire, expliqua John Traina, parce qu'elle se sent à l'aise avec sa vieille machine.»

John avait-il peur qu'elle se retrouve à l'hôpital ?

«Non, dit-il, car elle avait moins mal quand elle bougeait la main que quand elle la laissait immobile. Lorsqu'elle arrêtait, la glace réduisait l'enflure.

«Mais c'est parce que sa vieille machine l'a lâchée, expliqua John Traina. Quand une personne est habituée à faire les choses d'une certaine façon, il est difficile de la convaincre de changer, surtout lorsqu'elle a eu autant de succès que Danielle. C'est son porte-bonheur.»

*

Danielle affirme ne jamais se sentir seule et ne jamais s'ennuyer lorsqu'elle est assise à sa machine à écrire et qu'elle invente des vies de rêve à l'intention de ses lectrices.

Lorsque cinq de ses romans avaient été refusés coup sur coup, elle s'était dit qu'elle en écrirait un de plus avant de tout laisser tomber. Danielle déclara ne pas avoir gagné un sou avec ses livres pendant six ans. Mais, évidemment, elle n'abandonna jamais. Ces romans dorment maintenant dans quelque placard sous des tonnes de poussière. Je devais être folle, admit Danielle. Mais elle découvrit qu'écrire créait chez elle une dépendance dont elle ne pouvait plus se passer. Non seulement était-elle un bourreau de travail, mais elle était aussi un «bourreau d'écriture».

Une personne qui connaissait Danielle Lazard au début des années soixante, avait déjà déclaré que la plupart du temps, elle «se la coulait douce à San Francisco». De toute évidence Danielle savait cacher à ses relations sociales qu'elle avait l'ambition de devenir une romancière à succès. Ses amis auraient été très étonnés d'apprendre qu'elle passait ses nuits à sa machine écrire. Mais ses voisins, eux, étaient sûrement au courant de ses activités nocturnes.

Vers 1971, elle dénicha sa vieille machine à écrire magique, probablement celle-là même qui apparaît sur la page couverture arrière de l'édition en grand format de *Souvenir du Viêt-nam*. La photo est l'œuvre de Roger Ressmeyer. Il s'agit d'une Olympia 1948 en métal munie d'un chariot, d'un ruban et d'un rouleau.

190

«Cette antiquité est une vieille amie pour moi», déclara Danielle à un journaliste, «et je l'adore. Elle n'écrit pas très bien, mais mon éditeur arrive quand même à me lire.

«J'ai un éditeur tout à fait remarquable», déclara Danielle, «depuis quelques années. Cela ne s'est pas fait tout seul, mais notre relation est maintenant unique et extraordinaire.»

*

Danielle Steel affirme que sa foi religieuse l'a toujours soutenue, en plus de lui donner énormément d'énergie.

«Je suis une personne très religieuse. J'ai grandi dans la foi catholique et, à l'âge de vingt ans, je suis devenue scientiste chrétienne convaincue.

«Je crois maintenant qu'il n'y a aucun problème, qu'il soit d'ordre physique, financier, mental ou personnel, qui ne peut pas être résolu. C'est un merveilleux enseignement à donner à ses enfants que celui de *ne jamais être défaitiste.*»

*

À cette époque, Danielle attendait toujours la venue d'un prince charmant.

Elle ne prit pas consciemment la décision d'écrire des romans d'amour. «J'écrivais simplement ce qui me passait par la tête, expliqua-t-elle. Je ne pense pas qu'un auteur décide délibérément d'appartenir à un genre littéraire en particulier, sauf peut-être dans le cas de la pornographie. Je crois que la plupart des auteurs écrivent d'instinct et qu'ils sont souvent étonnés eux-mêmes de ce qu'ils produisent. Mais, par contre, j'ai décidé d'écrire des ouvrages beaucoup plus volumineux, car je voulais attirer des lecteurs masculins et joindre le marché du grand format.»

*

Après avoir emménagé dans la maison de Pacific Heights avec son quatrième mari, son premier véritable amour, elle passait souvent dix-huit heures par jour à écrire.

À la fin des années soixante-dix, elle avoua à une amie qu'elle avait écrit un roman en neuf jours. En 1982, elle déclara à un journaliste qu'elle pouvait sans peine écrire un roman en six semaines si elle le voulait.

«En fait, une semaine avant mon mariage avec John, je tentais désespérément de finir un roman pendant que les déménageurs emportaient mes meubles. Je me suis donc installée sur le plancher de la salle de bain, la machine à écrire posée en équilibre sur la cuvette, et j'ai réussi à respecter ma date de tombée.»

Au début des années quatre-vingts, dans la résidence Traina, le salon et la salle à manger étaient plutôt formels. Toutefois, le bureau de Danielle et sa chambre à coucher privée étaient inondés de couleurs et décorés d'un style très moderne : affiches, photos, poupées anciennes, petits cœurs et nuages au plafond.

Même après la naissance de ses premiers enfants avec John Traina, elle garda son petit bureau aux murs beiges et au plafond bleu ciel décoré de nuages.

«Je suis arrivée à la conclusion que j'étais plus heureuse quand j'écrivais dans une petite pièce. Je me sens en sécurité et à l'aise.

«J'ai mis des années à me rendre compte que j'avais besoin d'un coin pour écrire», expliqua Danielle à un journaliste. «Je suis comme un animal qui creuse son terrier. Je déplace les meubles et je m'installe confortablement dans un coin, le dos au mur... et là je peux écrire.

«Je n'aime pas les pièces trop vastes, continua-t-elle, celles qui ont des vues imprenables. J'ai horreur du vide derrière mon dos. J'aime appuyer ma chaise contre le mur quand je réfléchis à un mot ou à une phrase. Une bonne lampe sur ma gauche, une petite table à droite... ma fidèle Olympia devant moi, et il n'y a plus rien pour m'arrêter.

«Je transforme les chambres d'hôtel et les garnis où je suis de passage pour créer le coin dont j'ai besoin pour travailler.»

*

Lorsque cinq nouveaux petits s'ajoutèrent aux quatre grands que Danielle et son mari avaient déjà, les habitudes de travail de Danielle changèrent un peu.

Elle apprit à écrire par tranches de temps, plutôt que de consacrer des journées entières à son travail, comme elle le faisait quand elle était mariée à Danny Zugelder et ensuite à Bill Toth. À cette époque, elle pouvait se payer le luxe d'avoir du temps à elle.

Elle aime toujours écrire vêtue d'une vieille robe de nuit de flanelle, les cheveux tressés dans le dos, et sans le moindre maquillage.

Quand elle a la fièvre de l'écriture et que la muse se perche sur son épaule, les pages se succèdent à une cadence folle. Ses doigts courent alors sur le clavier de la vieille Olympia comme pour rattraper le flot des mots qui jaillit d'elle.

«Ce que j'écris coule à travers moi, dit Danielle. J'écris ce qui m'habite et j'exerce peu de contrôle. Je m'assieds à ma machine à écrire et l'histoire me vient presque inconsciemment. Je me dis : Tiens, c'est bien ça ! D'où est-ce que ça peut bien sortir ?»

Danielle Steel n'écrit pas nécessairement tous les jours. Lorsqu'elle rédige le canevas d'un nouveau roman, elle peut se garder du temps pour d'autres obligations. Mais, lorsqu'elle rédige une première version, il lui arrive de travailler presque vingt-quatre heures par jour. Les étapes subséquentes de rédaction, soit la deuxième version, la révision et la lecture d'épreuves, ne prennent pas tout son temps.

Entre des périodes de travail intensif, Danielle réussit à trouver du temps pour s'occuper de ses cinq petits et de leurs bobos occasionnels, ainsi que pour dorloter son mari et ses fils turbulents.

*

Leur promesse est le premier roman qui lui valut de recevoir des avalanches de lettres de ses admiratrices et, depuis que ses romans sont devenus des best sellers, ces missives ne cessent d'affluer. Au milieu des années quatre-vingts, elle répondait elle-même a toutes ces lettres. Il y en avait parfois deux cents par semaine. «Je suis très reconnaissante de toutes les gentillesses de mes lectrices à mon égard.»

Parce qu'elle écrivait des romans d'amour, les critiques refusaient de la prendre au sérieux. Et, selon son mari, quand Danielle rencontre un autre auteur, comme Sidney Sheldon,... ils s'entendent parfaitement pour dire que les auteurs à succès sont toujours pris à partie par les critiques.

*

«J'ai une magnifique vieille montre Cartier en or, dit Danielle à un journaliste. Il s'agit d'un grand disque d'or décoré d'une toute petite montre. Sur le disque est gravé le mot P-O-N-C-T-U-A-L-I-T-É. Elle est merveilleuse ! On jurerait qu'elle a été faite pour moi.»

La seule façon dont Danielle peut réussir à s'occuper d'une famille de onze personnes tout en écrivant une série de best sellers est inscrite sur sa montre Cartier : la ponctualité et le sens de l'organisation «à la Danielle Steel».

S'inspirant d'un canevas détaillé d'une centaine de pages, Danielle s'isole dans le bureau adjacent à sa chambre à coucher. Elle commence à huit heures et travaille sans relâche jusqu'à ce qu'elle ait terminé. Elle s'enferme dans son bureau comme dans un terrier, une pièce remplie de photos de famille, de dessins d'enfants, de tricycles et de couvertures de livres dans de jolis cadres.

Elle travaille sans arrêt, puis elle prend trois ou quatre heures de sommeil.

«Je deviens complètement absente. Je suis en transe... et il peut se passer un mois avant que je ne quitte la pièce, dit Danielle. C'est comme sculpter un gros bloc de marbre à flanc de montagne. Je n'ai pas le choix. Je suis terrifiée à l'idée que le bloc de marbre ne se fonde à nouveau dans la montagne.» Elle travaille d'instinct, attendant le moment où s'établira le véritable contact avec ses personnages. «J'ai de la difficulté à le faire dans la vie, mais j'y arrive très bien dans les livres.»

*

En 1990, elle avait donc cinq romans en réserve. Ceux-ci furent lancés sur le marché entre 1990 et 1992.

«Danielle déteste les longs envois par télécopieur», dit Doug Cramer, le producteur de ses mini-séries à la télévision. «Il faut toujours tout condenser pour Danielle. Mais elle a la situation bien en mains. J'ai déjà été marié à une romancière avec des enfants et j'étais obligé de tout organiser pour elle.

193

«Ce sont les gens qui ont le sens de l'organisation qui réussissent», ajoute Cramer. «Pour bien travailler avec Danielle Steel, il faut s'accommoder de son horaire», explique une relation d'affaires de Danielle.

Ses maisons et la rapidité avec laquelle elle les rénove sont l'exemple parfait de son sens de l'organisation.

Le secret de son énorme énergie réside dans son attitude positive.

«Je la vois tout le temps quand elle travaille, dit John Traina. Elle a son bureau, dans lequel elle se sent parfaitement à l'aise... elle porte habituellement un survêtement et elle épingle toutes ses notes de recherche sur les murs...» Danielle a découvert un recherchiste qui travaille au même rythme qu'elle. Tous les renseignements dont elle a besoin sur les dates d'une guerre, sur la mode pendant une période donnée de l'histoire, ou sur les plumes qu'auraient pu utiliser les membres de la famille du tsar avant la Révolution bolchevique, tout est là à portée de la main.

En 1991, elle a déjà avoué, lors d'une entrevue au magazine *California*, qu'il fallait être intraitable. «Il faut être terriblement organisé et absolument intraitable avec son temps. Je ne tolère rien qui vienne me déranger dans mon travail ou lorsque je suis avec mes enfants.

«Je travaille dix heures par jour et je passe aussi dix heures par jour avec mes enfants, ce qui me laisse quatre heures pour dormir.» Soulignons tout de même qu'elle ne suit cet horaire inhumain que lorsqu'elle rédige la première version d'un roman. En ces occasions qui ne surviennent qu'une fois tous les neuf mois, Danielle s'y contraint pour neuf jours et parfois même deux semaines d'affilée.

«L'organisation est une qualité innée. On l'a ou on ne l'a pas, explique Danielle. Pour ma part, je suis extrêmement organisée... mon père était l'homme le plus discipliné que j'aie jamais rencontré. Il était Allemand.

«J'ai un énorme agenda, explique-t-elle. Tous les soirs, je prends des notes sur un grand calendrier et j'organise mon emploi du temps du lendemain. C'est ainsi que j'ai toujours un bout de papier jaune à la main sur lequel est inscrit mon horaire de la journée.

«Sans cette liste, dit Danielle, ma journée est foutue, car je ne me rappelle jamais de ce que je suis censée faire. Je dors entre deux et cinq heures par nuit, le plus souvent quatre heures. Et je n'ai pas une minute à moi.

«Même quand je ne suis pas en rédaction, je travaille de dix-neuf heures à quatre heures du matin, dit-elle. Quand je rédige un premier jet, j'écris presque vingt-quatre heures par jour. Toutes les vingt ou vingt-deux heures, je fais une pause et je dors de deux à trois heures. Puis, je retourne à mon travail. Mais, je ne fais cela que pendant, disons, quatre semaines.

«J'écris un livre en deux ans et demi environ. La première année, j'élabore le synopsis, un canevas très détaillé d'une centaine de pages... puis, j'écris la première version d'une seule traite, vingt heures par jour pendant quatre semaines. Enfin, je consacre à peu près un an et demi à remanier et à réviser le texte.

«Le canevas et la révision demandent énormément de temps, mais j'écris la première version très rapidement. C'est un brouillon indescriptible, dont plusieurs passages seront éliminés, mais j'ai besoin de tout coucher sur papier. Après je peux retravailler et modifier cette ébauche à ma guise. Je ne fais cela que deux fois par année...»

Parfois, ces marathons d'écriture laissent Danielle complètement épuisée. «Je viens de terminer une première version et je me suis effondrée. Ce n'est pas la première fois que cela m'arrive, mais cette fois, c'est tellement évident. J'ai mal partout.»

Au milieu des années quatre-vingts, pendant ses cinq grossesses, Danielle s'entraînait dans le gymnase qu'elle avait fait installer dans le sous-sol de la maison de John Traina.

Récemment, elle a commencé à suivre des cours d'aérobic trois fois par semaine.

Compte tenu des problèmes que Danielle a eus avec sa machine à écrire et de l'effort physique qu'elle doit déployer pour taper sur un vieux modèle, elle a certainement des doigts et des poignets en acier et un bras droit très fort pour faire revenir son chariot des centaines de milliers de fois. Imaginez pousser un chariot de machine à écrire manuelle de vingt-cinq à trente fois par page pendant plus de six cents pages. Cela donne dix-huit mille fois par roman. Espérons que la machine à écrire de Danielle est maintenant munie d'un chariot électrique ou qu'elle a compris qu'un ordinateur est aussi facile à utiliser qu'une machine à écrire, tout en évitant les risques de tendinite que représente «taper sur du ciment».

«On se demande toujours si le livre sur lequel on travaille sera aussi réussi que le précédent, dit Danielle. Surtout lorsqu'un roman a beaucoup de succès, je me dis que je ne pourrai plus jamais répéter ce genre d'exploit. Puis, soudainement, sans crier gare, l'inspiration est là.»

Est-elle une martyre ? «Pour pouvoir prendre une nuit de congé avec mon mari et ne rentrer que le lendemain après-midi, je dois absolument suivre ce genre d'horaire, expliqua Danielle. Mes journées commencent à sept heures le matin, après une nuit de trois heures de sommeil, pour se terminer à quatre heures du matin le lendemain et cela, sans perdre une seule minute.»

Danielle n'a pas le temps d'admirer le paysage, de feuilleter le *Vogue* ou de parler interminablement au téléphone avec ses copines. «Il faut ce qu'il faut, explique-t-elle. Je ne PEUX pas m'arrêter.

«Quand j'ai ce genre d'horaire, il est très difficile pour moi de sortir et d'être de compagnie agréable. Très souvent, quand je sors, je SAIS qu'il me reste trois ou quatre heures de travail à faire en rentrant à la maison.»

Pour sa part, John Traina déclara à un journaliste : «Nous sommes tous les deux habitués au monde des affaires et à une vie très active. Danielle a sa carrière et j'ai la mienne. C'est sans doute la raison pour laquelle nous fonctionnons bien ensemble. J'aime que ma femme travaille. Je n'y vois aucun inconvénient. Danielle est beaucoup plus organisée que moi cependant...

«Écrire a cela de particulier que ce n'est pas un métier qu'on pratique tous les jours, ajouta John Traina. Danielle écrit à certains moments, qu'elle planifie longtemps à l'avance. Avant de commencer, elle s'occupe de toutes ses obligations. Puis, elle s'y met... Quand elle a terminé, elle redevient une femme de maison. C'est très bien pour Danielle.

«Quand elle écrit, elle peut y passer vingt heures par jour, confirma John Traina. Cela peut durer environ quatre semaines...»

Son mari a essayé tant et plus de convaincre Danielle de faire l'essai d'un ordinateur ou au moins d'un ordinateur portatif. «Elle n'a jamais touché à un ordinateur, déclara-t-il en 1990. Elle n'aime que sa vieille Olympia 1947.» (Danielle semble penser qu'il s'agit d'un modèle 1948 et son mari d'une 1947. Mais, seul le réparateur de machine à écrire le sait.)

Quand les films hebdomadaires de la série *«Danielle Steel Presents»* ont commencé, les productions de télévision (et, on le devine, les mondanités qui y sont associées) lui prirent davantage de temps que l'écriture.

«Je suis arrivée au point où, en me limitant EXCLUSIVEMENT à l'écriture, j'ai l'impression de suivre une petite routine tout à fait pépère.»

«Les films pour la télévision, que j'ai faits surtout par curiosité, furent la goutte qui fit déborder le vase», déclara Danielle à un journaliste. «J'essaie maintenant de m'en sortir. Mais, c'est ce qui a changé l'équilibre de ma vie.»

Au début des années quatre-vingt-dix, Danielle était tellement occupée avec sa maisonnée de neuf enfants, la maison à la ville et le domaine à la campagne, les voyages à New York et à Beverly Hills, sans compter les vacances à Hawaï, qu'elle se sentit totalement débordée. On le serait à moins. Il fallait qu'elle laisse tomber quelque chose. Comme elle n'avait jamais aimé les séances de photo pour les pages couvertures de ses livres, on peut imaginer que son rôle de présentatrice de la série *«Danielle Steel Presents»* la rendait encore plus nerveuse. En fin de compte, c'est ce qu'elle sacrifia.

*

196

«Je suis indéniablement un bourreau de travail», avoua Danielle à un journaliste. «Mais, j'aimerais quand même être moins occupée. Je ne voudrais pas travailler autant et j'aimerais vraiment passer plus de temps avec ma famille.

«Je veux quand même continuer à travailler, ajouta Danielle. Tous les enfants vont grandir et quitter la maison. Qu'est-ce que je ferai alors ? Je ne voudrai certainement pas rester inactive. Mais, en ce moment, je travaille trop.»

Comment Danielle peut-elle survivre à tant de stress ? Comme son mari John Traina l'expliqua à un journaliste : «Il y a une chose qui est très importante : Danielle fait ce qu'elle aime et elle y réussit bien. C'est une grande source de satisfaction. Elle a beaucoup de chance de pouvoir faire le métier qu'elle aime et d'avoir du succès.»

CHAPITRE 22

COUPS DE CŒUR

Je n'ai jamais le temps d'aller faire des courses.
Danielle Steel

Une mondaine de San Francisco raconta l'histoire suivante :
Elle faisait partie d'une vingtaine d'invités à un dîner où les couples, y compris celui de Danielle et John, étaient assis à des tables différentes.

Au milieu du repas, Danielle arriva à la table où John était assis avec sa belle-mère et leur annonça qu'elle partait. John et la mère de Danielle lui offrirent de l'accompagner. «Non, insista Danielle, quelqu'un viendra vous prendre plus tard.»

Je demandai à Danielle pourquoi elle devait rentrer. «Comment pourrais-je nourrir tous ces gens si je ne rentrais pas travailler ?» me répondit-elle à l'oreille. C'est tout à fait elle. Danielle est celle qui donne les ordres.

En réalité, elle n'a sûrement pas besoin de rentrer travailler à la maison tous les soirs, même avec toutes ces bouches à nourrir et les mensualités de l'hypothèque à payer.

Mais c'est plus fort qu'elle. Il y a une force en elle qui la pousse à travailler tous les soirs jusque dans la nuit.

Mais, il ne faut pas oublier que pour Danielle, s'immerger dans un monde de rêve tous les neuf mois est peut-être plus agréable qu'un après-midi de somptueuses dépenses chez *Tiffany*.

Une fois, après la naissance de sa fille Zara, on demanda à Danielle si elle comptait avoir d'autres enfants. Sa famille se composait déjà de Beatrix, Trevor, Todd, Nick, Samantha, Victoria, Vanessa, Max et Zara. Elle répondit au journaliste en riant : «Je n'aurai plus d'enfants, car ce serait très dangereux pour ma santé. Mon mari m'étranglerait !»

À San Francisco, un journaliste l'aperçut portant un jean griffé et un T-shirt qui disait : «Oups !... J'ai oublié d'avoir des enfants», écrit en grosses lettres au-dessus d'un dessin représentant une horloge biologique.

«On a vu Danielle Steel en train d'allaiter bébé Zara à un déjeuner au *penthouse* de Denise Hale», put-on lire dans le journal.

Danielle allaita Max lors d'un grand dîner chez les Getty. «Elle était flanquée de deux nounous prêtes à prendre la relève au besoin, déclara le journal. Plus tard, Danielle Steel, ravissante dans un tailleur *Chanel* de couleur paille, partit avec son entourage dans deux Mercedes familiales bleues.

Des rumeurs circulent sur le nombre de domestiques à son service. Un journaliste évalua ce nombre à onze personnes : un chauffeur qui fait aussi office de garde du corps, un recherchiste, une secrétaire particulière, une intendante, une cuisinière, une ou deux gouvernantes et deux ou trois nounous. En 1981, Danielle déclara avoir sept personnes à son service, en excluant le nouveau cuisinier et sa femme qu'elle devait engager peu de temps après.

Lorsqu'on lui demanda si chaque enfant avait sa propre nounou, d'après la rumeur qui circulait à San Francisco, elle répliqua qu'elle n'avait qu'une nounou et une bonne d'enfants. «Il y a MOI pour chacun des enfants.»

Selon une amie, quand la famille se rend à Napa, il y a au moins vingt et une ou vingt-deux personnes, en incluant de cinq à neuf enfants et leurs amis Il ne faut pas oublier non plus le mignon petit cochon vietnamien, le basset allemand Swee' Pea, et tous les autres chiens des enfants.

*

En 1979, un magazine publia une photo de Danielle en train d'essayer un manteau de renard dans une boutique de San Francisco. Danielle admet être une «consommatrice compulsive» qui ne sort presque jamais de chez elle sans un chapeau.

L'héroïne de *Il était une fois l'amour*, probablement le deuxième roman qu'écrivit Danielle après son mariage avec John Traina, était une romancière à succès toute menue qui s'emmitouflait souvent dans de luxueux visons.

Dans son roman *Maintenant et pour toujours*, publié en 1978, l'héroïne, dont le mari est injustement accusé de viol, se rend régulièrement chez des grossistes du *Garment District* de New York pour choisir les vêtements vendus dans sa boutique de mode de San Francisco.

La belle vie, publié en 1987, est l'histoire d'un personnage masculin qui travaille comme spécialiste des techniques marchandes de l'un des magasins les plus prestigieux de New York (Bloomingdale's ou Saks) avant de prendre la gérance de la boutique la plus huppée de San Francisco. À la fin du livre, sa femme et lui prennent la décision d'ouvrir une petite boutique personnalisée dans la Napa Valley.

Un auteur devrait toujours écrire sur des sujets qu'il aime. De toute évidence, Danielle est une femme qui aime les belles choses et qui veut les faire partager à ses lectrices, comme sur les photos des pages couvertures de ses romans.

Women's Wear Daily, LE magazine de l'industrie du vêtement, interviewa Danielle à l'été 1986.

«Tout cela me fait rire», dit Danielle alors qu'elle se préparait pour la séance de photos en enfilant des anneaux d'or sertis de diamants. «Dans la vie de tous les jours, je ne me maquille jamais et je porte mes cheveux en tresse dans le dos. Ceci est un tout autre aspect de moi... je ferais du covoiturage dans ma robe de nuit de flanelle si je le pouvais.»

À l'occasion, Danielle aime porter des créations de grands couturiers et se permettre toutes les extravagances. Sinon, pourquoi garderait-elle une ligne aussi parfaite ?

Un jour, elle arriva à une entrevue avec un journaliste du *Los Angeles Times* vêtue d'une cape d'un rouge éclatant, d'une jupe assortie et d'un riche turban de renard. C'était le genre d'ensemble que porterait une comédienne qui joue le rôle d'une romancière à succès. Tout à fait le contraire de Kathleen Turner dans *À la recherche du diamant vert* avec Michael Douglas.

Danielle est l'incarnation même du stéréotype de la romancière mondaine. Elle pense peut-être que cela mousse sa publicité. Mais c'est plus probablement le vrai fond de sa personnalité. Elle aime sans doute vraiment les beaux vêtements à la coupe parfaite et à la confection impeccable, les bijoux rétro des années trente, les somptueuses fourrures pour les soirées fraîches de brouillard à San Francisco, les valises de cuir pour ses voyages à New York ou à Los Angeles et les sacs Hermès.

Une romancière qui décrit les luxueux transatlantiques français des années trente et quarante a nécessairement un faible pour les beaux objets et les accessoires qui en faisaient le charme, pour les colifichets de la rue du Cambon et les boutiques exclusives aux attrayantes vitrines du Ritz.

Une amie qui connaissait Danielle au milieu des années soixante, du temps de son mariage avec Claude-Éric Lazard, affirme que Danielle n'a pas changé. «Elle a toujours adoré faire des achats, elle a toujours adoré les bijoux, et elle a toujours été adorable, gentille et délicate.»

Au début des années quatre-vingts, Danielle pouvait s'acheter les vêtements qui lui plaisaient au lieu de les dessiner dans son imagination. Un journaliste qui soulignait qu'elle n'avait jamais terminé ses études à la *Parsons School of Design* et n'était pas devenue la «nouvelle Coco Chanel» comme elle l'avait espéré, mentionna de plus qu'elle ne pouvait pas s'empêcher «d'ajouter constamment des accessoires exotiques à sa garde-robe». Lors d'une soirée de danse disco qu'elle avait organisée pour des amis, Danielle apparut dans un fourreau en lamé lavande rebrodé de paillettes rouges signé par un grand couturier parisien.

Pour une fête en l'honneur du célèbre photographe de *Vogue*, Richard Avedon, Danielle portait une création originale de Balenciaga de 1950 qui devait ensuite être expédiée au *Costume Institute* du *Metropolitan Museum of Art* de New York.

«J'ai une passion secrète pour les vieilles voitures, déclara-t-elle à un journaliste à cette époque. Je conduis une *Ford Opera Coupé Deluxe* et j'ai une berline 1940 pour la famille.» Au milieu des années quatre-vingt, sa collection se composait de quinze voitures, dont une magnifique Rolls-Royce 1950. Selon son agent, Mort Janklow, ces voitures représentent des fantasmes réalisés.

Elle collectionne aussi les beaux vêtements. «J'ai quelques vêtements anciens», déclara plus tard Danielle à un reporter. «Mais ils vieillissent mal. Mon mari est un parent éloigné de Teal Traina... quand je trouve de vieux Norell griffés, je les collectionne. Mais même lorsqu'ils sont très beaux, ils ont toujours l'air de vieux vêtements. On ne peut pas vraiment les porter.»

Dans son domaine de Napa Valley, les lits des chambres d'invités sont habillés de draps victoriens blancs.

«J'adore tout simplement les vêtements, explique Danielle. Ils m'ont toujours fascinée. Je m'intéresse au modèle et à la confection, ce qui ennuie la plupart des gens.» (Elle avoua cependant qu'elle avait été très heureuse de quitter Parsons où elle retouchait inlassablement des pinces.)

«J'aime encore Chanel», confessa-t-elle en 1990. Mais pour moi, le plus grand couturier, c'est Gianfranco Ferré... il a toujours eu énormément de talent, et ses créations pour Dior sont absolument extraordinaires. Elles sont d'un chic discret et décontracté. Il y a beaucoup de couturiers talentueux, mais Gianfranco Ferré est celui qui m'impressionne le plus.

«Je ne fais des achats pour moi-même qu'une ou deux fois par année pendant quelques heures», déclare Danielle.

Elle n'a pas le temps d'aller à Paris ou à New York pour les grands défilés.

«Je n'assiste pas aux défilés de mode, explique-t-elle. Les maisons de couture me font parvenir des enregistrements sur vidéo et les boutiques m'envoient les collections qui passent par San Francisco.»

Les propriétaires des boutiques spécialisées de San Francisco sont très attentionnés à l'égard de Danielle, car elle porte si avantageusement leurs créations. «Ils sont vraiment très gentils. Ils envoient leurs collections chez-moi et je peux les regarder en pleine nuit, si je le désire, une fois mon travail terminé. À l'occasion, j'achète à partir de simples photos.»

Danielle Steel, la «consommatrice compulsive» révéla qu'elle n'avait jamais le temps d'aller faire des courses. Peut-être a-t-elle reporté cette passion sur ses enfants et sur les petits cadeaux qu'elle donne à son mari : un fume-cigarettes en or à ajouter à sa collection par exemple. «C'est un sacrifice que je fais pour mes enfants et, pour moi, cela en vaut la peine. Quand on veut avoir une famille nombreuse, il faut sacrifier de son temps.»

Danielle affirme ne porter les merveilleux vêtements qu'elle collectionne que lorsqu'elle sort. Elle ajoute toutefois qu'elle préfère rester à la maison pour travailler. Mais son mari est un homme extrêmement sociable et les sorties en ville avec ses vieux amis le rendent tellement heureux. «Je sors pour lui faire plaisir. J'adore être en sa compagnie», dit Danielle.

Un ami devait les rencontrer pour le déjeuner à San Francisco. Danielle avait dit qu'elle porterait des jeans. «Mais il fallait VOIR les jeans et les bijoux parfaitement assortis. Et son mari portait la même chose qu'elle. Et la VOITURE, le luxe, on se serait cru dans une scène de *Dynasty* !»

Le 15 mai 1988, l'un des plus ambitieux romans de Danielle fit l'objet d'une critique dans *Publishers Weekly* :

Zoya brosse un portrait de la cour du tsar à St-Petersbourg avant de se déplacer dans le Paris dévasté de la Première Guerre mondiale et dans le Manhattan des années folles. L'histoire se poursuit pendant la Grande Dépression et se termine sur une note d'espoir avec la fin de la Deuxième Guerre mondiale.

Danielle travaillait à nouveau en étroite collaboration avec un recherchiste exceptionnel qui lui fournit les détails intimes de l'époque qui donnèrent vie à cette saga historique. Voici la critique à ce sujet :

*Avec tout le panache sentimental qui émeut ses fidèles lectrices, Steel (*Kaléidoscope*) raconte l'histoire de Zoya Ossupov, une jeune femme courageuse de la Russie impériale, dont la vie est marquée par de grands bonheurs et de grandes peines.*

Fille d'un comte cousin du tsar Nicholas, Zoya mène une existence privilégiée et surprotégée. Zoya, dont le nom signifie «vie», est proche des membres de la famille impériale. À ce titre, elle aussi est menacée par la révolution bolchevique.

Les révolutionnaires assassinent le tsar et sa famille immédiate, ainsi que les parents et le frère de Zoya, laquelle s'enfuit à Paris en compagnie de sa formidable grand-mère. Vivant dans une indigence à laquelle elles ne sont pas habituées, les deux femmes comptent sur le salaire de Zoya qui travaille comme danseuse pour les Ballets russes.

La vie de Zoya est égayée par sa rencontre inopinée avec le capitaine Clayton Andrews, un New-Yorkais de bonne famille. Amoureux fou de Zoya, Andrews l'amène à Manhattan pour l'épouser, sans se douter de la tragédie qui les frappera tous les deux.

Steel évoque les derniers jours de la Russie impériale avec son panache habituel. Comme toujours, elle offre un mélange savamment dosé de lieux pittoresques, d'événements remarquables et de personnages attachants.

Au milieu du mois de mai, Herb Caen écrivait dans sa chronique du *The San Francisco Chronicle* : «Je note avec incrédulité que le vingt-troisième et dernier roman de Danielle Steel, publié depuis deux semaines seulement, est déjà en tête de la liste des best sellers au pays. Intitulé *Zoya*, ce roman s'est immédiatement hissé au-dessus des ouvrages les plus récents de Robert Ludlum et de Gabriel Garcia Marquez. Ces auteurs sont considérés comme de gros canons tandis que les œuvres de Danielle Steel font rarement l'objet d'une critique. Je ne serais pas étonné que Danielle Steel ait vendu plus de livres que tous les écrivains de San Francisco réunis.»

*

«Leur mariage est l'un des plus enviables que je connaisse, déclara un ami qui les rencontrait à l'Opéra de San Francisco. Ils ont du plaisir à collectionner ensemble et à trouver des cadeaux parfaits l'un pour l'autre. Il collectionne les fume-cigarettes Fabergé et elle, les bijoux et les diamants.»

Aujourd'hui, Danielle parle comme si elle n'avait jamais vraiment travaillé, comme si elle avait toujours été une femme oisive. Mais elle commença à travailler en 1968 et n'eut jamais de cesse depuis. «Avec l'éducation que j'ai reçue, j'ai toujours eu le sentiment que je ne devrais pas travailler», déclara-t-elle à un journaliste il y a quelques années.

La montée du nazisme força toute la famille Schuelein (le père de Danielle n'avait que vingt ans à l'époque) à quitter leur élégante maison de Munich et à troquer leur vie bourgeoise contre une existence de malheureux immigrants en terre étrangère.

Les Schuelein ne considéraient peut-être pas l'écriture de romans d'amour comme un travail très utile.

«C'est encore pire d'avoir du succès, continua Danielle. J'ai un réel dilemme. J'ai peur de reconnaître ce que je suis et ce que je fais, d'admettre que je suis l'auteur du roman qui est en première position sur la *New York Times Best Seller List*, parce que cela signifierait que ma vie de femme est un échec.

«Alors, pour racheter mes fautes, je suis très secrète au sujet de mon travail et de mon succès.»

C'est lors des séances de photographie pour les pages couvertures de ses romans qu'émerge Danielle Steel, la femme élégante, une image destinée à la consommation publique.

Elle déclara à un reporter de *The New York Times*, en 1989 : «J'ai l'impression qu'on s'attend à ce que je sois élégante et mondaine, mais je suis une personne plutôt discrète. Pour être franche, ces séances de photos me sont très pénibles.»

Avec les ans, ses lectrices la virent se transformer de belle jeune fille douce sur la couverture de *L'anneau de Cassandra*, son premier ouvrage en grand format, en dame au chemisier blanc classique qui apparaît sur tous ses livres en format de poche et, enfin, en femme forte qu'on peut voir sur *Accident*, son dernier roman en grand format.

La photo en noir et blanc que Roger Ressmeyer prit de Danielle, pour la couverture arrière de *L'anneau de Cassandra*, son premier roman en grand format, montre un visage rêveur à l'ovale parfait et aux grands yeux noirs. Sa lourde chevelure est ramenée vers l'arrière. Elle porte de grosses perles en guise de boucles d'oreille. Autour du cou, un collier de style victorien qui semble ancien, décoré d'une lune et d'étoiles, brille de petites pierres... probablement de la pierre de lune...

Une autre photo noir et blanc de Ressmeyer apparaît sur la jaquette de *Souvenirs d'amour*, paru en 1981, le premier roman que Danielle dédicaça à son nouveau mari, John Traina. Cette photo donne une image plus élégante et plus amoureuse de Danielle, photographiée à contre-jour, les cheveux ondulant délicatement sur ses épaules. Encore une fois, elle est aussi belle qu'un mannequin. Elle porte ses célèbres boucles d'oreilles de diamants aussi gros que des œufs de merle, son maquillage est léger et elle a le cou nu. Ses diamants sont à couper le souffle !

Environ cinq ans plus tard, c'est encore Ressmeyer qui la photographie pour son roman *La vagabonde*. Elle porte une veste magnifiquement brodée et de somptueux bijoux. À un doigt, une grosse bague carrée qui semble sertie de deux rangs de diamants. Aux oreilles, les magnifiques perles de la photo de *L'anneau de Cassandra*. Au cou, un riche collier victorien de six ou sept rangs de perles. Sa superbe chevelure ondule sur ses épaules et elle sourit à l'objectif, le menton dans une main, l'air heureuse et amoureuse.

Pour *La belle vie*, Ressmeyer a photographié Danielle en couleurs vêtue d'un tailleur blanc sur un arrière-plan rose vif. Elle est littéralement couverte de diamants, ce qui ravit ses lectrices. Après tout, comme le dit un écrivain connu, la photographie de l'auteur est un cadeau qu'on fait aux lectrices, qui découvrent ainsi le monde dans lequel la romancière les introduit.

Dans *La belle vie*, les lectrices sont apparemment introduites dans un monde constellé de diamants. Aux oreilles, Danielle porte des boucles d'or où scintillent des diamants. À son cou, une large spirale d'or et de diamants. Ses ongles parfaitement manucurés sont d'un rouge éclatant, ses lèvres d'un bel orangé. À la main droite, brillent trois anneaux d'or, d'argent et de platine de Cartier et une chevalière. Au poignet, de lourds bracelets en or sertis de diamants, à moins que ces pierres ne fassent partie de son chemisier. Sur les revers de son tailleur, d'autres brillants dont on ne peut dire s'ils sont rattachés à l'un de ses bracelets. Il se dégage une impression de surabondance. À l'autre main, une bague en or agrémentée d'une pierre précieuse.

Doit-on conclure que les diamants sont les meilleurs amis de la femme ? Danielle est coiffée simplement, sa chevelure tombant sur ses épaules, quelques fils gris s'entremêlant aux riches teintes d'acajou. Ses yeux sont verts.

Pour *Zoya*, Danielle est emmitouflée dans un turban et une écharpe de renard au milieu desquels brillent d'énormes diamants. C'est un portrait de Ressmeyer datant de 1988.

Sur *Star*, on peut voir une photographie de Ressmeyer prise en 1989. Danielle y est encore couverte de diamants. Elle avait déclaré à des journalistes qu'en écrivant *La belle vie*, inspiré de la mort d'une de ses amies emportée par le cancer, elle avait souvent pleuré. Elle avait donc entrepris la rédaction de *Star* dans le but avoué d'en faire un roman plus léger et sa photo reflète cette atmosphère.

Elle rayonne devant un ciel bleu nuit constellé d'étoiles, les bras croisés sur ses épaules nues. Sa main droite est sans ornement tandis qu'à son annulaire gauche, brille un énorme diamant. Elle porte en outre un magnifique collier de diamants et de pierres précieuses et ses célèbres boucles d'oreille de diamants.

Star fit l'objet d'une critique en 1988, en même temps que *Zoya* et *Cher Daddy*. On ne sait trop pourquoi, mais la production de Danielle semblait avoir retrouvé la cadence de ses débuts en format de poche. Voici ce que *Publishers Weekly* avait à dire au sujet de *Star* :

Bien que les romans de Steel (*Zoya*) aient pour cadre des sites enchanteurs et des amours turbulentes, elle décrit de manière convaincante des émotions universelles.

Son dernier ouvrage commence en Californie, peu de temps après la Deuxième Guerre mondiale. À l'âge de quatorze ans, la beauté radieuse et la voix exceptionnelle de Crystal Wyatt ont déjà commencé à faire des envieux dans la petite communauté rurale où elle habite.

Lorsque Spencer Hill rencontre Crystal au mariage de la sœur de celle-ci, ils sont irrésistiblement attirés l'un vers l'autre. Spencer, de treize ans son aîné, appartient à une grande famille de la Côte Est qui le force à reprendre à son compte les aspirations politiques de son frère décédé.

Bien qu'il soit amoureux de Crystal, Spencer fait un mariage sans amour mais éminemment avantageux avec Elizabeth Barclay, la fille d'un juge de la Cour suprême des États-Unis. Spencer la supplie bientôt de lui accorder le divorce, mais Elizabeth tient absolument à sauver les apparences.

Entre temps, Crystal devient une grande vedette à Hollywood, mais son gérant, un homme brutal et possessif, la menace de violences si elle tente de revoir Spencer. Dans sa description des retrouvailles de ces amants maudits, Steel démontre une fois de plus le sens du drame qui plaît tant à ses lectrices.

Pour la photo qui orne la couverture arrière de *Souvenirs du Viêt-nam*, Ressmeyer a choisi un portrait plus conservateur de l'auteur, qui la montre assise devant sa vieille machine à écrire. Sur cette photo, ses magnifiques cheveux acajou sont remontés, ses yeux sont noisette et ses lèvres de carmin sont assorties à des ongles parfaits. À la main droite, elle porte une chevalière en or et une bague de platine sertie d'un énorme diamant. Ses boucles d'oreille sont de lourds cabochons de rubis entourés de diamants.

La photo pour *Naissances* est la plus célèbre, car c'est celle que l'on peut voir sur tous ses romans en format de poche. Sa belle chevelure est retenue en chignon, ses yeux sont noisette et son visage très légèrement maquillé. Elle ne porte que ses boucles d'oreille de diamants et une minuscule chaîne en or se détache sur sa peau légèrement basanée, dans l'encolure de son chemisier blanc. La romancière semble calme, posée et en paix avec elle-même. On a l'impression qu'elle ne ressent plus le besoin de se donner l'image qui correspond aux fantasmes de ses lectrices et qu'elle peut enfin vivre sa propre définition de l'élégance et du chic.

*

Lorsqu'elle joue son rôle de mère, Danielle Steel porte souvent des jeans, un T-shirt et son éternel téléavertisseur pour conduire les enfants à leurs diverses activités.

Mais en soirée, quand elle sort avec John, elle dégage toujours une élégance naturelle que n'ont pas ses photos publicitaires. «Danielle et John Traina ont été vus s'embrassant dans une loge de l'Opéra de San Francisco», put-on lire dans un magazine.

Danielle et John fréquentent certains des personnages les plus en vue de la communauté de la baie, comme Ann et Gordon Getty.

Pendant la saison mondaine, Danielle et John Traina sont parfois invités à trois grands dîners par semaine dans le chic quartier de Pacific Heights. Qu'on annonce une vente aux enchères de bijoux antiques ou la vente d'une voiture de collection, on peut parier qu'ils seront de la partie.

Même pendant cette merveilleuse année de mondanités, Danielle trouva le temps de se consacrer à son écriture, car *Publishers Weekly* souligna la parution de deux nouveaux romans. D'abord *Zoya*, en avril, suivi de *Cher Daddy*, un roman éminemment contemporain, en décembre. Pour la rédaction de *Cher Daddy*, Danielle ne retint sans doute pas les services d'un recherchiste, car ce roman traite de sujets dont elle fit probablement l'expérience dans son entourage lorsqu'elle se remaria avec son propre «*Daddy*», John Traina, auquel elle dédia l'ouvrage.

Le vingt-cinquième roman de Danielle Steel lui aura valu de dépasser le cap des cent-vingt-cinq millions d'exemplaires vendus et de captiver ses fidèles lectrices par sa sentimentalité et ses personnages bien typés, même si ces derniers manquaient de profondeur.

Oliver Watson, l'un des directeurs d'une prestigieuse agence de publicité new-yorkaise, est marié à une belle femme nommée Sarah. Le couple a trois enfants, Ben, Melissa et Sam, et il vit dans une jolie maison de la banlieue de New York.

Mais sans qu'il le sache, ce bel édifice est au bord de l'abîme. Sarah, qui n'a jamais vraiment eu envie de cette vie conventionnelle, abandonne froidement son mari et ses enfants pour «se retrouver» en poursuivant des études de maîtrise à Harvard.

Puis, la mère d'Oliver meurt de la maladie d'Alzheimer, laissant son mari de soixante-douze ans dans le deuil. De plus, Ben, un adolescent de dix-sept ans, abandonne ses études et devient le père d'un bébé.

Oliver blâme inlassablement la glaciale Sarah pour tous ses malheurs, mais refuse de se refaire une vie, même après que son père lui eut donné l'exemple en trouvant un nouvel amour.

Steel (Star, Zoya) est au meilleur de sa forme dans cette histoire où Oliver doit affronter les terrifiantes réalités de la vie d'un père célibataire, les femmes modernes et les nouvelles mœurs sexuelles. Le roman se termine sur un plaidoyer dithyrambique en faveur de la famille et de l'amour.

*

Danielle et John reçurent le prix du couple le plus élégant, lors d'une vente de charité du Musée des beaux-arts de San Francisco pendant la saison de Noël. John portait un merveilleux pardessus ancien et Danielle son superbe renard. Selon *The Chronicle*, le téléavertisseur de Danielle la prévint qu'il était temps d'allaiter bébé Zara, qui arriva en limousine et fut accueillie par Danielle pendant les festivités.

On dit que Danielle dépensa trois cents mille dollars pour la fête marquant les débuts dans le monde de sa fille, Beatrix Lazard. Le père et la mère de Danielle n'auraient jamais eu les moyens de lancer ainsi leur fille dans la société new-yorkaise. Mais elle et Claude-Éric Lazard pouvaient se permettre de le faire pour leur fille Beatrix.

*

À la fin des années quatre-vingts et au début des années quatre-vingt-dix, le tout San Francisco suivait avec avidité les péripéties domestiques de la famille Traina. Allaient-ils quitter la maison dans laquelle Danielle avait mis tant de travail et d'amour ? Achèteraient-ils la maison Spreckels ? Celle-ci serait-elle déclarée monument historique ?

Le 19 avril 1989, Herb Caen écrivit que Danielle «Star» Steel, la romancière à succès, et son mari John Traina, avaient mis en vente leur maison de la rue Jackson pour la jolie somme de 5,6 millions de dollars, et qu'ils cherchaient une maison plus vaste pour loger leur ribambelle d'enfants et leurs domestiques. «S'ils ne trouvent rien ici, ils pourraient déménager à Lozangeles (sic). Ils ont déjà loué une maison à Malibu pour l'été...»

À la fin de l'été, la rumeur courait à San Francisco que la maison Spreckels était sur le point d'être mise en vente pour la première fois de son histoire. S'ensuivit une bataille juridique sur le changement de propriétaire et sur les conséquences que pourrait avoir ce changement sur la magnifique demeure.

Celle-ci, dont la construction avait été terminée en 1913, était l'œuvre de George Applegarth, un étudiant de l'École des Beaux-Arts, une institution nichée au cœur de l'intellectuelle Rive gauche du Paris de la fin du siècle. Applegarth possédait le panache architectural français qui convient parfaitement aux goûts de Danielle.

The Chronicle rapporta plus précisément que les héritiers Spreckels avaient accepté une offre d'achat de Danielle et John Traina. Les Traina espéraient en réduire le prix extravagant de treize millions de dollars en vendant une partie du terrain de la propriété de Pacific Heights à un entrepreneur immobilier qui y ferait construire des maisons.

Les voisins étaient outrés. La seule façon d'empêcher que le parc et les vues imprenables ne soient détruits par l'érection de nouvelles maisons était de faire déclarer le parc et le manoir monument historique. On sut plus tard que les élus municipaux avaient déjà songé à déclarer la maison Spreckels monument historique bien avant que le projet de développement immobilier de John Traina ne devienne un sujet de controverse à Pacific Heights.

Parmi les résidents inquiets, on comptait les héritiers de George Applegarth, l'architecte de la maison. En septembre, ces derniers comparurent devant la commission de planification qui recommanda de déclarer la propriété monument historique, sous réserve de l'accord du bureau des superviseurs.

La commission de planification coupa la poire en deux en faisant une recommandation qui semblait devoir satisfaire les deux parties. Que la maison soit déclarée monument historique n'empêcherait pas John Traina de vendre le terrain. Mais les voisins obtinrent que tous les changements apportés à la célèbre maison soient d'abord approuvés par la commission de planification et par le comité consultatif de la ville sur la protection des sites historiques. La tenue d'une audience publique fut décidée pour novembre de la même année.

Pourtant, à la fin d'octobre, Herb Caen avait écrit que Danielle et John Traina avaient décidé de ne pas acheter le manoir Spreckels.

À l'approche des Fêtes, Danielle concentra son attention sur les festivités de Noël. Elle et son mari se rendirent à «Celebrations», pour admirer l'exposition de décorations et de tables de Noël présentée par le tout San Francisco.

Pour l'inauguration de la saison 1990 de l'orchestre symphonique, Danielle décida de porter une robe du soir *Christian Dior* dessinée par Gianfranco Ferre, une création qu'elle avait l'intention de porter pour la première de l'opéra. Il s'agissait d'une jupe bouffante en lainage et d'un châle assorti, que complétait un corsage perlé orné de bouquets de fleurs en soie. «J'aime beaucoup cette robe, déclara Danielle, elle est tellement simple.»

Gordon Getty, qui assistait aussi à l'inauguration déclara : «Une soirée au concert est toujours une occasion spéciale. Mais pour la soirée d'inauguration, il faut revêtir sa queue de morue», une référence irrévérencieuse à sa tenue de soirée. Sa femme, Ann Getty, portait une robe du soir de couleur lavande et une spectaculaire broche sertie d'émeraudes, de diamants et d'autres pierres précieuses, formant une myriade de petites fleurs, une création de JAR, un chic joaillier parisien. «Elle me rappelle mon enfance, quand j'admirais le verre coloré dans la vitrine de Woolworth (sic)», déclara-t-elle à un reporter.

Denise Hale, une autre amie de Danielle, arborait aussi la toilette qu'elle avait pensé porter pour la première de l'opéra : un bustier blanc de Gianfranco Ferre.

Le 14 octobre, *The San Francisco Chronicle* informa ses lecteurs qu'une rumeur circulait (encore une fois) voulant que les Traina aient acheté le manoir Spreckels. Lorsqu'on l'interrogea à ce sujet, John Traina déclara en blague : «Bien sûr, nous avons l'intention d'en acheter deux.»

Le 9 octobre, Caen avait déjà écrit dans *The Chronicle* : «Toutes les personnes concernées dans cette affaire sont muettes comme des carpes, comme s'il s'agissait de la date d'invasion de l'Iraq. Mais il y a fort à parier que Danielle Steel et John Traina vont acheter la maison Spreckels pour la coquette somme de huit millions de dollars, ce qui en ferait la propriété à rénover la plus chère de l'histoire de la ville...»

Dans sa chronique mondaine du 12 octobre, Pat Steger affirma détenir un scoop : «Danielle et John Traina viennent de se porter acquéreurs du manoir Spreckels.» Elle mentionna en outre que Paloma

Picasso et son mari Rafael Lopez-Sanchez, des amis de Danielle, étaient en ville pour assister au célèbre bal Fol de Rol, à l'opéra, en novembre.

Le 18 octobre. «Dernière heure, écrit Herb Caen au sujet de l'achat de la maison Spreckels par Danielle et John Traina... ils ont emporté le morceau pour la modique somme de six millions de dollars, un vrai vol, considérant qu'il s'agit d'une maison historique. L'immense jardin demeure la propriété du clan Spreckels, qui espère y développer un projet immobilier avant que les voisins n'en fassent une maladie.»

Le 19 octobre, la chroniqueuse Pat Steger révéla que Danielle et John avaient reçu un appel matinal du président de la NBC-TV, Brandon Tartikoff, félicitant Danielle des cotes d'écoute obtenues par le film tiré de son roman *Kaléidoscope*. Il téléphona de nouveau le mercredi pour la féliciter des cotes d'écoute du film tiré de son roman *La belle vie*.

Brandon Tartikoff et son épouse Lilly projetaient de se rendre à San Francisco le dimanche suivant pour la première d'un opéra dont les costumes avaient été conçus par le grand couturier italien Gianni Versace. À cette occasion, le consul italien devait offrir un grand dîner.

Certaines des scènes de *La belle vie* furent filmées chez des amis de Danielle. La scène de la réception, par exemple, fut tournée chez Lucinda et Charles Crocker qui, selon Steger, venaient de rentrer d'un séjour en Italie où ils avaient logé dans une suite à mille dollars la nuit à la Villa d'Este. Claude et Patty Rouas, propriétaires du restaurant Piatti à Napa, permirent le tournage d'une scène de *La belle vie* dans leur Auberge du Soleil.

Le 24 octobre, Herb Caen écrivit que les Traina avaient décidé de ne PAS acheter la maison Spreckels.

Le 31 octobre 1990. Pat Steger affirma que Pat Conroy, l'auteur du *Prince des marées*, avait déménagé d'Atlanta à Pacific Heights avec son épouse Lenore. Ils étaient déjà devenus membres du comité honoraire du bal de l'hôpital pour enfants, le genre d'œuvre de charité auquel Danielle ne consacre jamais son temps, d'après ce qu'en disent les rumeurs qui circulent à San Francisco.

John et Danielle Traina furent aperçus à une foire d'école en compagnie de leurs enfants. En ce qui concerne la maison Spreckels, l'antiquaire Bob Hering déclara : «Je pense qu'il faut les applaudir d'avoir acheté la maison Spreckels. Ils sont les seuls à pouvoir la restaurer selon toutes les règles de l'art.»

*

Au printemps suivant, les déménagements se multipliaient dans la communauté artistique. Pat Steger révéla que Robin Williams avait vendu sa maison de Sea Cliff et qu'il passerait une année à Los Angeles avec sa famille pour faire du cinéma.

Lorsqu'il revint à San Francisco, la rumeur courut que Robin Williams était intéressé à se porter acquéreur de la maison de Danielle et John Traina.

Danielle s'empressa pourtant de déclarer que ses enfants étaient tellement bouleversés à l'idée que leur maison soit vendue qu'elle et son mari l'avaient retirée du marché.

Une autre rumeur voulait que le couple Traina déménagerait dans la maison Spreckels en septembre, lorsque les rénovations seraient terminées, même si John et Danielle n'avaient jamais admis l'avoir achetée.

En mai, Herb Caen écrivit que les Traina emménageraient dans la maison Spreckels en octobre et que leur maison de la rue Jackson serait vendue à Robin Williams.

Deux jours plus tard, John et Danielle se rendirent avec six cents autres personnes à la vente aux enchères et au cocktail au profit du *Project Open Hand*. En vrai collectionneurs, John et Danielle repartirent avec une *Chrysler New Yorker* 1956. Mais la question que se posait toute la haute société de San Francisco était de savoir OÙ ils allaient la stationner.

*

En juillet, trois mois plus tôt que ne l'avaient prévu les journaux, les Traina emménagèrent dans leur nouvelle résidence. Comme cela s'était produit lors des rénovations de leur «vieille maison» et de la transformation de leur domaine à la campagne, Danielle força les entrepreneurs à respecter leurs échéances. Quiconque a déjà eu affaire à un entrepreneur sait qu'il s'agit-là d'un véritable miracle.

Un déménageur de la firme Kennedy Movers déclara à un journaliste : «Nous avons eu de gros contrats, des déménagements de bureaux par exemple, mais c'est le plus gros déménagement privé que nous ayons jamais eu, à l'exception peut-être de la fois où les Hearst (les parents de Patty Hearst) ont fermé leur maison de Hillsborough.»

Les voisins de l'ancienne et de la nouvelle maison affirment que le déménagement dura dix jours, sans compter l'empaquetage et l'emballage avant que le déménagement ne commence.

Avant que la maison ne soit vidée, les Traina tournèrent une bande vidéo de chacune des pièces, à l'intention des acheteurs potentiels tels que Robin Williams.

En septembre 1991, Danielle donna l'un de ses fameux dîners d'anniversaire pour John et environ cinquante de ses meilleurs amis à la nouvelle maison Spreckels.

Le 3 octobre de la même année, John et Danielle furent les hôtes d'un dîner dansant (quatre-vingt invités) pour pendre la crémaillère.

En décembre, lors d'un dîner dansant à la salle *Hearts Court* du *M. H. de Young Memorial Museum*, Danielle apparut aussi belle que ses héroïnes... une beauté de Noël classique. Apparemment, déménager pendant dix jours et donner coup sur coup deux dîners pour cinquante et quatre-vingts personnes respectivement n'avait pas entamé son énergie.

Danielle portait une magnifique robe du soir de satin rouge de Valentino. Sur une jupe bouffante, le corsage à manches courtes s'ouvrait en un décolleté plongeant qui dénudait le dos.

Danielle se préparait à célébrer son premier Noël dans la maison Spreckels, cette dernière avait été construite par Alma Spreckels, celle-là même qui avait recueilli les fonds pour la construction du musée de Young, où Danielle dansait sous les étoiles.

*

Lorsque la maison Spreckels fut vendue aux Traina, les registres de propriété de San Francisco indiquent qu'elle était évaluée à 1,5 million de dollars, dont les deux-tiers pour le terrain. Les impôts fonciers sur cette immense maison étaient donc les mêmes que ceux d'une maison de trois chambres à coucher dans les meilleurs quartiers de Los Angeles.

Herb Caen avait peut-être raison lorsqu'il déclara que c'était la propriété à rénover la plus chère de Pacific Heights. (L'évaluation de l'ancienne maison des Traina au 2510 de la rue Jackson était probablement plus élevée sur le marché de l'époque, car c'était une propriété accueillante, moins austère et moins intimidante pour les acheteurs potentiels.)

Les documents relatifs à la propriété déposés à la ville de San Francisco montrent que les anciens propriétaires ont «encore des intérêts» dans la maison : Dorothy Munn, habitant maintenant à Palm Beach en Floride (la belle-fille de la redoutable Alma Spreckels, qui fit construire la maison) ; la banque Wells Fargo, fiduciaire de Joan de Bretteville Spreckels ; et le fiduciaire de Adolph et Charles Rosenkrans (descendants de la famille Spreckels). Dodie Rosenkrans avait vécu dans la maison lorsqu'elle était jeune mariée au début des années soixante.

Au début, Danielle était enregistrée comme propriétaire du manoir. Toutefois, son nom n'apparaît plus maintenant sur les titres de propriété, et le compte d'impôts fonciers est au seul nom de John Traina.

Le mois suivant, l'un des grands lancements de la saison mondaine à San Francisco, le *Fall Antique Show* (foire d'antiquités) devait avoir lieu. Le reporter du *The Chronicle* croisa Danielle et John Traina comme ils en sortaient. Avec l'immense manoir Spreckels à meubler, John et Danielle s'intéressaient probablement aux meubles des meilleurs antiquaires de Londres, de Paris, d'Allemagne et de Hollande qui avaient envahi la ville à l'occasion de cette foire. Au kiosque des manuscrits de Shirley Randell, un court écrit en français d'une autre romancière francophile américaine, Edith Wharton, s'envola pour la somme de quatre mille sept cent cinquante dollars.

Quelques jours plus tard, John et Danielle étaient les invités de Denise Hale et de Deborah Hatch, une représentante de Sotheby-San Francisco. Au nombre des invités figurait aussi Lady Victoria Leathan, qui habite Brughley House, un château de deux cent quarante pièces dans la campagne anglaise. Lady Victoria vend des reproduction de bijoux antiques sur la chaîne *Home Shopping Network*. Harry et Margot de Wildt, présidente de la foire d'antiquités, étaient aussi de la fête.

Selon le journaliste du *The Chronicle*, John portait un «bronzage fatigué» et Danielle du «bleu poudre mis en valeur par un ensemble de bijoux algue-marine composé d'un collier antique aux pierres rectangulaires parfaitement assorties, d'une pierre immense enchâssée dans un bracelet d'or, de bagues assorties et d'une broche, sans compter ses célèbres anneaux à diamants antiques». Danielle a une véritable obsession pour les bijoux.

*

Le 21 novembre 1993, l'édition en format de poche de *Naissances* faisait son entrée en septième position sur la liste des best sellers du *New York Times*. La semaine suivante, il s'était hissé au premier rang.

Danielle avait retrouvé sa place habituelle au soleil et en tête de la liste des best sellers, et venait d'emménager dans l'une des plus imposantes maisons de San Francisco.

CHAPITRE 23

"STAR"

Elle sait tout faire.
Douglas S. Cramer, producteur de la série
«Danielle Steel presents»

1990. Danielle Steel et John Traina formaient un très beau couple en dansant une *lambada* brésilienne endiablée, lors d'un dîner très sélect donné en leur honneur par Tommy et Patti Skouras (Skouras est le neveu du célèbre nabab qui dirigeait la *20th Century Fox*). Au nombre des invités, Doug Cramer, le nouveau producteur de Danielle.

Pour leur séjour à Los Angeles, Danielle et John s'étaient installés au luxueux Beverly Wilshire, un hôtel cinq étoiles admirablement situé au pied de Rodeo Drive, la célèbre rue commerçante de Beverly Hills.

En 1990, le producteur Doug Cramer et la NBC avaient réussi à acheter les droits de scénarisation des romans de Danielle pour la télévision.

Les films de la série *«Danielle Steel presents»* seraient présentés personnellement par Danielle. «Exactement comme le faisait Loretta Young, déclara Doug Cramer à un journaliste. Elle a participé à toutes les étapes du projet. Elle sait tout faire.»

Quelques jours plus tard, Doug Cramer, devenu leur associé, invita John et Danielle à un déjeuner en compagnie de Brandon Tartikoff, alors chef de direction de la *NBC Entertainment*.

Doug Cramer avait rencontré John Traina au début des années quatre-vingts. Il avait alors eu recours à ses services et à ceux de la société maritime Pearl pour l'émission *«Love Boat in China»*. Cramer assistait régulièrement aux présentations de l'opéra de San Francisco où il rencontrait souvent John et Danielle.

Comment Danielle obtint-elle ce contrat de télévision ? En 1989, deux de ses romans figuraient sur la liste des cinq premiers best sellers : Tom Clancy occupait la première position, suivi de Stephen King. Danielle occupait les troisième et quatrième rangs avec *Cher Daddy* et *Star*. Amy Tan figurait aussi parmi les vingt best sellers de l'année.

Oliver Stone tourna d'ailleurs un film basé sur son roman *Joy Luck Club*. Les romans de Danielle étaient toujours boudés par les producteurs de Hollywood et ne suscitaient pas leur enthousiasme.

En 1988, son éditeur tirait *Kaléidoscope* à un million d'exemplaires en grand format, un lot d'une valeur totale de plus de vingt millions de dollars s'ils étaient tous vendus, sans compter les éditions en format de poche dont le tirage était encore plus grand. Pourtant, les producteurs ne s'étaient jamais montrés intéressés à en acheter les droits pour le cinéma.

En 1988, l'année de la parution de *Kaléidoscope*, John et Danielle louèrent une maison au domaine Trancas de Malibu, espérant y rencontrer des chefs de studio.

Fidèle à ses antécédents de publicitaire, Danielle déclara à une journaliste du *Los Angeles Times* que le portrait que celle-ci écrivait devrait s'intituler «Pourquoi les romans de Danielle Steel n'ont-ils pas plus de succès commercial à Hollywood ?» *Traversées* était devenu une série pour la télévision et certains producteurs s'étaient montrés intéressés à acheter les droits, pour la télévision, d'autres romans de Danielle. Mais le rêve de Danielle était d'aller les voir en salle, sur grand écran (inspirée en cela par le succès de *La vallée des poupées* de Jacqueline Susann, son idole de jeunesse).

En 1990, Danielle avait abandonné ses rêves de voir ses œuvres sur grand écran, car elle venait de signer un contrat pour la scénarisation de ses livres pour la télévision.

Le magazine *California* décrivit les dessous de son entente avec le producteur de télévision Doug Cramer.

Doug Cramer et Danielle rencontrèrent Brandon Tartikoff pour la première fois en 1989. «Tartikoff avait été charmé par cette rencontre et était prêt à signer une entente, mais celle-ci ne se concrétisa pas avant mai 1990, en raison des agents, des avocats et des contrats de Danielle qui stipulaient exactement ce qu'elle pouvait et ne pouvait pas faire.»

Dans les années soixante, Doug Cramer avait participé à la création des séries *Peyton Place, Batman* et *The Brady Bunch* ; puis au début des années soixante-dix, de *The Odd Couple* et de *Love American Style*. Déjà, enfant, il était fasciné par le monde du spectacle. Lorsqu'il était étudiant, il avait travaillé pendant l'été au *Radio City Music Hall*, au département de scénario de la MGM et au *Cincinnati Summer Playhouse*, dans la ville où sa mère était journaliste. Dans les années soixante, Cramer avait travaillé pour ABC, la Fox et Paramount, avant de se lancer comme producteur indépendant au milieu des années soixante-dix.

Il s'associa avec Aaron Spelling, directeur de production de *The Love Boat, Hotel, The Colbys, Matt Houston* et, bien sûr, *Dynasty*.

Doug Cramer et Danielle Steel avaient tous deux eu à affronter les méfaits de l'alcool et de la drogue avec leurs partenaires. Danielle avec

Bill Toth et Doug Cramer avec Joyce Haber, autrefois chroniqueuse mondaine de l'influent *Los Angeles Times*. Doug et sa femme divorcèrent au milieu des années soixante-dix et, après plusieurs accès de cirrhose du foie, Joyce Haber mourut en 1993.

Les films et les mini-séries de Doug Cramer incluaient *Hollywood Wives*, tiré du roman de Jackie Collins, et *The Users*, tiré de l'œuvre de son ex-épouse.

Il fut immédiatement impressionné par la discipline et le sens de l'organisation de Danielle. «J'ai été marié à un écrivain, dit Doug Cramer, et je dirigeais complètement sa vie. Elle n'avait pas le moindre sens de l'organisation. Les gens qui ont du succès sont des gens organisés. C'est le cas d'un grand nombre de comédiennes. Par exemple, il est stipulé dans les contrats de Jaclyn Smith (qui a joué dans les films de Danielle Steel pour la télévision) qu'elle veut prendre le petit déjeuner et le dîner avec ses enfants, et si possible, le déjeuner sur le plateau. Pas de temps supplémentaire. Les femmes qui savent concilier carrière et famille sont TRÈS organisées.»

En collaboration avec Aaron Spelling, Doug Cramer produisait *Dynasty*, recréant le monde brillant de la haute finance, des limousines allongées et de la cupidité si caractéristique de l'ère Reagan.

En 1986, Doug Cramer et Aaron Spelling avaient fait équipe pour coproduire *Traversées*, la première mini-série tirée d'une œuvre de Danielle. «Elle n'a rien eu à voir dans ce projet, déclara-t-il, je ne suis même pas certain qu'elle en ait lu le scénario.»

Lilly Tartikoff, la femme de Brandon, était une vieille amie de Doug Cramer. Ils avaient travaillé ensemble à l'*American Ballet Theater*. Doug savait que Lilly adorait les romans de Danielle et qu'elle les avait tous lus.

Ainsi, lorsque Doug Cramer rencontra individuellement Bob Iger de la ABC, Kim LeMasters de la CBS, et Brandon Tartikoff de la NBC, pour proposer à chacun l'idée de produire des films à partir des œuvres de Danielle, il ne fut pas étonné d'entendre Brandon Tartikoff s'exclamer : «C'est Lilly qui va être contente !»

Sa femme Lilly avait l'habitude de s'installer au lit avec son mari et de lire les romans de Danielle jusqu'aux petites heures du matin. Elle était une lectrice de la première heure.

«Brandon sut immédiatement de quoi il était question. Selon lui, la NBC était sans conteste la chaîne à laquelle Danielle devait s'adresser», déclara Cramer à un journaliste.

En 1990, Danielle acquiesça à la demande téméraire de Doug Cramer de présenter elle-même chaque épisode pour la NBC. Dans ses présentations, Danielle, parlant avec l'accent new-yorkais de sa jeunesse et paraissant un peu nerveuse, est toujours impeccablement vêtue et aussi gracieuse que Loretta Young au faîte de sa gloire dans les années cinquante.

En ces occasions, Danielle porte toujours des vêtements de magasins comme *I. Magnin* et *Saks Fifth Avenue*. Elle ne se rend pas à Union Square pour faire ses achats. Ce sont les magasins qui se rendent à elle. Ils envoient leurs collections chez elle et elle les examine lorsqu'elle a terminé son travail. Elle prend toujours soin de choisir quelques bijoux de sa vaste collection privée pour rehausser son éclat.

Les éditeurs s'attendent que leurs auteurs vedettes produisent, mais aussi qu'ils fassent de la promotion. Les présentations de Danielle Steel pour la télévision constituent sa concession à la promotion. Au moment où Doug Cramer signa son contrat avec Danielle, Jackie Collins se produisait dans toutes les causeries télévisées du pays. «Elle (Danielle) ne veut même pas rencontrer les représentants des chaînes affiliées. La NBC a même proposé d'envoyer une équipe de tournage à sa maison de San Francisco, mais les gens de la télévision ont refusé de se soumettre aux mesures de sécurité entourant Danielle et de signer les documents.» La plus grande pomme de discorde entre Danielle et son producteur au sujet des séries télévisées portait sur une question de concurrence avec d'autres émissions. Les films de Jackie Collins passaient sur une autre chaîne, pendant que Cramer tentait de gagner le public et d'assurer le succès de la série.

Leur bonne entente résista à cinq mois de négociation entre le début de novembre et la fin de mars. Pourquoi la négociation du contrat final prit-elle cinq mois ? Selon Cramer, Danielle confia d'abord l'affaire à son avocat, Lou Blau. Après un mois, elle fit appel à ICM (ses anciens agents pour la télévision) où elle avait travaillé avec Alan Berger. Puis, Mort Janklow prit la relève pendant deux ou trois mois. Finalement, Danielle demanda à Doug Cramer de lui trouver la personne possédant le plus d'expérience dans ce genre d'affaires à San Francisco. Sur la recommandation de ce dernier, elle engagea Ken Ziffren de la firme Ziffren, Brittenham, Branca de Century City, et l'entente fut finalement signée en mars après des négociations qui duraient depuis novembre.

Selon les termes du contrat, le réseau NBC choisit les romans et l'ordre dans lequel ils sont présentés. De plus, la NBC s'est acquis les droits de tous les romans de Danielle, passés, présents ou à venir. En outre, la NBC doit assurer un certain nombre d'heures de diffusion aux films de Danielle.

Selon Doug Cramer, Brandon Tartikoff, alors directeur du réseau NBC, avait une telle confiance en ce projet, qu'il avança lui-même les fonds pour la scénarisation du premier épisode, même si l'entente n'avait pas encore été signée. «Allons, déclara Cramer à un journaliste, nous savons tous que les auteurs ne coûtent pas cher, mais un demi-million de dollars pour un scénario représente une somme importante pour un réseau en ce moment.»

«Pour bien travailler avec Danielle Steel, expliqua le producteur, il faut se conformer à son horaire. Pour le tournage des présentations de *Cher Daddy* et de *Changes* nous prîmes rendez-vous le 30 novembre pour le 4 janvier et elle ne nous donna que trois dates au mois de janvier avant la diffusion du film.» Comme le déclara Cramer à un journaliste, elle était «un peu contrariée parce que nous avions été trop longs à réserver la suite d'hôtel où le tournage devait avoir lieu et qu'il ne lui restait plus suffisamment de temps pour choisir des vêtements qui se mariaient avec la couleur du décor.»

Ses coiffeurs et ses maquilleurs venaient de San Francisco spécialement pour le tournage. Ils étaient membres de l'Union des artistes et tenus au secret. Ils la maquillent aussi pour le bal campagnard que donne Cramer une fois par année à son ranch de Santa Ynez.

Pendant que se déroulaient toutes ces négociations pour la scénarisation de ses œuvres pour la télévision, Danielle trouva le temps d'écrire un autre roman. Elle voulait depuis toujours attirer un public masculin autant que féminin, et *Souvenirs du Viêt-nam* est une tentative hardie d'y arriver.

En 1990, Danielle Steel entreprit de sortir du moule dans lequel ses lectrices la confinaient. Elle écrivit un roman dont les personnages étaient au centre du conflit avec le Viêt-nam, une situation qu'elle avait connue au début des années soixante-dix lors de son arrivée à San Francisco, ville alors extrêmement antipathique à la guerre au Viêt-nam.

Lorsqu'elle visita l'hôpital du Presidio où Danny Zugelder subissait probablement des tests de décalcification dans le cadre du programme spatial, Danielle rencontra sans doute d'autres prisonniers, dont beaucoup étaient des objecteurs de conscience. Les médecins responsables des programmes considéraient les objecteurs de conscience comme les meilleurs sujets avec lesquels travailler.

Le *Publishers Weekly* fit la critique du roman dans son édition du 13 avril 1990. En voici un extrait :

Un changement de cadre audacieux mais peu judicieux pour une œuvre de Danielle Steel. Son vingt-cinquième roman se passe pendant la guerre du Viêt-nam, mais l'intrigue n'effleure que superficiellement cette époque turbulente. Dans une tentative d'écriture sérieuse, elle dresse une fastidieuse liste de faits historiques, en s'attardant sur des événements douloureux comme les assassinats de John Kennedy et de Martin Luther King.

Son héroïne, la sémillante Paxton Andrews de Savannah rejette le rôle de coquette auquel elle est destinée et s'enfuit à l'université de Berkeley où elle suit des cours de journalisme et

tombe instantanément amoureuse de Peter Wilson, un étudiant
en droit dont le père est un magnat de la presse.

Quand Peter meurt au Viêt-nam, Paxton réussit à se faire
envoyer au front comme journaliste où, avec l'aide d'un
correspondant d'AP dur mais paternel, elle écrit pendant sept
ans une chronique réputée.

Le style facile de Steel est trop souvent gâché par une prose
qui se bouscule et qui trivialise des événements sérieux. Bien
que Danielle Steel ne soit pas au meilleur de sa forme, ses
fidèles lectrices apprécieront sûrement les tempêtes
émotionnelles que traverse Paxton, notamment avec son amant
le Sergent Tony Campobello, plus tard fait prisonnier.

Après avoir lu *Souvenirs du Viêt-nam*, Ellen Goodman, chroniqueuse au *Boston Globe*, écrivit : «Je demeure abasourdie de la popularité de Danielle Steel, dont la seule explication plausible semble résider dans le battage publicitaire qui entoure ses romans. D'après ce que j'ai lu, Mme Steel est un auteur si pressé d'arriver à la fin de son roman qu'elle ne s'arrête ni pour développer ses personnages ni pour réviser ses textes. Son style «vie-mouvante-et-insaisissable-de-la-conscience» passe intégralement, sans corrections, directement de l'auteur au lecteur.»

Pour sa part, Danielle décrivit ce roman comme «une histoire très sérieuse sur la guerre du Viêt-nam».

*

Danielle fut peut-être déçue que *Souvenirs du Viêt-nam* ne réussisse jamais à atteindre la première position de la liste des best sellers, mais cela ne la ralentit pas. Elle continua à écrire et *The Doug Cramer Company*, la société de production de Doug, continua à produire ses films pour la télévision encore plus rapidement que Danielle ne produisait de nouveaux romans.

«J'éprouve une profonde satisfaction à réaliser un projet, à le mener à bien et à passer à autre chose, expliqua Cramer au sujet de la production des films tirés des romans de Danielle. Un feuilleton (comme *Dynasty*) exige des efforts soutenus. Lorsque *Dynasty* quitta l'antenne, je pense que chaque épisode coûtait 1,6 million de dollars, une somme astronomique, même selon les critères actuels.»

Doug Cramer déclara au magazine *Broadcasting* que ces films ne ressembleraient en rien à *Dynasty*. En fait, je pense que le seul smoking qu'on voit dans *Kaléidoscope* est à la toute fin du film.»

Cramer expliqua aussi qu'un film tourné pour la télévision comportait en moyenne entre quatre-vingts et cent scènes. *Kaléidoscope* en comporterait deux cents et *La belle vie*, un film d'une plus longue durée, environ trois cents. C'est la raison pour laquelle les films de Cramer sont beaucoup plus riches. Ils ne s'inscrivent pas dans la lignée des «romans d'amour jet set» à la Judith Krantz, Harold Robbins ou Jackie Collins, mais ils sont plutôt la continuation de la tradition réaliste de Danielle Steel, dans laquelle les personnages tirent des leçons des émotions et des situations qu'ils ont à vivre et en sortent grandis.

Jaclyn Smith tient la vedette dans *Kaléidoscope* où elle joue le rôle de Hilary Walker, une femme ambitieuse qui fuit le souvenir de son enfance turbulente et ses cauchemars de meurtre, en s'investissant complètement dans son travail.

«La popularité de Danielle Steel parle d'elle-même, dit Jaclyn Smith. Tous les romans de Steel que j'ai lus sont divertissants, romantiques et très émotionnels, tout en recréant un contexte historique. Ils sont tellement fascinants qu'on ne peut pas s'en détacher. Une fois qu'on a commencé, c'est impossible de s'arrêter.

«Hilary est une création typique de Danielle Steel, ajoute Jaclyn Smith. Elle a eu une vie très triste. Orpheline, elle a été séparée de ses deux sœurs à un très jeune âge. Obligée de subvenir à ses besoins, elle essaie d'oublier et de nier son enfance en se consacrant entièrement à son travail dans lequel elle excelle. Mais sa faiblesse est le passé qu'elle veut oublier.

«Lorsqu'elle retrouve enfin ses sœurs, elle vit une espèce de thérapie primale. Ne pouvant plus reculer, elle doit affronter les secrets obscurs de sa vie passée qu'elle a toujours voulu nier. Quelle comédienne pourrait refuser un rôle pareil ?»

Perry King, qui donne la réplique à Jaclyn dans le rôle de John Chapman, un détective engagé par un riche homme d'affaires pour retrouver Hilary et ses sœurs, aborda son rôle différemment.

«Je ne voulais pas lire le livre avant de jouer le rôle, déclara King. Un sixième sens me disait de plonger, de jouer ce rôle d'instinct plutôt que de lire le roman et d'arriver sur le plateau de tournage avec des idées préconçues.»

Perry King déclara aussi qu'il avait été attiré par ce rôle dans *Kaléidoscope* parce que l'intrigue portait sur les abus dont sont victimes les enfants, une cause à laquelle il consacre beaucoup de temps lorsqu'il n'est pas en tournage.

«Je travaille bénévolement dans une clinique pour les enfants victimes d'abus dans le comté d'Orange en Californie. J'estime que j'ai beaucoup de chance de pouvoir travailler comme comédien et je veux me consacrer à une cause valable. À mon sens, la défense des enfants victimes d'abus est l'une des causes les plus louables qui soient. Les cliniques de traitement de ces enfants se multiplient en Californie. C'est dire à quel point ce problème est devenu dangereux et répandu.

«L'un des éléments les plus intéressants de *Kaléidoscope* est l'abus dont est victime pendant son enfance le personnage que joue Jaclyn Smith, ajoute King. Bien que celle-ci réussisse à s'enfuir d'une famille d'accueil malsaine et à devenir une brillante femme d'affaires, cette terrible expérience la marque pour toute sa vie. Elle a de la difficulté à aimer et à créer des liens affectifs avec qui que ce soit.»

De l'avis de Jaclyn Smith, les personnages sont aussi fascinants que l'intrigue. «Pas besoin d'être une admiratrice de Danielle Steel pour apprécier *Kaléidoscope*, dit-elle. Les terribles événements que traverse ce personnage, le courage dont elle fait preuve pour surmonter ses traumatismes et sa victoire sur son destin sont des thèmes universels qui ne laissent personne indifférent.»

La diffusion de *Kaléidoscope*, le premier épisode de la série de Danielle Steel fut un véritable triomphe pour la NBC et lui valut ses meilleures cotes d'écoute en un an pour une soirée du lundi.

*

La belle vie fut le deuxième film en deux épisodes présenté par la NBC. Il met en vedette Tracy Pollan, l'adorable épouse de Michael J. Fox, qui venait tout juste d'avoir un bébé. Le premier rôle masculin est tenu par D. W. Moffett et celui de la mère, par Cloris Leachman, lauréate d'un Oscar. C'est l'histoire d'un cadre supérieur qui tente de concilier sa vie professionnelle et sa vie familiale après le décès de sa jeune épouse. Mais il n'est pas au bout de ses peines, car le père naturel de sa belle-fille exige la garde de l'enfant lors d'une tentative d'extorsion.

Par certains aspects, l'intrigue semble un lointain écho de la vie de Danielle. Liz confie à Bernie, son nouveau mari, qu'elle a déjà été mariée à un chômeur qui l'a abandonnée après la naissance de son enfant. Plus tard, elle fait croire à l'enfant que son père est mort. Mais celui-ci refait surface et demande une compensation monétaire... et même la garde de l'enfant. Le père kidnappe l'enfant et disparaît au Mexique, hors de la juridiction de la cour. Mais Bernie ne ménage aucun effort pour retrouver l'enfant et le ramener à la sécurité.

La comédienne Tracy Pollan voulait recommencer à travailler aussitôt après son accouchement, déclara-t-elle à un journaliste, mais elle avait mal évalué le travail que représentait *La belle vie*. Comme son personnage meurt avant la troisième heure du film, elle croyait pouvoir s'en tirer facilement.

«Puis, la veille de mon premier jour de tournage, j'ai vu la liste des scènes que je devais tourner le lendemain, dit-elle. Je me suis dit que j'avais fait une terrible erreur. Un véritable cauchemar.

Scène 1 : J'accouche

Scène 2 : Le médecin m'annonce que je souffre de cancer. Je suis condamnée.

Je me rends au studio le lendemain matin, on me présente au producteur, et on me demande de m'installer sur la table d'opération et de mettre les pieds dans les étriers...»

*

Selon Doug Cramer, Brandon Tartikoff, président du réseau NBC, visionna les deux films tirés des romans de Danielle Steel avec sa femme. «Brandon apporta à la maison une version inachevée du film (un film sans musique) en se disant qu'il n'en regarderait qu'une heure, mais il ne put s'empêcher de le visionner jusqu'à la fin avec sa femme Lilly», déclara Cramer à un journaliste.

«La même chose se produisit avec *Kaléidoscope*. Brandon et Lilly commencèrent à regarder la diffusion du film et, avant qu'ils ne s'en rendent compte, il était déjà onze heures. Tous deux étaient rivés à leur écran, comme des millions d'autres téléspectateurs. Tartikoff appela Doug Cramer à sept heures le lendemain matin.»

C'était la meilleure cote d'écoute obtenue par un film télévisé de toute l'année à ce jour. Le film recueillit même une cote d'écoute plus élevée que la première partie des Séries mondiales.

La NBC décida donc d'opposer *Une autre vie* aux finales du championnat de basketball de la NCAA et, ce faisant, écrivit une page d'histoire : Danielle Steel représentait maintenant les femmes contre tous les grands événements sportifs de la CBS, à une ou deux occasions à l'automne, et à une ou deux autres au printemps. L'audace de cette programmation porta un rude coup à CBS, trop sûre de la popularité de ses émissions sportives.

*

Une autre vie, qui était resté sur la liste des best sellers pendant vingt-neuf semaines consécutives en 1983 et 1984, était maintenant présenté à la télévision. Le film met en vedette Cheryl Ladd dans le rôle de Melanie Adams, correspondante de presse pour les informations du matin d'une grande chaîne de télévision. Melanie se rend à Los Angeles pour un reportage sur les maladies cardiaques et tombe amoureuse d'un médecin, Peter Hallam, le plus grand cardiologue du monde. Elle finit pas déménager à Los Angeles avec ses filles jumelles pour épouser le Dr Hallam, et vivre dans sa maison de Bel-Air. Mais la transition ne se fait pas sans heurt et Melanie éprouve de sérieuses difficultés à concilier sa vie de famille et sa nouvelle carrière à la télévision.

John Carman, journaliste du *The San Francisco Chronicle*, fit la remarque que *Une autre vie* était «un hybride impossible entre *Rebecca* et *The Brady Bunch*, et il déplorait que Mel et Peter (joué par le beau Michael Nouri) ne soient pas aussi passionnés et convaincants que ne l'étaient Cheryl Ladd et Lee Horsley dans *Traversées*, la série précédente.» Mais il admet qu'avec des ventes de cent trente millions de livres, Danielle Steel a certainement trouvé le bon filon.

Une autre vie était la troisième prestation de Cheryl Ladd dans un rôle écrit par Danielle Steel, après le film australien *Maintenant et pour toujours*, décrit dans un chapitre précédent et *Traversées*, en 1986.

La NBC utilisa *Une autre vie* comme arme secrète pour vaincre sa rivale, la CBS, qui présentait les finales du championnat de basketball de la NCAA.

*

La NBC continua à diffuser les films de Danielle Steel au mêmes heures que des grands événements sportifs. *Cher Daddy* fut présenté en même temps que le *Monday Night Football* de la ABC ; *Palomino*, en même temps que le baseball sur la CBS. Les sports pour les hommes, les histoires d'amour pour les femmes. Une formule gagnante !

«Madame Steel est une maîtresse femme», écrivit le critique du New York Times, John J. O'Connor, «et pas seulement un nom sur la liste de best sellers...»

Palomino est l'histoire de Samantha Taylor (Linda Frost), une photographe renommée, qui se rend à un luxueux ranch tenu par l'une de ses amies, Caroline (Eva Marie Saint), après avoir été abandonnée par son mari, un célèbre lecteur de nouvelles. Au ranch, elle fait la rencontre du cow-boy de ses rêves, tombe éperdument amoureuse et a un accident d'équitation qui la laisse paralysée.

Selon le *St. Petersburg Times*, les statistiques de la *Romance Writers Association of America* montrent que les romans d'amour en format de poche ont un lectorat de vingt-deux millions de personnes. Cette statistique est intéressante, car les trois films tirés des romans de Danielle Steel ont attiré en moyenne dix-sept millions de téléspectateurs, en majorité des femmes, quand la NBC les a diffusés en même temps que des émissions sportives.

Martin Kitman, critique au magazine *Newsday*, écrivit qu'il préférait Jackie Collins, parce que «Steel est trop tragique à mon goût avec ses études psychologiques et ses intrigues qui reposent sur les motivations, les sentiments et les buts des personnages. Elle est trop réaliste. Ses personnages sont souvent basés sur des personnes réelles (pas seulement des gens riches et célèbres), sur les faux-semblants de la passion, du pouvoir et de la cupidité, sur la superficialité et le clinquant qui ont caractérisé l'âge d'or de la littérature télévisée à la Judith Krantz, dans les années quatre-vingts.»

Dans sa critique de *Cher Daddy* parue dans *Newsday*, Marvin Kitman écrit : «Danielle Steel est à son meilleur dans cette histoire de mariages, de carrières, de choix et de changements». Le film met en vedette Patrick Duffy, Kate Mulgrew et Lynda Carter.

Duffy tient le rôle de Oliver Watson, un publicitaire de Chicago, marié depuis dix-huit ans à une femme qu'il adore et qui lui a donné trois enfants. Mais la femme de Duffy (Kate Mulgrew) a toujours voulu écrire, et elle vient d'être admise en création littéraire à l'université du Michigan (au lieu de Harvard dans le roman). Elle quitte donc mari et enfants pour poursuivre ses études.

Son mari est effondré. Ses enfants aussi. Tandis qu'elle prend son envol, sa famille se désintègre. Mais tout finit pour le mieux selon la recette éprouvée et prévisible si chère aux lectrices de Danielle Steel.

«Je commence peut-être à devenir gâteux, mais ce feuilleton condensé de deux heures m'a paru assez intéressant. Pas dans la même classe que les romans de Dominick Dunne (*An Inconvenient Woman, The Two Mrs. Grenvilles*) et que les scénarisations de romans de la NBC, lorsqu'elle était sous la gouverne de Brandon Stoddard. Mais *Cher Daddy* est aussi captivant qu'une partie de la Série mondiale qui ne présente après tout qu'un groupe d'hommes qui attendent une balle pour la frapper, en chiquant du tabac.»

*

Rick Kogan, le critique de télévision du *The Chicago Tribune*, comme Martin Kitman de *Newsday* à New York, céda finalement au charme indéniable des films télévisés de Danielle. À son avis, diffuser Danielle à la même heure que les finales du championnat de basketball de la NCAA était une décision irréaliste. Il précisa que lui-même regarderait le basketball, tout en concédant que «beaucoup» de téléspectateurs seraient attirés par le style insignifiant mais étonnamment populaire de Steel. Ces dernières années, la NBC a diffusé les adaptations pour la télévision des romans de Danielle aux même heures que des émissions sportives aussi prestigieuses que les Séries mondiales et le football.

Les trois mini-séries précédentes de Steel (*Kaléidoscope, La belle vie* et *Une autre vie)*, ont obtenu des cotes d'écoute extraordinaires et se sont toutes classées parmi les six films tournés pour la télévision les plus populaires de la saison 1990-1991.

Joyaux est une mini-série en deux parties, dont la première fut diffusée à vingt heures le dimanche et la deuxième à vingt et une heures le mardi, pour faire concurrence aux Séries mondiales présentées sur la CBS. Danielle présente l'histoire et en reprend le thème pour ses millions de téléspectateurs.

Rod Dreher du *Washington Post* commenta la mini-série en ces termes dans un article intitulé *Les joyaux en toc de Danielle Steel : tout ce qui brille n'est pas or* : «Incorporer le nom de l'auteur dans une version télévisée de l'un de ses romans peut signifier... dans le cas de *Lady Boss* de Jackie Collins, la semaine dernière, et de *Joyaux* de Danielle Steel, dont la première est diffusée ce soir... respectivement la cupidité des gens riches et célèbres (Miss Collins) et les amours du *jet set* (Miss Steel). Tout ce qu'écrit Danielle Steel est torride, superficiel et aussi pulpeux qu'une orange fraîchement pressée.»

Comme d'habitude, les critiques de télévision masculins ne comprirent pas l'attrait de la dernière saga de Danielle Steel. *Joyaux* est l'histoire de Lady Sarah Thompson Whitfield, la matriarche d'un empire joaillier, qui découvre une façon tellement rusée d'aider les réfugiés qui fuient l'Allemagne après la guerre, qu'elle provoque la colère du *The Wall Street Journal*. L'extraordinaire Lady Sarah est une jeune Américaine de la haute société (Annette O'Toole) qui se remet d'un mariage malheureux en voyageant en Europe avec ses parents. Elle rencontre et tombe amoureuse de William, Duc de Whitfield (Antony Andrews).

En 1992, les dossiers de presse de Danielle soulignaient qu'elle était l'auteur de best sellers qui vendait le plus de livres au monde, avec vingt-neuf romans traduits dans vingt-neuf langues et un revenu annuel de l'ordre de vingt-cinq millions de dollars.

À l'occasion de la diffusion de l'adaptation télévisée de *Coups de cœur*, le critique du *Washington Post*, Tom Shales, un autre critique masculin, écrivit : «Joignez-vous à nous pour un autre épisode de "L'amour chez les nigauds"... À mon grand étonnement, *Coups de cœur* de Danielle Steel est considérablement moins insipide que ses films précédents.»

Les hommes commençaient à se laisser séduire.

*

Laurence Vittes, chroniqueur au *Hollywood Reporter*, préféra nettement *Star* aux premières des feuilletons vedettes de la CBS.

«Mettant en vedette Jennie Garth dans le rôle d'une jeune fille de la campagne californienne, laquelle aime mais ne peut pas totalement conquérir Craig Bierko, qui interprète un avocat chevaleresque et galant, le film qui se veut un hommage à la grande bonté et à la grande beauté est admirablement produit, très rythmé et la distribution des rôles est parfaite. Jennie Garth réussit l'exploit de rendre les joies et les peines douloureusement intimes de son personnage sans trop en mettre.

«Dans le rôle d'un homme invraisemblablement sensible ne pouvant rien refuser à la gentille sorcière de la Côte Est qui éprouve quelque sentiment pour lui (Terry Farrell), Bierko ne semble jamais vieillir. Mais qu'importe, il est tellement noble !

«Les images sont belles, la musique très poétique, et la réalisation languissante à souhait. Un film qui saura plaire à tous les téléspectateurs qui ne peuvent supporter le moindre réalisme dans les émissions de télévision.»

*

Tom Shales du *Washington Post* critiqua vertement la plus récente mini-série de Danielle d'une durée de quatre heures. «Le dernier d'une longue série de pièges tendus par Steel, écrivit-il, c'est un feuilleton absurde et décousu qui se sert de la guerre du Viêt-nam comme prétexte à quatre heures de niaiseries mélodramatiques et sentimentales.»

John Voorhees, critique de télévision au *Seattle Times*, écrivit : «La dévalorisation ultime de la guerre du Viêt-nam vient d'être accomplie.

Elle constitue le décor de la dernière œuvre alimentaire de Danielle Steel... Comme toujours, cette saga tourne autour d'une jeune femme d'une grande force de caractère, mais cette fois, au lieu de l'habituel combat pour se forger une carrière et de ses conséquences sur sa vie amoureuse, c'est la Guerre du Viêt-nam qui lui met les bâtons dans les roues.»

*

Danielle et John réussissaient à recevoir des amis à dîner dans leur résidence temporaire de Los Angeles, en ayant recours aux services de *L'Orangerie*, l'un des restaurants français les plus huppés et les plus chers de Beverley Hills.

En entrée, Danielle commande toujours des œufs brouillés dans leur coquille, couronnés de caviar Beluga.

Non seulement Danielle adore-t-elle manger à *L'Orangerie*, mais elle s'en inspira pour son roman, *Naissances*. Diana Goode et son mari Andrew Douglas tentent depuis longtemps d'avoir un enfant. Elle finit son repas, se rend aux toilettes du restaurant et y découvre les signes indiquant que malgré tous leurs efforts, elle n'est toujours pas enceinte. Elle est prise de vertiges et la pièce se met à tourner.

*

À l'automne de 1993, une fois établi le calendrier de production des films de Danielle Steel, Danielle et John reçurent quelques douzaines de leurs amis intimes à dîner dans le jardin de *L'Orangerie* à Beverly Hills.

Pourquoi étaient-ils à Beverly Hills ? Selon l'entrevue de George Christy publiée dans le *Hollywood Reporter*, il s'agissait d'un séjour d'affaires et de plaisir.

Danielle y était pour faire des courses, car elle adore la boutique de Fred Hayman sur Rodeo Drive, le successeur de Giorgio's, l'endroit qui sert de décor au roman *Scrupules* de Judith Krantz.

Ils y séjournaient aussi pour la cuisine française, qui est beaucoup meilleure à Los Angeles qu'à San Francisco. «On ne trouve pas de cuisine française comme celle que nous mangeons ce soir à *L'Orangerie*», déclara John Traina à George Christy. (Postrio, leur restaurant préféré à San Francisco appartient aussi à un chef de Los Angeles, Wolfgang Puck.)

À l'occasion du dîner de Beverly Hills, Danielle portait un superbe ensemble Galanos (le couturier de Los Angeles dont les créations vont chercher dans les dix mille dollars. Dans les années quatre-vingts, Galanos comptait parmi ses clientes : Nancy Reagan, Mme Annenberg, Mme Bloomingdale et leurs amies). Cet ensemble se composait d'un chemisier de soie noire flottant élégamment sur un pantalon d'astrakan noir (l'astrakan est la fourrure à poils bouclés d'agneau caracul tué très jeune dont l'apparence rappelle celle de la moire de soie). John était tout aussi séduisant dans un complet marine de Brioni rehaussé d'une cravate de Gianni Versace.

L'imposant Marvin Davis, ancien propriétaire de la *20th Century Fox* (qui fit une apparition avec sa femme Barbara dans un épisode de *Dynasty* de Doug Cramer), était à la table de John. Il déclara à l'épouse de Bill Haber, Carole, que sa fille Nancy avait rencontré un merveilleux banquier de New York en faisant du ski à Aspen, et qu'elle devait se marier très bientôt. Carole Haber et son mari, un agent de la CAA qui représente Danielle dans ses contrats pour la télévision, possèdent une ferme, que certains qualifient de château, dans les environs de Paris.

L'épouse de Davis, ravissante dans un *Tyler/Trafficante*, découvrit à sa table la romancière Jackie Collins, une autre cliente du superagent de Danielle, Mort Janklow. Lou Blau, l'avocat de Danielle, qu'elle remercie dans l'un de ses premiers romans, et dont la firme compte aussi Kevin Costner parmi ses clients, était aussi présent.

L'un des neuf enfants de John et de Danielle, Todd, le fils de John, arriva avec son patron Kostas Iannios et Nancy, l'épouse de ce dernier. (Todd travaille pour *Big Rock Productions*, la firme d'Iannios à Los Angeles.)

Mais l'homme avec lequel Danielle passa le plus de temps à causer fut James de Givenchi, le spécialiste joaillier de *Christie's* sur la Côte Ouest, le grand rival de *Sotheby's* dans la mise aux enchères de diamants de grande valeur.

Les vins ? Un *Meursault*, un *Château Beychevelle* et des sauternes *Rieussec*.

Ainsi va la vie à Hollywood. Une ronde sans fin des meilleurs vins, des meilleurs plats et des plus profondes sources d'inspiration pour de nouveaux romans. Bien qu'une rumeur circule à San Francisco voulant que Danielle commence à se désintéresser de son domaine de la Napa Valley, elle ne semble pas lassée de la vie mondaine de Los Angeles. John Traina et Danielle Steel doivent se porter acquéreurs d'un charmante maison de Bel-Air, probablement une reproduction de celle que louèrent la romancière à succès (Lindsay Wagner) et son fils sourd dans *Il était une fois l'amour*, l'adaptation pour la télévision de son roman de 1994.

CHAPITRE 24

SECRETS

L'Amérique lit Danielle Steel
> Slogan de l'éditeur pendant
> plus d'une décennie

À la fin de 1989, une pleine page de publicité dans le *New York Times Book Review* annonçait la parution du vingt-quatrième roman de Danielle Steel, *Cher Daddy*, en utilisant le slogan employé par son éditeur depuis plus de dix ans : *L'Amérique lit Danielle Steel*. L'encart présentait aussi une séduisante photo de Danielle. Les lèvres d'un rouge sensuel, elle était vêtue d'un chemisier au col relevé.

Quelques pages avant, dans le même numéro, la journal publiait un autre encart publicitaire pour la série *Max et Martha* de Danielle Steel, une collection de six livres que Danielle écrivit à l'intention des enfants. Sur la page couverture, une photo présentait une Danielle plus maternelle faisant la lecture à quatre enfants. Danielle portait un chandail et ses cheveux étaient relevés en chignon. Cette fois, le slogan proclamait : *La jeune Amérique lit Danielle Steel*. Avec cette collection, Danielle, mère de neuf enfants, écrivait à ses amis les plus intimes, les enfants. Malheureusement, ces livres ne connurent pas un grand succès.

Les livres de la collection *Max et Martha* (Max vit à New York et Martha vit à San Francisco), firent l'objet d'une critique dans *The Chronicle* juste avant Noël : «...comme dans les livres de fiction pour adultes de Steel, les aspects affectifs occupent le premier plan. De façon appropriée, Danielle Steel limite les situations à un grand thème à la fois : maman se remarie, un bon ami déménage, papa est blessé... un nouveau bébé arrive à la maison.»

*

Pendant ce temps, certains des enfants de Danielle commençaient à vivre leur propre vie à San Francisco et à New York.

En décembre, plusieurs fêtes marquèrent le vingt et unième anniversaire de Todd.

En 1990, Beatrix et Trevor obtinrent tous deux leur diplôme de la très prestigieuse université privée de Princeton dans le New Jersey.

Danielle et John préparèrent donc en leur honneur, un lundi de juillet, une célébration au vieux manoir. La maison fut décorée de centaines de ballons orangés et noirs, les couleurs de Princeton.

Le lendemain, John et Danielle utilisèrent le salon privé de *Star* pour organiser un dîner à l'intention de toute l'équipe participant au tournage de *La belle vie* à San Francisco. Doug Cramer lui-même était à Toronto en train de filmer *Kaléidoscope*.

Le 4 août, Danielle, John et toute la famille se rendirent dans leur voiture familiale à la soirée annuelle de danse campagnarde offerte par Doug Cramer à son ranch de Santa Ynez.

Juste avant cette soirée dansante, Trevor, qui était sur le point de partir pour l'Angleterre y poursuivre des études de maîtrise à l'université d'Oxford, ainsi que son frère Todd, étudiant du Connecticut College, organisèrent une fête en l'honneur de deux de leurs petites amies en visite de Londres : la belle-fille des Hesketh, qui ont une superbe propriété de famille en Angleterre, et une jeune Hoare, fille de la célèbre famille de banquiers de Londres.

*

Le 20 février 1991, le Conseil consultatif sur la protection des sites historiques de San Francisco se réunissait pour étudier la demande d'installation de la nouvelle grille d'entrée que Danielle et John voulaient faire ajouter devant leur nouveau manoir, le monument historique numéro 197 de la ville. Les nouveaux propriétaires désiraient mettre en place une copie de la grille originale qui avait été retirée depuis des années, et la faire peindre de la couleur bronze originale. La demande fut enregistrée le jour de la Saint-Valentin.

Un des membres du Conseil était en voyage au Népal. Il n'y a qu'en Californie où de telles choses se produisent...

La grille fut forgée par les ateliers Jensen à Napa, qui utilisèrent les plans originaux du manoir datant de près d'un siècle. Le projet fut approuvé et la grille fut érigée à temps pour la grande réception qui fut donnée pour pendre la crémaillère de leur nouvelle maison.

Deux autres permis avaient dû être accordés auparavant par ce même Conseil pour approuver d'abord la rénovation de la cuisine et l'installation de nouveaux systèmes électrique et de plomberie, et ensuite, pour permettre que des murs non structuraux soient abattus afin de créer de nouvelles divisions. (Danielle avait eu l'expérience de ce genre de réaménagements dans son ancienne maison de Pacific Heights, où elle avait divisé le premier étage en appartements pour les adolescents et en chambres pour les nouveaux mariés.) La mise en place de la nouvelle grille fut approuvée en novembre. De plus, Danielle et John trouvèrent une manière de solidifier et d'ancrer le parapet pour éviter que celui-ci ne s'écroule sur des passants en cas de tremblement de terre.

(Les Traina habitent San Francisco, un pays de tremblements de terre, ne l'oublions pas !)

Juste avant que le Conseil consultatif sur la protection des sites historiques ne se réunisse pour étudier le projet de la nouvelle grille du manoir de Danielle, le *Publishers Weekly* porta son attention sur un autre roman de Danielle Steel, *Coups de cœur*. Le court article accompagné de la photo de Danielle utilisée à l'endos du livre, faisait partie d'un ensemble de critiques sur différents auteurs : Alan Dershowitz pour *Chutzpah*, Robert B. Reich (le ministre du Travail du président Clinton) pour *The Work of Nations*, Mickey Rooney pour *Life Is Too Short*, Mark Helprin pour *A Soldier of the Great War*, et ainsi de suite. Voici un extrait de la critique de *Coups de cœur*, le vingt-septième roman de Danielle :

> *C'est une histoire d'amour moderne peu orthodoxe... Le livre met d'abord en scène un jeune couple heureux... La femme tombe enceinte, et l'idée d'avoir un bébé rappelle au mari la misère qu'il a connue lorsqu'il était enfant. La jeune femme rencontre à plusieurs occasions un homme qui écrit de populaires feuilletons télévisés pour le public de l'après-midi. Celui-ci a plusieurs aventures avec des starlettes du petit écran, mais il finit par tomber amoureux de la femme enceinte qui vit à côté de chez lui. Le livre a un ton comique plaisant.*

Patricia Holt, du *San Francisco Chronicle*, écrivit dans sa critique de *Coups de cœur* : «Steel, qui veut être considérée comme une romancière sérieuse... produit des livres par pelletées et son public s'empresse aussitôt de tout engranger. Avec plus de cent cinquante millions de livres vendus, les histoires bien senties de Steel, qui présentent l'amour sous toutes ses coutures, constituent le plus grand succès littéraire de toute l'histoire.»

*

Doug Cramer, le producteur des séries télévisées de Danielle, invita la fille aînée de celle-ci, Beatrix Lazard, à la soirée d'ouverture de l'opéra de San Francisco et au Bal de l'opéra (à quatre cents dollars le billet), le 7 septembre 1990.

Beatrix et Doug Cramer formèrent de nouveau un couple à l'occasion du même événement l'année suivante. «Les soirées d'ouverture d'opéra me rappellent *Dynasty*», confia Cramer à un journaliste, «mais avec plus de classe et de style».

Le mois suivant, Bede aidait John Davies, dont la famille avait donné son nom au *Davies Symphony Hall* de San Francisco, à organiser une grande soirée de danse en l'honneur de Beau Giannini, monsieur Bank America, et de sa fiancée, dans le jardin de la maison des parents de Davies au *Schramsberg Winery*.

Autour de Noël, le *San Francisco Chronicle* publia un article intitulé : «Une nouvelle génération fait sa marque : de riches héritiers entreprennent des projets inattendus».

Bede et plusieurs de ses amis se lancèrent dans l'industrie du vêtement. Ils participèrent à un programme de formation avec Bob Fisher, président de *The Gap Banana Republic* et le petit-fils de Don Fisher, le fondateur de *The Gap*.

Pendant ce temps, sa mère, Danielle, ne se tournait pas les pouces non plus. Après avoir préparé la publication de *Coups de cœur* en mars, elle entreprit son vingt-huitième roman : Un si grand amour, une histoire romantique qui se déroule sur le *Titanic*. Le *Publishers Weekly* en fit une critique, le 18 octobre 1991 :

> *Comme on pouvait s'y attendre, Steel joue sans aucune vergogne sur les cordes sensibles de ses lectrices dans ce roman sentimental à souhait. En 1912, au cours d'une catastrophique traversée de l'Atlantique, la jeune Edwina Winfield, âgée de 20 ans, perd ses parents et son fiancé dans le naufrage du* R.M.S. Titanic.
>
> *Elle décide courageusement de prendre en charge ses jeunes frères et sœurs, le sensible Philip, George le génie en herbe, l'angélique Alexis, ainsi que Fannie et Teddy, les deux plus petits qui peuvent à peine marcher. Elle se résigne au célibat, certaine qu'elle ne pourra jamais se marier.*
>
> *À l'aise financièrement à défaut de l'être émotivement, dans sa ville de San Francisco, elle réfléchit à l'avenir du journal de son père, s'occupe des enfants comme une mère et refuse poliment les avances amoureuses d'un ami de la famille.*
>
> *D'autres tragédies surviennent, en l'occurrence la Première Guerre mondiale, et encore une fois les larmes coulent à flots. Mais l'invincible Edwina triomphe et elle parvient même à faire son entrée dans le monde fastueux du Hollywood des années vingt.*
>
> *Pendant que George poursuit son ascension dans le monde du cinéma et que la belle et blonde Alexis rêve de devenir célèbre, le lecteur commence à soupçonner qu'Edwina pourrait avoir une autre chance de bonheur (lire grand amour).*
>
> *On ne pourra jamais accuser Steel d'être trop subtile, mais les fans habitués à sa marque de commerce ne seront pas déçus.*

*

Danielle Steel n'avait pas entrepris de tournée d'auteur depuis très longtemps. Toutefois, son éditeur et elle furent consternés de constater que son roman *Souvenirs du Viêt-nam* n'avait pas réussi à atteindre la première position sur la liste des best sellers du *New York Times*.

Prendre la première place était devenu une habitude pour Danielle. Se contenter du deuxième rang dut être une expérience très difficile à vivre.

Voici comment elle expliqua au magazine *California* «l'insuccès» de son roman :

«Peut-on blâmer en partie le sérieux inattendu du titre *Souvenirs du Viêt-nam* ?»

«J'en suis certaine», répondit Danielle.

«Mais c'est surtout à cause d'un mauvais *timing*, continua-t-elle. «Delacorte a sorti le livre en même temps que celui de Scott Turow. Il a fait la couverture du magazine *Time* et son livre est sorti en même temps que son film.

«Son (Scott Turow) livre en grand format, *Burden of Proof*, est sorti au cours de la même semaine que son livre de poche et que son film *Présumé innocent*, qui faisaient la couverture du *Time*...

«Cela a été une combinaison impossible à battre pour nous», continua-t-elle encore.

«Et ce n'est pas tellement de bonne guerre, car le *Time* lui a fait un tas de critiques élogieuses en plus de le placer en page couverture. Les gens ne se rendent pas compte que sa société d'édition (Warner Books) appartient au *Time*.

«Les gens m'appellent toujours pour vérifier nos dates de parution», raconta Danielle. De cette façon, nous évitons que nos livres se nuisent mutuellement. Dans la plupart des cas, tout fonctionne à la perfection, parce que Mort (Janklow) représente la plupart de ces auteurs. Mais il ne représente pas Turow. Nous avons été pris par surprise. Tous autant que nous sommes. Ils nous ont mis des bâtons dans les roues.»

*

Il ne s'agissait pas d'une fête d'anniversaire avec des gâteaux, des ballons et tout le tralala. C'était une fête d'anniversaire pour une jeune femme on ne peut plus adulte, la première des neuf enfants de la famille à atteindre l'âge de 25 ans.

Pour l'occasion, Beatrix organisa un dîner dansant dans la chic *Trafalgar Room* de chez *Trader Vic's*. On peut imaginer sans se tromper que son salaire d'apprentie chez *The Gap* ne put suffire à défrayer les coûts d'une telle réception. Mais, en tant que membre de la famille Lazard, on peut supposer que Bede avait certainement un petit coussin quelque part.

De toute façon, ce soir-là, quelqu'un se chargea de la note pour elle. Il y avait cent-vingt invités.

On demanda à toutes les personnes présentes de porter une perruque. Même les serveurs et les musiciens du groupe durent en porter une.

Bede portait une perruque «à la Lady Godiva». Sa fête d'anniversaire avait pour thème : *Pas besoin de s'arracher les cheveux parce qu'on a 25 ans.*

L'année suivante, on vit Bede danser sur la musique du groupe *Bare Foot and the Killer Whales* avec quatre cents autres personnes qui avaient payé trente dollars pour le billet. Avant cette danse, au profit du département d'oncologie infantile de l'hôpital UCSF, Bede avait commencé la soirée en dînant avec cent trente personnes chez *Trader Vic's*. Ce soir-là, elle était au bras d'Art Muldoon, qui devait aller étudier à l'automne à la faculté de commerce de l'université Northwestern, tout près de Chicago.

Quelques mois plus tard, Bede faisait partie du comité de collecte de fonds du département d'oncologie infantile de l'hôpital UCSF et elle dansait cette fois sur la musique du groupe *The New Orleans Radiators and the Aftershocks*.

Le fils de John, Trevor, profita en 1991 de six semaines de congé de l'université d'Oxford pour faire le tour du monde. Il alla à San Francisco pour visiter Dede et Al Wisley, sa mère et son beau-père. Mais il se rendit d'abord à Prague en République tchèque, puis fit quelques escales en Asie, avant d'arriver à Hawaï où John et Danielle se reposaient quelques semaines au *Mauna Kea* avec le reste de la famille.

L'année suivante, Trevor se joignit à l'équipe du marketing de Seagram à New York.

*

Danielle semblait être la mère de San Francisco qui achetait le plus de cadeaux pour ses enfants. Les journaux racontèrent abondamment ses escapades dans les magasins chics. Danielle prenait carrément d'assaut les endroits comme Hermès et Tiffany.

Mais Danielle ne s'occupait pas uniquement à courir les magasins pour Noël et à prendre part à des réceptions. Son vingt-neuvième roman, *Joyaux*, commençait à envahir les tablettes de toutes les librairies du pays, juste à temps pour la saison des vacances et les lectures d'été. Le *Publishers Weekly* fit une critique de *Joyaux*, le 30 mars 1992. Voici ce qu'on pouvait y lire :

> *Dans la collection des romans de Danielle Steel,* Joyaux, *n'est qu'une pierre semi-précieuse. Se déroulant dans le cadre de la Deuxième Guerre mondiale, le roman décrit les déboires de l'héroïne, Sarah, Duchesse de Whitfield. Sarah, une jolie fille d'une riche famille américaine subit le déshonneur et le chagrin de divorcer de son premier mari, un homme grossier.*
>
> *Elle épouse plus tard le très charmant et très riche Duc de Whitfield, qui lui offre un château en France. Le reste du roman se contente de décrire le cours égal de leur union en général heureuse.*
>
> *La Deuxième Guerre mondiale offre à Steel une chance de mettre un peu de piquant dans sa narration doucereuse, mais*

elle ne la saisit pas. Sarah passe la guerre confortablement installée dans son château, sous la garde d'un commandant allemand plein de sollicitude et si poli qu'elle ne devine pas qu'il s'est épris d'elle.

Ce dernier, toujours réservé, s'en va le jour où Sarah apprend que son mari, le Duc, a survécu à un camp de prisonniers nazi. Après avoir aidé son mari à recouvrer sa santé, leur mariage idyllique reprend tranquillement son cours.

Ils sont riches et enviés. Ils mangent bien, ils s'habillent bien, ils vivent bien, ils ont des enfants et ils ouvrent une bijouterie pour passer le temps. Les plus grands conflits de l'histoire surviennent dans les derniers chapitres, lorsque Sarah, maintenant veuve, doit faire face à la révolte de ses enfants.

Les bijoux de fantaisie ont plus d'éclat que ce conte mal inspiré.

*

Sept mois plus tard, Danielle visa de nouveau le premier rang sur la liste des best sellers du *New York Times* avec *Naissances*. C'est l'histoire dramatique de trois couples qui tentent désespérément d'avoir un enfant. Malgré des problèmes de stérilité, ils finissent par triompher de leurs problèmes. Le *Publishers Weekly* en fit une critique, le 26 octobre 1992:

La prolifique Danielle Steel (Un si grand amour) *porte son attention sur un sujet contemporain : la stérilité et les mesures désespérées auxquelles les couples recourent dans l'espoir de mettre des enfants au monde.*

Toutefois, l'approche de Steel est souvent larmoyante et simpliste. Trois couples de Californie se marient le même jour. Aucune des femmes ne pourra avoir d'enfants.

Les couples ne se rencontrent jamais, mais Steel suit leur destinée commune avec une énergie qui n'a d'égal que la volonté des personnages d'avoir des enfants.

Les divers partenaires consultent des spécialistes en la matière et toutes les solutions médicales imaginables sont envisagées, même celle de la mère-porteuse.

Steel explore les tensions émotives au sein des couples : Diana et Andy, qui étaient autrefois bénis des dieux ; Barbi, la starlette écervelée et Charlie, son bon gros toutou pas très beau mais gentil ; Pilar, une talentueuse avocate de quarante-deux ans et Bradford, un juge veuf de soixante-et-un ans, déjà père de deux enfants.

Les mariages chavirent, mais les personnages sont conventionnellement bons et ils finissent quand même par trouver le bonheur comme dans les contes de fée. Steel met en place des relations familiales complexes, mais elle s'abstient de les développer, ce qui nuit à la profondeur des personnages, lesquels souffrent, tout comme l'histoire, de leur poursuite obsessive de la fécondité.

*

Pendant l'été 1993, alors que Danielle venait tout juste de publier trois best sellers au cours des dix-huit mois précédents, *Un si grand amour, Joyaux* et *Naissances*, John Traina emmena Trevor, Todd et Bede Lazard voir la collection Fabergé que les Russes présentaient au Musée de l'Hermitage de St-Petersbourg et au Kremlin à Moscou. «Nous avons été reçus avec grand style et on nous a offert des vins et des plats délicieux», raconta John Traina, «mais ma collection Fabergé est plus belle que la leur.» Trevor retourna à son emploi chez Seagram à New York, mais rentra aussitôt à San Francisco pour la fête du quatre juillet, tandis que son frère Todd, qui travaillait pour une firme de production de Hollywood, alla à Newport, dans le Rhode Island, pour passer du temps avec sa mère.

Trevor retourna encore une fois à San Francisco en septembre pour l'ouverture de la saison d'opéra. La grande rotonde de l'hôtel de ville servit de cadre au dîner servi avant la soirée d'opéra. Comme le rapporta le chroniqueur Herb Caen, Trevor regardant toute cette magnificence un peu surannée s'exclama, «C'est comme à la maison, mais en plus petit seulement», faisant référence, bien entendu, à la nouvelle acquisition de sa belle-mère, le manoir Spreckels. D'ailleurs, un des membres de la famille Spreckels présent à cette soirée d'opéra, ne fit pas mieux que renverser un verre de vin rouge sur la robe jaune et noir de plusieurs milliers de dollars de l'une des cantatrices. Celle-ci fit demander une eau de Seltz et un tranquillisant. Et que portait Danielle ? «Par égards pour la nouvelle politique d'austérité à la mode», écrivit Caen, «une célèbre romancière possédant des acres de vêtements se présenta de façon simple mais éloquente, vêtue d'une blouse blanche et d'une jupe noire.»

*

Danielle Steel, d'un tempérament casanier, dut trouver difficile de déménager de la vieille maison de San Francisco à leur nouveau manoir, le Spreckels. Mais elle s'arrangea pour que la transition se fasse de la façon la plus naturelle et la plus harmonieuse possible. Chaque pièce fut déménagée dans son entièreté, d'une demeure à l'autre. Lorsque tout fut en place, le manoir prit ainsi immédiatement un aspect familier.

Les enfants furent déçus de l'absence de gymnase privé au nouveau manoir. Leurs camarades de classe avaient toujours été très impressionnés par le gymnase et par le sauna situés au sous-sol de leur vieille maison. Maintenant, tout ce qu'ils avaient, c'était une grande piscine au sommet de Pacific Heights. Il s'agit d'une piscine intérieure entourée de nombreuses fenêtres, où John Traina adore faire des longueurs.

Danielle se rendit à la réception de cent-vingt invités organisée dans le *Trafalgar Room* de chez *Trader Vic's* en l'honneur du trente-cinquième anniversaire de l'écrivain Paul Erdman, en compagnie de Charles de Limur et d'Arthur Hailey.

En 1989, après le grand tremblement de terre de fin octobre, on se rappela le groupe de survie que Danielle avait créé plusieurs années auparavant pour son pâté de maisons de Russian Hill. Monica Clark, à l'époque sa voisine, confia à un reporter que ce groupe existait toujours.

De retour à New York en provenance d'Espagne, Ann Getty décida de repartir aussitôt pour San Francisco dans son *jet* privé. La nouvelle du tremblement de terre lui était parvenue et elle voulait être avec son mari, Gordon Getty. Danielle et John déclarèrent à Herb Caen, qu'ils avaient décidé de ne PAS acheter le manoir Spreckels, malgré le fait que la vente semble avoir été conclue au printemps 1989.

*

Quelques semaines plus tard, le tremblement de terre était déjà chose du passée, et on pouvait de nouveau voir Danielle et John à une grande soirée au milieu de leurs amis. La robe Bob Mackie de Danielle arborait comme un blason son signe du zodiaque, le Lion, entièrement constitué de pierres du Rhin. John portait un *smoking* garni de cuir.

Quelques semaines plus tard, Danielle et John se rendirent au dîner offert en l'honneur de Basil, le bouledogue. Basil, qui vit avec Michael Barcun, de Tiffany, et la décoratrice Ran Schwartz, était assis sous la table dans l'espoir de glaner quelques morceaux de steak, pendant que Gloria Getty, les Traina et d'autres invités prenaient place autour du festin juste au-dessus de lui.

Un peu plus tard, Danielle et John arrêtèrent voir le dermatologue argentin Aljandro Cordero, qui fut l'un des premiers médecins à utiliser la *Retin-A* pour effacer les rides. Danielle était en route pour une soirée donnée à *L'Étoile* par les *Chevaliers du Tastevin*. Maintenant que John jouait au viticulteur, il devait se tenir au courant des moindres détails de la culture de la vigne. Le vin servi au repas, un *Villa Zapu*, provenait de la récolte de voisins de Napa Valley, Anna et Thomas Lundstrom. (Le père de Anna, le comte Wilhelm Wachtmeister, est l'ambassadeur de Suède aux États-Unis.)

Simon Critchel, le président de Cartier U.S., profita de cette occasion pour inviter John et Danielle à une réception au Ritz Carlton.

La semaine auparavant, John avait rencontré la dessinatrice de bijoux Angela Cummings de chez *Tiffany*, afin de lui poser des questions sur son travail, car il était en train d'écrire un livre pour les éditions Doubleday, *Extraordinary Jewels*.

Quatre mois plus tard, Simon Critchell envoya à John et Danielle des invitations pour une des deux tables qu'il avait réservées pour la soirée d'ouverture de l'Orchestre symphonique de San Francisco, le 4 septembre. L'invitation personnalisée leur fut expédiée sous la forme d'un plateau d'argent sterling gravé, apporté par un jeune chasseur en livrée.

En octobre, Pat Steger, la chroniqueuse mondaine de *The San Francisco Chronicle*, écrivit : «Il y a eu tellement de fêtes et de lancements ces derniers jours, qu'on se croirait à un spectacle intitulé *La grande tournée*. John et Danielle Traina sont au nombre des acteurs-vedettes de cette représentation. Ils ont assisté à deux ou trois lancements chez Tiffany et au grand bal samedi. Avec tout cela, ils trouvèrent encore un peu de temps pour donner un lunch chez eux vendredi.»

*

Le trente et unième roman de Danielle, *Disparu*, reprend des thèmes que Danielle avait abordés dans ses premiers livres. Charles, l'un des personnages du roman, semble inspiré des alcooliques et des drogués qui la déçurent tant autrefois. Son éditeur, Delacorte, démontra sa confiance en cette nouvelle intrigue en commandant un premier tirage d'un million d'exemplaires pour ce livre en grand format vendu vingt-quatre dollars l'unité. Le *Publishers Weekly* en fit une critique, le 7 juin 1993 :

> *Malgré certaines redondances et le manque de profondeur des personnages de soutien, le trente et unième roman de Danielle Steel représente un mélange convaincant d'intrigue et de passion.*
>
> *Lorsque Marielle Delauney épouse le magnat de l'acier new-yorkais Malcolm Patterson en 1939, elle ne lui révèle pas son passé tragique. Elle ne lui parle, ni de la noyade qui a emporté son premier enfant, ni des raclées que lui infligeait son mari, Charles, et qui la firent avorter, ni des deux années qu'elle dut passer dans un sanatorium pour se remettre.*
>
> *Mais que connaît déjà l'énigmatique Malcolm ? Lorsque leur premier enfant, Teddy, vient au monde, Malcolm se révèle, selon toute apparence, un père adorable.*
>
> *Marielle, encore vulnérable, commence à regagner confiance, même si elle doit endurer des confrontations quotidiennes avec des domestiques hostiles, voire menaçants.*
>
> *Le lendemain d'une rencontre fortuite entre Marielle et Charles, lequel dans son délire éthylique profère de vagues menaces à l'encontre de son fils Teddy, le petit garçon de quatre ans est enlevé dans sa chambre. On retrouve la gouvernante et la nurse chloroformées et bâillonnées.*

On fait appel au FBI, le passé de Marielle est étalé à la une des journaux et Charles est arrêté.

Mais où est Teddy ? L'auteur de Naissances *garde bien son secret jusqu'à la fin et, mis à part la reprise fastidieuse des scènes cruciales du récit, elle brosse un beau tableau d'une jeune femme tourmentée à la recherche de stabilité.*

*

Danny Zugelder purge toujours sa peine de prison au Colorado.

Mais il a été déménagé dans un quartier de haute surveillance en 1994. On l'a enfermé dans un endroit fort peu désirable, une prison à sécurité maximale.

À partir de Denver, si vous allez sur la nationale 76 sur une distance d'environ cent cinquante kilomètres, en direction du point où chaque matin le soleil embrase l'horizon, vers l'est, vous arriverez à la petite ville de Limon.

Ici, dans cette ville perdue, le président de Cartier ne fait pas remettre des invitations gravées sur des plateaux d'argent par des chasseurs en livrée. Ici, on ne porte pas d'émeraudes, ni de diamants. Il n'y a pas de cercle nautique, pas de *Trader Vic's*. La ville de Limon est entourée d'une prairie morne et désolée d'herbes desséchées et brunies balayées par le vent.

C'est un pays de *ranchs* et de terres agricoles, habité par de pauvres fermiers qui se débattent pour survivre aux assauts de l'impitoyable récession économique.

À Limon, la nouvelle politique d'austérité n'est pas une version des années quatre-vingt-dix du mouvement radical chic. C'est une réalité. En plus du climat économique lugubre, Dieu a choisi de frapper cette ville, il y a quelques années, d'un des plus violents ouragans que le Colorado ait jamais connu. Peut-être fut-ce pour éprouver la foi des habitants. Des fermes traversées par des troncs d'arbre, comme les bâtons à cocktails piqués dans des cerises chez *Trader Vic's*.

Sur le terrain plat de cette tranquille municipalité vivent quelques-unes des plus grandes *fans* de Danielle Steel. Ce sont des femmes qui lisent pour s'évader, pour se retrouver dans ces personnages qui leur ressemblent, pour partager les émotions qu'on leur offre. Elles ont besoin d'être rassurées que tout finira bien pour les personnages justes et bons des romans de Danielle Steel. Même si cela ne se produit pas dans la réalité.

Ce sont ces femmes qui ont aidé Danielle Steel à bâtir sa carrière.

Il y a aussi dans cette ville un homme qui demeure convaincu d'avoir contribué à l'édification de la carrière de Danielle Steel, en lui offrant un tout nouvel univers comme source d'inspiration. Cet homme se nomme Danny Zugelder.

En sortant de la ville par le sud, passé le lugubre quartier de maisons mobiles, les deux chemins de fer, plus loin que les prés où les fermiers engraissent leur bétail avant l'abattage, se trouve l'endroit où il demeure.

La prison de Limon ne repose pas au creux d'une anse de la baie de San Francisco, comme le pénitencier de San Quentin. Elle ne ressemble pas non plus à un campus universitaire au milieu de terrains verdoyants, comme Vacaville. Aucun intellectuel célèbre n'a franchi ses grilles pour enrichir son département de psychologie. Ici, c'est le bout de la ligne.

Un drapeau américain bat dans le vent froid du petit matin à côté de son compagnon, le drapeau de l'État du Colorado. Tout autour du périmètre de la prison, une haute clôture grillagée surmontée de barbelés aiguisés comme des lames de rasoir rappelle éloquemment que ne sort pas qui veut de cet établissement.

Le visiteur doit d'abord passer dans un détecteur de métal avant de suivre une longue allée extérieure bordée de hauts grillages. Des portes automatiques s'ouvrent et enferment momentanément le visiteur dans un genre de cage, jusqu'à ce que la porte intérieure glisse sur elle-même pour le laisser passer. Il n'y a personne en vue. On se sent comme dans un chenil. Ou pire encore, dans l'antichambre des abattoirs tout proches.

Le garde à l'intérieur dirige le visiteur jusqu'au parloir au-delà de deux autres portes verrouillées contrôlées automatiquement.

Une fois à l'intérieur, le visiteur se bute à ce que Hannah Arendt appelait autrefois «la banalité du mal». Le parloir de la prison ressemble à la salle où les employés mangent leur *lunch* dans n'importe quel bureau des États-Unis, de San Francisco à New York, en passant par Denver. Des tables en formica, des chaises en plastique, un éclairage au néon derrière des panneaux transparents, une lumière sépulcrale.

L'homme enfermé derrière les barreaux a livré ses secrets aux agents judiciaires, aux dossiers de prison et aux registres judiciaires des vingt-cinq dernières années. Lorsqu'il sortira de prison, il a l'intention de retourner vivre en Californie avec sa sœur et son beau-frère, dans un camp chrétien.

Mais réussira-t-il d'abord à s'évader ?

Quelqu'un a déjà tenté de lui refiler un revolver en fraude à Canon City. Il avait l'intention de s'évader.

De plus, il a fait un grand usage de drogues en prison.

On l'a donc déménagé.

La prison de Limon, dit-on, est plus sûr.